本书系国家社会科学基金项目

"韧性视角下环境邻避风险再生产机制与整合治理模式研究"（19BSH057）

以及国家社会科学基金重大项目

"协同推进绿色低碳消费的体制机制和政策创新研究"（23&ZD096）

资助研究成果

RESEARCH ON RESILIENCE GOVERNANCE OF
ENVIRONMENTAL NIMBY RISKS

环境邻避风险韧性
治理研究

杨雪锋　王淼峰◎著

ZHEJIANG UNIVERSITY PRESS
浙江大学出版社
·杭州·

图书在版编目(CIP)数据

环境邻避风险韧性治理研究 / 杨雪锋，王淼峰著.
—杭州 ：浙江大学出版社，2024.2
ISBN 978-7-308-24698-9

Ⅰ．①环… Ⅱ．①杨… ②王… Ⅲ．①社会管理—风险管理—研究—中国 Ⅳ．①C916

中国国家版本馆 CIP 数据核字(2024)第 037115 号

环境邻避风险韧性治理研究

杨雪锋　　王淼峰　著

策划编辑	吴伟伟
责任编辑	陈思佳(chensijia_ruc@163.com)
文字编辑	谢艳琴
责任校对	陈逸行
封面设计	雷建军
出版发行	浙江大学出版社
	(杭州市天目山路 148 号　邮政编码 310007)
	(网址：http://www.zjupress.com)
排　　版	杭州晨特广告有限公司
印　　刷	广东虎彩云印刷有限公司绍兴分公司
开　　本	710mm×1000mm　1/16
印　　张	18
字　　数	240 千
版 印 次	2024 年 2 月第 1 版　2024 年 2 月第 1 次印刷
书　　号	ISBN 978-7-308-24698-9
定　　价	78.00 元

前　言

　　"邻避"（英文是 not in my back yard，中文意思是别建在我家后院，英文缩写为 NIMBY）一词作为一个舶来品，源于 20 世纪 70—80 年代的西方发达国家。21 世纪以来，中国的工业化和城市化加速发展，邻避设施作为一个单一议题的民生问题逐渐显现，并进入中国学者的视野，引起学界的浓厚兴趣，理论研究的深入和现实的紧迫性也让邻避风险成为政府高度关注的敏感话题。本研究在已有研究的基础上，聚焦具有邻避效应的环境服务设施，进一步探讨环境邻避风险的再生产机制，从城市韧性的视角分析其作用机理和治理路径。

　　本书的主要内容包括：第一，通过大量的文献梳理，总体把握邻避风险研究的脉络和趋势。全面分析风险社会的中国特征、中国城市化进程中重大环境设施邻避风险多重生产的历史进程和现实背景，揭示"中国式邻避"生成的制度逻辑和治理逻辑，解析邻避运动的中国语境和话语体系。第二，描述环境邻避问题的风险谱系，揭示风险源、风险类型、多重样态、谱系特征及复合结构。对环境邻避风险进行脆弱性分析，刻画社会脆弱性的不利因素和表征，从邻避风险的脆弱性要素和脆弱性的社会结构等方面分析环境邻避风险再生产的脆弱性逻辑。第三，详细阐述环境邻避风险的致险因子、动力机制及动态过程,从主体、条件、因素、时间等层面论述风险再生产的作用形式和运作机制,并运用系统动力学方法对邻避风险再生产的作用机理进行实证研究。第四,厘清环境邻避风险疏解的社会进程,结合具体案例从社区利益协定、社会运营许可、利益相关者理论等视角出发,解析环境邻避风险治理的韧性要求,提出环境邻避风险治理的社会韧性培育机制。第五,基于霍尔三维结构方法论,提出环境邻避风险整合治理理念与整合治理机制,遵循韧性要求,结合风险再生产内容,从主体、性质、专业、时间、条件、逻辑等维度构建包含治理要素、政策工具和治理策略在内的环境邻避风险整合治理模式。

本书的创新之处在于通过对"中国式邻避"中环境邻避风险谱系的描述和风险再生产的脆弱性逻辑的分析,揭示风险再生产的动力机制和风险治理的社会韧性机制,从而构建环境邻避风险治理的韧性分析框架,通过分析风险场域转换机制,描述环境邻避风险的工程韧性、设施韧性、制度韧性、组织韧性等多维属性,提出基于韧性范式的邻避风险整合治理方法论,从治理主体、治理资源、治理结构、治理功能、治理机制等方面指出环境邻避风险的治理路径。

杨雪锋

2023 年 10 月

目　　录

第一章 绪论

第一节 研究背景

2006年中山大学何艳玲教授发表的《"邻避冲突"及其解决:基于一次城市集体抗争的分析》一文中首次将邻避研究引入我国学术界,之后该领域的研究逐渐被学者们所关注,并成为重要的学术问题。随着学术问题的通俗化,过去十多年里"中国式邻避"运动屡屡见诸报端(辛方坤,2018)。随着我国经济社会的快速发展,人民的生活水平不断提高,因此对环境质量和自身健康提出了更高的需求,尤其是对自己身边的环境安全和风险更加敏感。近年来,由环境邻避设施选址、建设和运营引发的邻避事件频发,例如2013年的深圳液晶显示屏工厂空气污染事件、2014年的广东茂名事件、2014年的杭州中泰垃圾焚烧厂事件以及2016年的湖北仙桃垃圾焚烧厂抗议事件,这些事件的发生往往是大型的邻避设施建设背后的风险作用的结果。大型邻避设施引发的邻避风险往往具备危害程度大、影响范围广、持续时间长等特征,而这些风险后续的不断演化将波及更广的社会层面,影响更多的社会成员,产生更严重的邻避冲突。因此,当前我国环境邻避事件频发的背后是大型环境邻避设施自身风险的外溢,而环境邻避风险的产生具有更深层次的政治、经济和社会背景。

纵观邻避研究的发展和演化趋势,可知邻避危机的形成机理以及化解之道涉及管理学、社会学、心理学、政治学等多学科的内容,并且风险认知、风险沟通、决策政策、利益相关者以及政府信任成为邻避研究的热点。从经济学的视角来看,邻避矛盾的产生主要源自整体利益与个体利益的冲突:一方面,经济的快速发展对城市公益的环境邻避设施的需求越来越大,尤其是城市的"垃圾围城"问题已经迫在眉睫,需要建造更多的垃圾处置设施;另一方面,公众对自身利益的关注度提升,出于维护自身合法利益的需要,在邻避设施选址和建设方面与政府的冲突加剧,导致邻避风险不断积聚、扩散和再生。而公众的权利、环保和参与意识的觉醒,以及政府应对风险的政策选择是邻避风险在政治层面积聚、扩散和再生的主要诱因。此外,复杂的社会主体的参与和社会环境的干预都会导致邻避风险在更广泛的社会层面积聚、扩散和再生。从环境邻避风险的现状来看,其已经摆脱了原来单一的传统风险模式并逐渐转向复合型的风险模式,正是环境邻避风险自身复杂多变的特性导致其再生产的过程很难被把控,在治理不力的情况下很容易引发群体性事件,甚至暴力冲突事件,这类事件的发生严重影响了我国的经济发展和社会稳定。

由邻避风险失控造成的严重后果引起了政府对邻避事件的高度重视。工业和信息化部于 2016 年 10 月 28 日发布了《关于做好工业和信息化领域"邻避"问题防范和化解工作的通知》,提出要牢固树立创新、协调、绿色、开放、共享的新发展理念,把"邻避"设施建设的规范性和合理性放在首位,建立"邻避"项目社会风险管理倒查机制,防范和化解各类"邻避"问题。此外,在 2017 年国家发展和改革委员会(简称发改委)与住房和城乡建设部(简称住建部)颁布的《生活垃圾分类制度实施方案》和 2018 年 12 月国务院印发的《"无废城市"建设试点工作方案》中均强调要降低与化解"邻避"效应。

正是基于这样的背景,围绕环境邻避风险的不确定性和复杂性,引出环境邻避风险再生产这一概念,通过对环境邻避风险发展的整体环境进行解构和划分,力求从系统论的角度构建风险的再生产框架,并厘清不同风险之间、风险和主体之间、风险和外界因素之间的复杂非线性关系,以此形成完整的环境邻避风险再生产机制。之后,运用系统动力学方法构建环境邻避风险再生产的仿真模型,通过定性和定量相结合的方法验证本书构建的环境邻避风险再生产机制的科学性与合理性,并运用案例分析方法对邻避风险治理的社会韧性范式进行实证研究,在此基础上有针对性地提出风险治理的策略选择,以期提升我国政府在环境邻避风险治理方面的能力,维护社会的和谐稳定。

邻避风险,即由主观和客观因素引发的邻避行为所产生的负面后果的不确定性,所谓的主观因素是指当地居民对邻避设施的抵制情绪(邻避情结),而客观因素则是指政府(决策者)在邻避设施选址过程中的态度及措施(杨雪锋和章天成,2016)。邻避危机是由邻避设施引起的群体性事件导致社会失序和政府与公众关系处于紧张的状态。从邻避风险产生到最终演变为邻避抗争,表现为一种风险逐渐集聚和转化的过程。邻避风险往往从最初的原生风险经过个体的心理反射,演变为个体的感知风险,在外界信息和政府行为的催化下升级为社会不稳定问题,并最终引发邻避冲突,甚至公共危机。

第二节 问题提出

一、邻避风险的概念

学术界对邻避问题的关注始于奥黑尔于 1977 年提出的"邻避"一词的概念,指邻避设施建设可能对当地居民的生活品质、身体健康、财产价值等造成威胁,这种实在或潜在的风险会引发公众的嫌恶心理,从而滋生"不要建在我家后院"的邻避效应。也有一种说法是,最早提出"NIMBY"一词的是英国记者埃米莉·特拉维尔·利夫齐。1980 年 11 月 6 日,她的一篇文章描述了当时美国人对居住区周围堆积的化工垃圾的警觉和反感(诸大建,2011)。不过这是媒体界的表达。按照邻避设施的危害与风险来源可将其划分为以下几类:环境污染类、风险集聚类、污名化类、心理不悦类。按照归因论来划分,大致可分为废弃物处理类、能源生产类、心理影响类、社会影响类,这种划分与前者并无二致。目前,我国由污染类和风险集聚类邻避设施引发的冲突较多,后果也更为严重(吴翠丽,2014)。大型环境服务设施从某种角度来说同时具备上述各种类型邻避设施的特征,既存在环境二次污染风险,也有一定的设施运营风险和安全生产风险。由于现有的此类设施的外观设计大多缺乏视觉美感,设施及周边景观也没有与生态环境有机融合,社区居民出现严重的心理不悦,加之社会舆论的负面信息较多,进而沦为污名化的对象,本书将具有这些特征和效应的设施称为环境邻避设施。由此看来,四类设施的邻避效应并非独立存在的,更多的是集多种效应于一体,从而导致风险的复杂化。本研究把所有关系环境邻避设施的风险定义为环境邻避风险。

二、邻避风险再生产的三个核心问题

邻避风险往往来源于单一的设施技术风险,然后在心理、社会、制度和文化等因素的作用下演化和放大为其他的风险。邻避项目最初的风险形成和后续的风险演化并不是统一的,项目建设的技术风险致使最初的风险形成及积累,后续风险的演变则基于制度诱发和认知塑造的影响(王伯承和郑爱兵,2017)。根据邻避事件演进的阶段性特征和不同风险之间的因果联系,有学者总结了"邻避风险演化链"(侯光辉和王元地,2015),认为邻避风险遵循"实在风险—感知风险—社会稳定风险"的演化逻辑。这些解释暗示着邻避风险具有再生性。

　　大型环境服务设施本身具有潜在的环境风险,作为原生性风险,一般具有客观实在性,并且这种原生性风险在适当条件下具有再生性。环境邻避设施自身存在的实在风险(亦称技术性风险)会引起附近居民群体的抗争行为反应,这些行为经由制度因素和认知因素的作用在不同个体与群体中产生次级影响(感知风险、舆情风险),之后这些次级影响被更广泛的社会团体和个人感知与传播,经由多种条件的作用,产生三级影响(社会稳定风险)。本书把邻避设施本身存在的环境技术风险定义为原生风险,把基于环境技术风险衍生的其他风险定义为再生风险。从现有的研究来看,学术界对于邻避风险生成及其线性传播、放大的理论研究已经取得了较为丰富的成果,但是对于原生性邻避风险后续的形态转化和类型演变仍然缺乏系统性研究。因此本书将原生性邻避风险后续的风险类型转变、样态更替以及多式交错等演化过程界定为环境邻避风险的再生产。环境邻避风险缘何会发生这种复杂多变的再生产? 从原生的环境风险经过多次再生产到最终的社会冲突风险之间存在何种机制? 何种治理形态更为有效? 这是学术界需要回应的三大问题。

　　三、基本思路

　　风险基于脆弱性,源于风险条件,始于治理刚性。环境邻避风险反映出中国城市安全治理的刚性和社会的脆弱性。受国际风险治理理事会的风险治理框架(朱志萍,2019)和韧性导向的风险治理策略矩阵(Ortwin,2005)的启发,基于对环境邻避风险来源复杂性与不确定性的理解,本书拟以韧性范式分析其要素结构、过程条件、再生产机制及治理理路,并引入整合治理模式。

　　本书按照"病因分析—病原体、传染体识别—病理诊断—抗体培植"的基本思路展开研究。第一,对城市化进程中重大环境设施邻避风险多重生产的历史进程和现实背景进行研究,解读"中国式邻避"生成的制度逻辑和治理逻辑,揭示邻避运动的中国语境和话语体系;第二,描述环境邻避风险的风险谱系,揭示风险源、风险类型、多重样态、谱系特征及复合结构;第三,对环境邻避风险进行脆弱性分析,刻画社会脆弱性的不利因素和表征,解释邻避风险的脆弱性学理逻辑;第四,详细阐述环境邻避风险再生产的理论内涵、动态变化、作用形式、运作机制,并运用系统动力学方法对邻避风险再生产的作用机理进行实证研究;第五,厘清环境邻避风险疏解的社会进程,从社区利益协定、社会运营许可、利益相关者理论等视角解析环境邻避风险治理的韧性要求,提出环境邻避风险治理的社会韧性培育机制;第六,基于风险治理系统工程方法论和综合集成方法论,阐述整合治理机制,遵循韧性要求,整合主体、手段、网络、流程,提出韧性导向的环境邻避风险整合治理模式。

针对"中国式邻避"这一现实课题,从环境邻避风险生成逻辑、风险脆弱性及再生产机制、社会韧性培育机制、风险治理方法论、整合治理模式等方面进行探讨,建立韧性范式的环境邻避风险整合治理分析框架(见图1-1)。

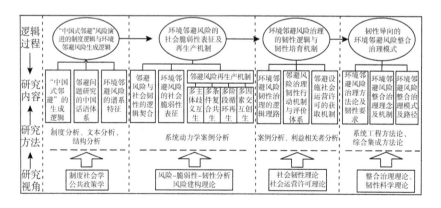

图1-1 环境邻避风险整合治理的韧性分析框架

　　研究目标是构建环境邻避风险整合治理的韧性分析框架,具体子目标有:揭示环境邻避风险的生成逻辑、社会脆弱性表征和风险治理的韧性逻辑,刻画环境邻避风险再生产的运作机制及作用机理,建立邻避风险治理的社会韧性培育机制,构建韧性导向的环境邻避风险整合治理模式。

第二章 相关研究回顾

第一节 关于邻避风险的生成、演化与建构研究

邻避概念自提出以来,便引起学术界极大的兴趣,其后数十年间,形成了包括产生、演变、识别、治理等内容的理论体系。进入 21世纪后,邻避运动引起中国社会的广泛关注,特别是新媒体的出现,使"邻避"成为舆论场的高频词、维稳型政府的"敏感词"、公共管理学术界的"热词"。有关邻避风险的文献归纳如下。

一、关于邻避风险影响因素的研究

有关邻避风险影响因素的研究主要从内生和外生两个方面展开。内生因素是指从各参与主体的心理和行为互动、不同的人性假设等角度分析公众参与邻避冲突的动机(赵小燕,2014);外生因素主要包括邻避设施特征与危机情境(侯光辉和王元地,2014)、法律供给侧(张文龙,2017)、制度信任(裴新伟,2018)等要素。

(一)内生因素

内生因素主要是指邻避风险形成过程中各主体的类型及其心理和行为,各主体身份和自身利益出发点的不同都会在认识风险和采取抵制行动的过程中产生积极或消极的影响。邻避风险中的主体可

以分为核心利益主体和非核心利益主体。核心利益主体主要包括设施所在地社区附近的居民、地方政府和设施运营商,非核心利益主体则包含大众媒体、非政府组织、专家群体和其他参与的边缘主体(侯光辉和王元地,2015)。对心理因素的影响研究主要集中在东道社区居民身上,包括五个方面:一是设施对资产、健康等不利影响的担忧(自利因素);二是政府与群众、群众中的支持者和反对者、群众与专家学者之间的相互信任也会影响风险程度(信任因素);三是专家分歧造成的信息模糊导致居民对专家群体产生怀疑(信息因素);四是邻避设施在选址时的申请和审核过程是否公开透明(公平因素);五是公众在整个项目的规划、建设和运行中的参与度。所有这些因素都会影响居民对风险的感知(Schively,2015)。也有学者从场所依恋和场所认同的角度(文化因素)分析指出,导致邻避效应的原因是群众对原来场地的情感和文化认同(Devine-Wright,2013)。除上述这些因素外,性别差异、年龄大小和知识水平高低等不同的个人特征也会影响个体对邻避风险大小的界定(张乐和童星,2014)。

(二)外生因素

外生因素的范围比较广泛,根据当前已有的文献可以归为三大类,分别为设施环境因素、法律因素以及制度因素。

国外学者在研究居民对风电场建设接受度时认为风电场最基本的设施物理属性因素(形状、颜色、类型、功率等)会让人们对设施产生担忧,同时风电场距居民住所的远近(空间因素)也存在影响(Devine-Wright,2005)。而风电场建设产生的风险与距离的关系表现在拟建风电场和已建风电场之间又有区别。在拟建风电场附近表现为距离越近,风险感知越高;而在建成的风电场附近则表现为距离越近,风险感知越低(Horst,2007)。同时,邻避设施在运行之后产生的废弃物的属性(例如危害程度、污染持续时间、污染范围)等都会影响居民对邻避风险的定量(侯光辉和王元地,2015)。

法律因素即为法权配置因素。当前我国大规模邻避运动的出现说明传统的"专断—压制"型治理模式失效,显然我国在邻避风险治理方面的法律已经不能满足公民权利发展的需要。群众法治话语权的觉醒要求调整法权结构,邻避运动与居民法权能力不足有关,因此迫切需要改变居民法权和社会权力不足的现状进而构建"参与—回应"式的新法权结构(杜健勋,2014)。有学者从法律供给侧失衡的角度分析社会抗议运动兴起的原因,并提出这种失衡主要体现在三个方面:一是精细化法律防控体系的缺失;二是行政力量仍然占主导;三是治理类法律过于强制化,缺乏回应性(张文龙,2017)。

制度因素主要是指群众对制度的信任程度。影响居民对制度信任程度高低的原因又可以分为三个部分,这三个部分又受不同的因素影响。在制度的制定阶段,法律性缺失、决策不规范和运行形同虚设等因素发挥主要的影响作用;在制度的实施阶段,相关主体的执行能力和解决问题的方式等因素会深刻影响邻避冲突;在制度的评价和认同阶段,信任环境缺失和缺乏积极性则是主要的影响因素(裴新伟,2018)。

二、关于邻避风险演化的研究

如果说学者们对于邻避风险的影响因素研究倾向于微观层面,那么对于邻避风险整体的演变路径的研究则可以说是从宏观层面来分析和考量的。关于邻避风险演变过程的研究,内容包括邻避风险的生成逻辑(张乐和童星,2013)、发生机理(王伯承和郑爱兵,2017)、演化机制(陈玲和李利利,2016)、放大机制(辛方坤,2018)等。主要观点为:政府封闭型决策、企业逐利本性、大众传媒扭曲宣传和社区共同体的切肤之痛构成邻避抗争者卷入机制(吴群芳和史紫薇,2016)。环境风险是社会建构的(蔡萍,2008)。信息过程、制度结构和个体反应构成环境风险的放大机制（曾繁旭等，2015）。邻避风险随利益相关者的社会心理反应演变的动力机制包括：弱势群体的隐忍、强势群体的抗争、学者的特殊群体作用（杨雪锋和章天成，2016）。

从学者们对于邻避风险演进过程的研究来看，学界尚未形成系统的、全面的、交互式的邻避风险演变研究体系。

对于邻避风险的生成机理，围绕风险影响因子对过程影响的先后顺序，以风险感知差异为核心，将从邻避风险感知差异到引发风险分歧和冲突运动分为五个阶段：风险场域界定博弈、风险社会放大、科学与社会理性界限模糊、信任危机引发风险膨胀、引发群体性事件（吴翠丽，2014）。根据邻避风险影响程度和范围的不同，为更好地考察邻避风险持续性的影响，提出了邻避风险由实在风险到感知风险再到社会稳定风险的完整风险链架构（侯光辉和王元地，2015）。根据不同主体在风险生成过程中介入的时间不同，可从风险形成、发酵、爆发到响应四个阶段分析邻避风险的生成机理，按照发生的顺序可划分为：大众利益考量的抗争、媒体促使发酵、诉求集中爆发、政府公民互动（吴群芳和史紫薇，2016）。

对于邻避风险的发生逻辑，学者们从空间生产理论、政治机会结构理论、公众行动逻辑论等方面进行了探讨。有学者从空间挤压的视角探讨邻避风险的发生逻辑，以价值、利益和风险构建空间冲突的三个维度。邻避风险的发生主要是以行政权力、资本为主导的空间利用与地方性、差异化空间利用之间的冲突。这种对空间强制性和单向性的建构激发了公众的权利意识，形成了权力、资本与公民权利之间对于价值、利益和风险的复杂博弈，这种博弈常常因为缺乏共识而引发邻避冲突（朱正威和吴佳，2016）。政治机会结构理论则以"政体""精英团体""政府意愿"为分析维度，衡量政体的开放程度、精英团体的抗争力度以及政府对公民抗争行为采取的态度和措施，这三者之间的弥合和相反状态决定了邻避风险是否会发生（王刚和毕欢欢,2017)。公众是邻避风险演化中的核心主体,以公众的行动逻辑为核心,整合风险研究的具体过程,深入透析影响公众行为的社会因素,将邻避风险的发生逻辑概括为"损害事实的发生—制度化表达的缺位—媒体的渲染塑造—非制度化的行为"(王伯承和郑爱兵,2017)。

关于邻避风险演进的动力机制,主体的心智模式和风险建构策略构成邻避风险运作的内驱力。在社会竞技场中,多主体从各自的认知角度出发,运用制度及非制度的手段改变博弈规则,博弈双方的风险互动推动了邻避风险的运行(田鹏和陈绍军,2015)。邻避风险演变过程中的动力来源决定了邻避风险的去向和能量,而决定邻避风险动力的因素主要是利益相关者。不同利益相关者的社会心理变化都会推动风险朝正向或反向转变。与动力机制相似,有学者将其定义为卷入机制,并从政府、企业、大众媒体和社区四方的角度提出政府的封闭型决策、企业的逐利本性、大众传媒的扭曲宣传和社区共同体的切肤之痛共同推动了邻避风险的形成与发酵(吴群芳和史紫薇,2016)。

对于邻避风险演变的放大机制研究,有学者认为,风险放大对邻避风险的影响是双向的,既存在正向的影响,也存在负向的影响。正向的影响主要是将细微的邻避问题放大,引起社会的关注,从而促使政府加以重视和解决;而负向的影响主要是对风险的危害程度过分夸大,引发人民群众和社会的恐慌,加剧风险危机。从媒体对信息的正向放大机制来看,充分发挥了邻避风险信息传递、经验分享的作用,充当弱势群体的发声主体,凝聚地方微弱的斗争力量,作为行动者之间的沟通主体促进行动者之间的互动,汇聚广泛的社会力量支持(曾繁旭,2015)。而从信息的负向夸大机制来看,个体、政府、媒体以及社会其他群体在信息传播过程中造成的信息失真都会对风险进行放大,产生涟漪效应,从而使人们感受到的风险超过实际存在的风险。以政府信任重构为核心,强化信息披露、风险沟通和干预能够有效削弱风险的放大效应(辛方坤,2018)。弱化风险的放大作用是能够有效阻断邻避风险演进的重要途径。

三、关于邻避风险社会建构的研究

在文化主义风险论看来,社会风险是建构的过程(童文莹,2012)。国外较早研究邻避风险感知问题的文献多以垃圾填埋场(焚烧厂)、核废料存储地、风能发电厂等为实例进行实证研究,邻避知识和体验、邻避态度、个性特征、感知风险、风险特征共同构成邻避风险感知分析框架(Slovic,2016)。感知风险被认为是邻避事件中首要的风险来源,其影响因素可分为自利、信任、信息、公平和参与度五大类(Schively,2015)。也有学者构建了比较完整的感知风险分析框架,从物理技术、当地环境、政策因素、社会经济、社会交流、当地的文化和意识形态、个人经历和知识等角度构建了影响居民风电场设置态度的综合分析框架(Devine-Wright,2005)。除了成体系地分析群众风险感知的影响因素,也有学者论述了不同的距离(估计的、感知的、实际的)对邻避风险感知的影响差异很大(Zhou et al.,2022)。

邻避风险感知被视为建构风险的重要来源,此类文献包括风险认知、风险态度、风险感知(张广利等,2017)。主要的解释有:不同主体面对邻避风险存在"怕"与"不怕"的认知差异(何艳玲和陈晓运,2012),公众心理焦虑、信任、社会经济背景等变量与公众抗争意愿相关(胡象明和王锋,2014),文化背景、价值观和生活经验是影响技术风险认知的社会文化建构因素(王娟,2013),约制与建构是环境邻避议题的两种呈现机制(龚文娟,2013)。风险感知则通常与风险建构挂钩,一般可以理解为人在社会因素的作用下,由于社会建构具有放大效应,会将存在的实际风险放大为主观风险。

国内学者从心理理论和文化理论出发,整合社会组织、新闻媒体以及人际传播等传媒中介的作用,结合文化、经济、政治等社会因素的综合式影响和交互作用进行分析。与国外研究不同的是,增加了社会背景因素(包括性别、年龄、收入、受教育程度、户籍地,以及居住时间等)对风险感知的影响(胡象明和王锋,2014)。

关于邻避风险的演变过程及影响因素的研究可以用过程论和因素论两种方法进行解释,两种方法分别关注其宏观和微观特征,同时也体现了对风险的动态和静态分析,但是缺乏对邻避风险的系统性、整体性把握。关于邻避风险的社会反应及社会建构研究,基于风险建构主义思路对邻避风险感知和社会接受性进行研究有助于深化对邻避风险本质及其社会属性的认识,但视野较为狭窄,仅局限于公众单一主体和原生风险,未涉及多主体、多环节,以及邻避风险的复合共生。关于邻避风险治理的研究内容涉及广泛,多以风险的线性变化为假设前提,无法适用于具有模糊性来源、非线性轨迹的风险。以整体性、系统性、结构性为特征的韧性分析范式更适合用于本书研究。

通过梳理国内外相关文献发现,国外在邻避风险的研究上起步较早,对邻避风险的理论及内涵研究已经取得了较为丰富的成果。而国内对邻避风险的研究虽然在时间上滞后于国外,但在汲取国外丰富经验和成果的基础上,国内学者基于我国特定的经济社会背景,对"中国式邻避冲突"进行分析,在邻避风险的影响因素和演变过程等方面展开了深入的研究。近几年来,通过各地的案例经验总结与理论拓展创新,国内对于邻避风险的研究也取得了较丰富的成果,但目前的研究依旧存在局限性。

第二节　关于邻避风险治理的研究

一、关于邻避风险治理体系的研究

关于邻避风险的研究涵盖了治理手段、机制及模式等方面。在治理手段上，包括经济手段、社会手段、政治手段、市场化手段等。Kraft 和 Clary（1991）提出了导致邻避效应的五个方面心理与认知因素，认为政府有必要重视对邻避效应的社会心理补偿；汤汇浩（2011）提出要审慎运用公民参与来实现公益性项目外部效应的内部化。还有学者提出选址的公众参与、利益补偿、信息公开、协商沟通、他项权利补偿、邻避设施共享产权、股份合作等化解邻避冲突的方法。在实际运作中，美国还推行志愿、竞争选址以及风险替代等办法（刘晓亮和侯凯悦，2017）。

在治理机制上，注重制度型规制，比如：基于"经济人""政治人""社会人"三种人性假设的利益补偿机制、决策参与机制、社会信任机制及社区化解冲突机制（赵小燕，2014）；基于风险社会放大框架的舆情传播四阶段模型及弱化策略（风险信息披露、去污名化、热议期的舆情应急）（辛方坤，2018）；环评与稳评长效衔接机制（张乐和童星，2015）；基于"预期损失—不确定性"分析框架的综合性、主动性、全程性的邻避风险治理战略框架以及不同治理阶段的核心配套机制（陶鹏和童星，2010）；统合风险制造者、风险承担者、风险传播者与风险治理者的多元共治邻避风险治理体系（王伯承，2018）等。

在治理模式上，不同学者分别提出：民主协商型治理，注重风险沟通与政府职能优化对接（谭爽和胡象明，2014）；依靠共识会议作用机制，实现公民在公共决策中的有效参与，通过理性对话打破邻避设施建与不建的冲突困境（王佃利和王庆歌，2015）；搭建沟通认知的多元互动平台,采取多元协作型治理模式,根据不同类型邻避设施的特点,采用差别化、类型化的治理方式(陈宝胜,2015)。

"中国式邻避"有其深刻的历史背景和复杂的社会环境,是经济增长、城市化、社会转型多重镜像下社区尺度的权利抗争行为。上述关于邻避风险治理的研究内容广泛,但局限于公共管理的常规思维和公共政策的定性分析,多以风险的线性变化为假设前提,无法用于分析模糊性来源、非线性轨迹的风险。相较而言,以整体性、系统性、结构性为特征的韧性治理更具有现实性,能够契合环境邻避风险的复合型特征。

二、关于邻避风险治理策略的研究

邻避风险在错综复杂的自然和社会因素的综合影响下,会演变为邻避冲突问题并最终引发社会危机事件,往往会对经济社会发展造成不利影响,如果处理不当甚至会造成严重的负面社会影响。学者们对邻避风险源进行识别和归因研究,以及总结邻避风险发展的路径和机制的最终目的是消解风险的集聚并对风险影响后的危机进行治理。总结国内外学者对于治理对策的研究,可以将其分为补救性对策研究和预防性对策研究(王淼峰,2021)。

(一)补救性对策研究

所谓补救性对策,即当邻避风险已经演化为邻避冲突事件,居民对邻避设施建设的不满情绪转化为暴力行动,政府及管理部门不得不采取措施消解人们的不满情绪,从而解决邻避冲突。主要方式有三类:一是提供经济性补偿,包括直接对居民进行经济补偿,通过社区竞标选址的方法来对居民的损失进行补偿。二是完善制度性风险消解机制,包括"工程缓解"(何艳玲,2009)、环保回馈做法(徐祖迎和朱玉芹,2013)。三是引入公众参与机制,政府及时进行信息的公开和引导群众参观邻避设施的建设与运行,构建多方协商审议机制,降低公众感知风险,弥合工具理性和价值理性、科学理性和社会理性的鸿沟,最终消解邻避风险的结构性困境(吴翠丽,2014)。

(二)预防性对策研究

主要措施有:第一,完善法规和权力配置。国外提倡让受设施影响的人对设施及其潜在影响行使更大的控制权。一种方法是允许潜在受邻避设施影响的人使用他们自己的专家和开发程序来监控他们自己的风险(Kasperson et al.,1992;Heiman,1997)。另一种方法是通过成立社区咨询委员会来达成和利益集团之间的协议,以组织的形式增强风险承担者的权力(Lewis & Henkels,1996;Illsley,2002)。国内研究则侧重于整体法律体系的调节,建议构建回应性法规,使法律能够根据社会需求进行调节(杜健勋,2014);建议构建围绕邻避设施建设全程的法律保障体系,提高邻避设施建设的权威性和规范性(董幼鸿,2013)。第二,畅通风险沟通机制。风险沟通根据作用导向的不同,分为主动式沟通和被动式沟通两类(董幼鸿,2013)。缓解邻避冲突需要构建有中国特色的有效风险沟通模式,建立大型环境邻避设施数据库,对各类案例进行深入分析,有针对性地制定缓解方案(马奔等,2014)。第三,倡导协商式的决策模式。构建参与式的选址决策模式,使群众能够直接参与选址决策过程(马奔等,2014),对于仍然存在的意见分歧,可以充分搭建社区居民论坛、工作坊、评议会等交流平台,使社区居民能够公开讨论、充分审议、理性协商,促进与深化其对利益和成本损失的认知,最终促使各方达成都可以接受的一致性方案(娄胜华和姜姗姗,2012)。

三、复合治理理论对邻避风险研究的启示

风险社会来临,治理研究的命题更为复杂。杨雪冬(2004)认为,

治理机制的形成以及它们组合而成的治理形态的扩展是一个历史过程,是社会分工的深化和交往的空间以时间维度延展的结果。复合治理就是"国家、市场和社会发展成为现代社会公共治理的基本机制",须谋求各个治理主体之间的合作互补,以及就地及时解决问题。中国社会治理具有主体复合性特征(杨雪冬,2007);洪大用(2016)则基于中国国情,从环境治理目标、主体、政策对象、政策工具、政策取向、关联政策等多个维度提出环境复合型治理模式;王芳(2016)则通过解析环境风险的双重内涵,基于环境事实与社会建构层面,把复合治理具体到环境风险治理。

其他学者也有类似观点:结合风险流程重点和工程-技术模式、组织制度模式、社团-运动模式的特点,建构系统性、复合性、循环性社会风险整合治理机制(张云昊,2011),实现社会风险治理的行政动员、社会治理和民主协商三种模式的协调与整合(张文宏,2014),统合风险制造者、风险承担者、风险传播者与风险治理者,建立多元共治的邻避风险治理体系(王伯承,2018),构建涉及多层次、多领域、多主体的共责共担的复合治理机制(杨雪冬,2019)。

在风险治理的三大机制中,国家力量过于强势,市场机制过度理性,易导致政府失灵和市场失灵,而介于两者之间的社会机制则存在资源依赖、自主性弱、专业化不足等问题,可以看出,增强社会系统的调适能力是应对风险、提升抗干扰及自我修复能力的基础。复合治理理论认为,风险治理的参与方可以涵盖社会中所有与风险有关的利害关系人,包括政府、企业、社区、非营利组织,以及有关个体。同时,治理机制来自多方权威,其权力运行向度是多元的、相互的,采取多方上下互动的灵活方式,容易形成一种良好的合作伙伴关系,能够反映出网络治理的特点(刘婧,2008)。上述关于复合治理的理论为环境邻避风险治理研究提供了坚实的基础,更加突出问题导向、实践导向,邻避风险治理的形态、模式和路径将呈现出更多新图景。涂尔干将社会失范的根源归结为个人与社会之间联系的脆弱性。脆弱性反映了风险发生的可能性,是结果表达;韧性更加关注社会系统对外界干扰的反应及其恢复能力,是过程表达。复合治理理论把公共治理转向系统治理、综合治理,为韧性范式介入公共治理提供了理论窗口。

第三节 不同学科视野的比较研究

邻避风险研究是一个多学科交叉性学术研究领域,当前的研究主要集中在环境科学、生态学、公共管理学等领域,它包含了城市学、社会学、规划学等诸多学科的特点,借用多学科的交叉理论和决策技术来研究邻避风险已成为主要趋势,同时也符合该研究领域进一步发展的需要。

一、多学科视角的邻避问题研究

邻避问题研究作为社会科学、人文科学与自然科学的交叉课题,近年来学者们在早期多学科研究视角下细化了对邻避现象的研究,不仅有理论基础研究,还有过程分析的应用性研究和治理对策研究。

第一,经济学角度。基于激励性管制理论,学术界对邻避设施相关利益主体行为进行分析。拉丰的管制俘获论和中国的城市生产总值竞争论解释了地方政府在邻避设施规划建设上具有强烈动机[1](赵志勇和朱礼华,2013)。利益相关者理论则采用博弈论方法分析支持者和反对者之间的互动关系(陈晨,2016);空间政治经济学的学者则从空间资源配置不平等的角度解释邻避冲突产生的根源(杨建

---

[1] 这种动机是指追求邻避设施建设带来的经济增长,一是满足生产总值考核下的政绩要求,二是获得更高的财政收入用于改善公职人员的福利待遇。

国和李紫衍,2021);在演化经济学看来,邻避运动是邻避效应负外部性承担者依据抗争的预期收益和成本的比较,并先验判断加入群体抗争将增加净收益,在此基础上逐渐演化的过程(康伟和杜蕾,2018)。

第二,社会学角度。李德营(2015)认为,城市邻避运动倒逼大量邻避设施转移到农村,而在转移到农村以后,势必不能做到按标准运行,因此会对环境造成更大的损害;赵小燕(2014)基于三种人性假设("经济人""社会人""政治人")分析各自的动机,根据不同的行为特征建立相匹配的邻避治理机制,其中,"经济人"假设对应于利益补偿机制,"社会人"假设对应于社会信任机制,"政治人"假设对应于决策参与机制。

第三,政治学角度。为破解邻避冲突的规划选址难题,Dear(1992)提出,应该深入了解社区居民的观点和社会态度,而不是仅仅让他们做选择题。汤汇浩(2011)则从物质性和心理性方面详细分析了邻避补偿手段之间的关系,并运用集体行动理论解释邻避效应的变化。他提出,在中国国情条件下,公民参与的制度选择倾向于采取法团主义的模式,因此要谨慎运用公民参与模式来实现外部效应的内部化。

第四,心理学角度。Pol 等(2006)运用心理学理论分析问题,通过对心理参数的分析来理解和管理邻避运动。邻避现象在一定程度上可以认为是正常的,它是风险社会人类知觉、心理归因交织后产生的复杂现象,从某种角度来看,可以认为其核心特征是不公平。这种不公平感的累积和强化会降低人们的幸福感,进而引发居民的抗争行为。谭爽和胡象明(2014)在分析邻避冲突中引入了心理资本理论,他们不再仅仅关注利益剥夺、环境影响、权利保障等,而是从心理视域出发,拓展到事件对社会大众的心理影响,并提出以积极的"心理资本管理"代替传统的"心理问题防治"。Devine-Wright(2009)重点研究心理反应随时间的变化机制,以更加深入地描述"邻避症候群"情绪的变动。

第五,传播学角度。媒体对抗议者与抗议对象的文本呈现和报道策略中呈现出一种抗争新闻范式,具体表现在新闻框架、消息来源与报道倾向三个方面(白红义,2014)。邻避冲突中政府应对舆情的策略与网络舆论传播特点变化密切相关(李雅红,2014)。不同邻避运动之间的环境抗争的扩散效应在运动剧目、运动框架、组织形式等方面表现出了高度的相似性(曾繁旭,2015)。

虽然近年来国内关于邻避现象的研究有了长足的进步,但总体来看,还存在如下不足:一是从公共管理学、政治学、社会学角度出发的研究多,而基于经济学角度的研究少,尤其是关于公民权益、环境正义、利益博弈和合理补偿等方面的深入研究较少,以多学科融合、跨学科合作的方式进行研究的文献偏少。二是以邻避相关理论、概念为主的理念性研究较多,而以具体实务、政策为主的应用性研究较少,各学科领域研究的最终目的是服务经济社会,也只有服务实践,才能促进理论的完善。三是对邻避冲突系统性预防政策体系的研究不多,更多研究侧重于邻避冲突的治理,主要针对群体性或集体抗争行为发生以后,政府如何应对等方面。四是对邻避问题的基础性研究还不够。在这方面,国内尚处于起步阶段,更多的是将国外理论与国内实际相结合后的经验和启示,侧重于对具体邻避事件的分析研究,抽象性和系统性不够。五是研究方法较单一。相较而言,采用学理思辨、比较研究和案例分析方法进行研究的较多,而采用博弈论、利益分析法和定量研究等方法进行研究的较少。

二、多学科视角的邻避冲突治理研究

如何治理邻避冲突是国内外学者重点关注的领域。邻避运动肇始于西方发达国家,国外学者对于邻避冲突的研究起步较早,从早期的个案研究,到邻避问题基础理论研究,包括政治学、伦理学等基础学科,再到政策、法律、经济等视角的治理对策研究,形成了邻避冲突研究的理论架构和知识体系,并且出现了多个不同观点的流派并立的情况。Bacow 和 Milkey(1982)从公共政策学和经济学的角度出发,探讨了税收对于治理邻避冲突的影响。Robe(1994)通过田野调查发现,事前不公开邻避设施选址会导致居民产生情绪性、非理智的抗议,进而影响后续的协商和沟通。而公民参与被认为是解决邻避冲突的一个有效路径(Devine-Wright,2011)。在理念方面,决策者要改变关于公众自私、无知、非理性的偏见,放弃所谓的公共利益至上的价值标准,坚持平等、合作、协商的原则,开诚布公地进行交流;在政策操作层面,改变过去单向反馈性的交流方式,如网站投票、电话热线、问卷调查等,引导各层次的利害关系人及相关的利益群体参与政策制定过程,构建多样化的自下而上的参与方式和双向交流对话机制。

三、邻避风险研究范式比较

我国的邻避风险研究是在引进国外高度城市化地区相关理论概念的基础上发展起来的。现有关于环境邻避风险的研究主要是综合运用环境科学、人文地理学、社会心理学、生态经济学、政治学等跨学科的理论和方法,探讨环境邻避风险的根源和治理方法等,呈现出多范式的研究图景(杨雪锋和谢凌,2020)。立足于国内外学者相关环境邻避风险治理的理论与研究方法,可归纳为以下五种范式(见表 2-1)。

表 2-1　环境邻避风险治理研究的五种范式

范式	主要学科	主要研究者	主要研究内容	主要研究方法
工程技术范式	生态学、工程学、城市规划	Marten、张向和、彭绪亚	邻避设施的布局和选址、邻避设施与生态环境的相互影响	GIS 技术

续　表

范式	主要学科	主要研究者	主要研究内容	主要研究方法
制度分析范式	政治学、公共行政	何艳玲、陈宝胜	邻避设施解决制度	政策分析、案例分析
规范研究范式	伦理学、法学	王佃利、王彩波	环境正义	规范研究
行为心理范式	管理学、社会学、心理学	Lobber、Martin、胡象明	邻避设施利益相关者的政治行为、心理和原因	统计学
社会建构范式	新闻传播学、文化社会学	张乐、童星、Haggart、薛可	邻避风险管理中的社会意义和信息传播	语篇分析、社会调查法

第一，工程技术范式。基于这一范式的研究认为邻避设施的建设选址是产生邻避风险的主要因素，通过恰当的选址并且制定合理的选址流程可以削弱或化解邻避效应。工程技术范式主要运用规划理论，尤其是通过构建模型和收集数据等技术手段来确定邻避设施的最佳选址。比如张向和和彭绪亚（2010）从空间规划的角度出发，提出加强邻避设施选址的科学性和规划合理性是防范冲突之道。

第二，制度分析范式。基于这一范式的研究主要运用政策分析和案例分析研究邻避冲突行动议题、参与主体等对邻避设施建设的影响。比如：基于公共政策工具选择，寻求治理邻避冲突的有效路径（陈宝胜，2012）；针对"中国式邻避冲突"需要建构以"制度缓解"为基础的邻避冲突解决机制（何艳玲，2009）；加拿大四省的邻避案例显示，民主、公正等因素是引发邻避冲突的主要原因，基于决策权力下放以及充分和有意义的公众参与的原则创新选址流程，将从以自上而下决策为主的方法转变为逐步分散和多元化的方法（Kuhn & Ballard，1998）。

第三，规范研究范式。基于这一范式的研究主要涉及邻避设施利益补偿机制、负外部性的公平分配以及环境正义在邻避风险治理中的实际应用等方面的内容。环境正义具体体现在集体应当共享健康的环境,同时也需要承担恶劣环境的不利影响,邻避冲突中显现出的不平等性是不正义的(王彩波和张磊,2012)。由于不正义的风险分配是环境邻避冲突发生的深层原因,基于"应得"分配正义观,在空间分配、参与主体等方面维持风险分配的正义性以及公共利益与个人利益的平衡,方能有效化解邻避风险(王佃利等,2017)。

第四,行为心理范式。基于这一范式的研究多数是通过检验可证伪的假说,解释在邻避项目选址决策过程中各利益相关者的政治行为,明晰选址决策与政治行为之间的逻辑关系。邻避冲突随着邻避设施距离的增大而迅速减少不是由于抗议邻避设施情绪的消退(Lobber,1995)。基于公众内部心理因素,邻避设施附近居民的邻避情结是产生冲突和抗争的主要原因(Martin,1993)。李小敏和胡象明(2015)从风险认知和公众信任的视角提出风险认知中介作用模型,认为信任是弥合邻避设施选址决策中各利益相关者风险认知差异的关键要素。

第五,社会建构范式。基于这一范式的研究主要运用语篇分析的研究方法来建构邻避冲突中的社会意义,包括社会公众对待邻避设施选址的看法以及地方政府、社会组织的多方参与。张乐和童星(2016)认为,增加社会学习的创新性和反思性有助于社会矛盾的消解和社会风险的源头治理。Haggart和Toke(2006)以威尔士风电场为例,说明通过建构语篇将风电场与环境污染相关联可以成功阻止邻避设施的建设。

上述五种范式分别基于不同的学科背景,从多个视角出发,针对不同的侧重点,采用多种研究方法进行研究,有助于形成对邻避风险的全面认识。就环境邻避风险而言,尽管不具有宏观意义和现象级问题价值,但是其复杂性和衍生性在现实中足以让任何一个城市的政府变得极度敏感,就像"茶壶里的风暴",当沸水烧开且壶内压强过大时,这种"风暴"的破坏性一般不容小觑。面对这种风险,单一学科的学者难以提供基于整体性视角的对策思路,考虑到城市的复杂性和现代化进程中韧性城市的新需求,采取韧性范式展开研究,既能有效利用既有的各学科存量知识,也可以为破解邻避困境提供新的解决方案。

第三章 "中国式邻避"的演进逻辑与风险谱系

第一节 "中国式邻避"的特征与演进

一、风险社会下的"中国式邻避"

(一)中国式风险社会

1. 中国式风险社会的总体特征

现代社会风险具有高度不确定性、隐蔽性、知识依赖性、高度关联性、跨越时空性、迅速扩散性和高度危害性等特征(刘婧,2008)。这些特征在转型社会中的表现尤为突出,由于高度集聚而富有强烈城市性的特大城市也是风险集聚的主要空间载体。经过多年快速的经济增长和城市化,中国社会进入了风险累积期,特大型城市的风险结构具有多阶段、多类型风险聚合特质(李友梅,2015)。

风险社会是社会转型阶段无法回避的挑战,具体到某一个国家,例如中国,这种风险则表现出特有的样态,我们可以称之为中国式风险社会,其主要表现有风险源的多源性、单一风险的多重性、风险样态的复合性、风险类型的多维性。现代风险区别于传统风险的主要特征之一就是风险发生的原因不清楚,因为它内生于现代社会的工业化制度、技术运用、政治结构和治理体系,以至于被认为是"有组织的不负责任"。中国作为一个正处于经济社会转型期的发展中的大国，也不可避免地存在制度不完善、治理能力有待提高等缺陷，在快速推进现代化的进程中，也正急速地进入风险社会。

风险社会的普遍性首先表现为单一风险容易产生放大效应和扩散。中国当前正处在工业化、信息化、城市化多重转型的过程中，每个领域都会存在一些频繁发生的风险类型，即便没有发生复杂的风险交织，这些不同的风险类型总会以各自不同的形式和状态反复出现，比如邻避抗争、土地冲突、环境冲突等，由此带来信访压力、维稳压力，不断冲击着地方的社会秩序。

考虑到现代风险的关联性，在一定的风险条件下，单一风险会向综合风险转化。中国的大国特质，即人口多、特大城市多、经济总量大、社会结构多层次、地区发展差异大，现代风险诱发因素多且风险条件复杂，尤其考验地方政府的风险应对能力，如果应对不当，极易导致单一风险触发蝴蝶效应或多米诺骨牌效应。

现代性的一个突出特征就是风险越来越多地被建构。这种建构包括客观建构和主观建构，前者来自工业化制度、城市化社会结构和科学技术等，而后者主要包括社会心理、社会舆论、认知结构等。尽管中国的城市化已经进入较高的阶段（2022 年常住人口城市化率约为64.7%），工业化也进入了中后期，但是国民的科学知识普及程度还很低，在信息化时代信息充斥和泛滥的环境中，很容易被各种媒体诱导形成扭曲的认知。在面对风险信息时，公众的社会理性和政府的政治理性以及专家的科学理性就会发生偏差甚至对立，从而使单一的实体性风险衍生为制度性风险和建构性风险。

2. 中国式风险社会的现代化背景

我国现代化赶超战略存在时间强约束。原本分属于三个不同时代的传统性、现代性和后现代性被压缩在同一个时空之中。由于历史进程的缩短而出现共时态，三者在同一时空的范围内交叉重叠甚至并行,彼此衔接包容,统一于体制改革、制度创新和观念不断更新的历史进程中。在国家富强、民族复兴、人民幸福的使命驱动下,这个过程不容许是一个缓慢演化的过程,必须在一段不太长的时间里完成这个历史性任务(景天魁,1999)。近百年来,由于一再错过现代化的历史良机,虽然当下急切希望实现现代化,但是已经面临资源环境的强约束和发展空间的局限。中国所处的时空条件不仅是有限的,即基本上是在既有的国际利益格局和地缘政治框架下自我发育,而且难以延伸拓展,并且在价值链升级过程中会遭遇各种阻碍,备受挤压(郭庆松,2008)。所以,与西方工业化国家的时空延伸(吉登斯,1998)相比,中国的现代化是时空压缩,在此借用全球化问题研究中哈维的时空压缩概念(伏珊和邹威华,2016),用来分析中国的社会发展。中国社会的快速转型是一种"压缩饼干"式的转型,具有强烈的时空压缩性(倪明胜和纪宁,2010)。社会系统的时空构成恰恰是社会理论的核心(吉登斯,1998)。时空特性是认识社会的一个重要维度,它是联系社会生产和再生产的主要因素,并塑造了形形色色的制度结构和概念结构。联合国开发署环境专家康纳认为,"压缩型"工业化在东亚地区是一种具有广泛性的存在。不仅如此,这还是压缩的社会历程,是三种生产方式的叠加及后来方式对前面方式的压缩。因此,中国不仅是"压缩型"工业化国家,而且还存在工业压缩农业,城市空间生产压缩工业,以及空间生产压缩前两者的情况(赵杰,2014)。

3. 城市化的时空压缩和城市风险化

城市化意味着经济关系、利益结构和社会秩序的调整与重构。城市化的直接表现为土地利用方式的改变导致产权关系、空间关系的不可逆变化。土地资本化不仅带来生产关系的重塑,而且会推动空间的重构,此外,还会导致财富的再分配和风险的再分配,因此会带来剧烈的阶级矛盾和社会冲突风险。正如亨廷顿(2008)所言,城市化的结果意味着稳定,而其过程却隐含着社会秩序的动荡与不确定性。西方发达国家由于城市化时间跨度较大,工业化起步较早,早期的全球殖民和世界市场控制使其有足够的时间和空间消化城市化的风险,以及转移城市化的不利后果,并通过不断试错,调整和优化城市化风险治理政策,从而走上相对平稳的城市化道路(刘建平和杨磊,2014)。发展中国家的城市化时间短,工业化程度低,对城市化风险的消解能力弱,也不可能通过其他方式转移风险,这也导致其在人口膨胀的过程中城市化风险快速积累,并呈现出时空压缩的特征。贝克早在2004年就曾说过,当代中国社会因巨大的变迁正步入风险社会,甚至可能进入高风险社会(薛晓源和刘国良,2005)。多形式的生产方式和多层次的生产力水平与多形态的生产关系交织并存,在各地参差不齐的社会治理能力作用下,中国呈现出传统与现代、前现代与后现代混合的风险社会复合型特征,既有传统农业社会的自然风险,也有城市化、工业化导致的生态环境风险,还有信息化、网络化带来的后现代社会风险。

4. 中国城市化的风险再生产

从现代化或现代性的宏观视角来看,邻避冲突的不断发生是工业社会发展为风险社会的重要表征。科学理性、技术治理、"技术—经济"的发展导向以及各种安全控制机制共同构成了工业现代化的结构基础,然而这种现代性具有内在的结构性悖论,会导致邻避冲突的再生产与治理困境(张海柱,2021)。中国多年的经济高速增长和庞大的农村人口转移所呈现出的城市化规模和速度旷世罕见。这种时空高度压缩下的现代性及其急剧变化远远超过了现有社会系统的承受能力,导致社会系统紊乱,也孕育着巨大的社会风险(李云新和杨磊,2014),这一问题的影响突出表现在邻避冲突事件频发上。城市规模扩张会产生巨大的基础设施需求,其中大量的基础设施具有邻避效应,同时,随着城市摊大饼式的拓展,原来远郊的邻避设施也被城市居住区所包围。邻避事件此起彼伏,若处置不当则极易引发群体性冲突。其本质是资本逻辑驱动下的空间生产所导致的效率与公平深度失衡,以致治理体系在短时间内难以有效应对城市空间治理的内在张力问题(陈进华,2017)。由空间生产所导致的风险生产,以及由风险治理失当所导致的风险再生产是城市化风险的主要形成机制。

(二)压缩型城市化与特大城市安全风险

1.特大城市安全脆弱性

脆弱性是城市系统产生安全风险的重要原因。正如人的身体健康,在病毒传播的环境中,自身免疫力是关键,面对同一致灾因子,不同城市的风险因脆弱性程度不同而各异,脆弱性是决定灾害性质和强度的基本要素。中国特大城市存在明显的结构型、胁迫型和系统型脆弱(陈倬和佘廉,2009;韩新和丛北华,2019)。

第一,结构型脆弱。人口的快速高度集聚,使土地、水等资源供需矛盾加大,环境超负荷承载,基础设施供给不足。按照系统论思想,要素形成结构,结构决定功能,城市是一个复杂巨系统,特大城市更不例外,城市内部的要素关系变化会形成稳态结构,从而具备各种功能。当要素关系发生急剧变化,系统内在结构无法满足城市稳定运行的功能要求时,城市的安全风险加大。

第二,胁迫型脆弱。高强度的经济社会活动,土地开发强度高,农田和生态空间不断缩小,人口的高频率流动致使流动人口较多,人际关系复杂,特大城市对自然或人为致灾因子的敏感度增加,预示着城市安全风险上升。

第三,系统型脆弱。长期以来,由于城市生产总值导向和晋升锦标赛,城市领导者的注意力有所偏差,城市工作指导思想不太重视人居环境建设和城市发展质量,重建设、轻维护,重速度、轻效益,重面子、轻里子,重眼前、轻长远,重发展、轻安全,重地上、轻地下,重新城、轻老城,积压矛盾、隐藏缺陷,造成安全隐患和风险点逐年增加。

2.特大城市安全风险的特点

由于特大城市人口高度集中、经济社会活动高度集聚、各个系统之间交互频繁,城市系统脆弱性自然会增强,隐藏的安全隐患也就越多。安全风险大多具有系统性、复合型、影响广、危害大等特征(成德宁,2021)。

第一,风险的系统性。城市是一个复杂巨系统,其内部的各个子系统之间相互联系、相互影响。当一个子系统存在风险时,也会影响与其关系较为紧密的子系统。安全本身就是一个综合性的概念,系统内任何要素的安全受到损害都会波及其他要素,当系统脆弱性节点多、程度高时,甚至会牵一发而动全身。邻避风险虽说是个局部的社会问题,但是由于它具有不确定性、多主体卷入和脱域性,很容易发生外溢,并有可能与其他风险联动,甚至同频共振。

第二,复合型风险。城市不同于乡村,乡村是一个自然系统,人类活动强度小,而城市是一个自然与人工复合的系统,既有自然风险,也有社会风险,还有人造风险,即建构性风险。这两类风险相互影响、叠加,制造出新的风险。自然的、社会的、管理的、技术的脆弱性因素综合作用,在外部冲击下孕育出复合型风险。随着城市空间的扩张,越来越多的环境邻避设施被人类居住区所包围,改变了先前可能存在的单一的生态环境风险格局,并呈现出更为复杂多样的风险样态。

第三,风险的传染性。焦虑和恐惧具有传染性。在邻避风险环境中,公众的焦虑具有很强的传染性。公众的焦虑心理分为三种,分别是安全焦虑、利益焦虑和权利焦虑(谭爽,2013)。有研究表明,不同个体的焦虑水平不同,但是当群体成员在面临相同威胁时,他们的焦虑水平是相同的,焦虑水平的趋同并不是害怕程度的问题,而是整个社群的成员倾向于接受一项普遍的行为准则。个体的焦虑通过语言、行为等方式传递给他人，经由新媒体的传播，由点到面地扩散，个体焦虑演变成群体焦虑，进而扩展到社会焦虑，社会心理损害后果和不稳定风险扩散呈指数级变化。

第四，风险的非均衡分配。城市化最主要的后果就是社会势力的分裂和两极分化（Friedmann & Wolff，1982）。城市化是空间生产过程，同时也是风险的再分配过程，城市化在资本力量的作用下导致财富向少数人集聚，同时会带来风险与财富的反向配置，使风险向弱势群体配置。环境邻避设施通常会选址在较为偏远的农村地区，城市化边缘区的居民和社区承受了作为全市公共产品生产的代价，生态环境风险和经济风险、健康风险在局部地区集聚，却没有获得相应的补偿性回报。

第五，风险后果的严重性。现代风险虽然发生频率不高，但是一旦发生，后果极其严重，将造成难以估量的损失。与中小城市相比，特大城市的安全风险在致灾因子、扩散性、衍生性、危害性等方面都存在更大程度的效应（郭叶波，2014）。

（三）社会变迁过程中的"中国式邻避"

公开报道和学术文献提供的案例可以反映出我国邻避事件的数量及时间分布。2007 年发生的厦门 PX（中文名为对二甲苯）项目事件被包括中央电视台在内的多家媒体报道，引起了各界人士的广泛关注。厦门 PX 项目事件的发生也引起了其他一些（如宁波等）城市居民对 PX 项目的抵制。2007—2016 年，我国邻避事件发生的数量总体上呈现出快速增长的态势，尤其是在 2013 年至 2016 年间处于快速增长阶段。例如，2009 年在广州发生了番禺事件，以及 2012 年启东、什邡和宁波接连发生了较大规模的环境群体性事件。2017 年以后，我国发生的邻避事件从数量、规模到对抗程度都有明显的下降趋势,并且在持续时间和对社会的影响上都有一定程度的减少。

随着城市化向纵深推进,特有的体制、社会环境和治理结构塑造了特有的"中国式邻避"(何艳玲,2009)。邻避风险是当前社会治理的热点与难点,邻避型环境设施具有负外部性和公众损益不均衡性等特点,在社区意识觉醒和信息爆炸的社会背景下,邻避效应及风险问题变得愈加复杂。相关数据显示,中国因环境问题引发的群体性事件年均增速约为 30%[①],在各类环境群体性事件中,邻避冲突因其容易发动且议题更易激化,正成为当前发生频率较高的一种新兴的环境群体性事件。我国邻避运动呈现出多阶段、多主体、多向度、多属性、多路径的复杂特征。环境风险的产生不单是科学技术的作用和经济生产活动的结果,它还与各类社会变量密切相关,在环境事实与社会事实、技术问题与社会问题、技术风险与社会风险等多维、多向关系相互交织、相互作用的过程中共同呈现并集中爆发(王芳,2012)。为应对这一风险,在经济发展、环境承载和公民满意之间寻求平衡点成为执政者面临的最严峻的挑战之一。随着生态文明建设的持续展开,中国已经迈入了复合型环境治理的新阶段(洪大用,2016),作为环境风险的一种特殊表现形式,环境邻避复合型风险亟待新的治理形态。

"中国式邻避"议题有其区域特殊性,主要表现在:邻避抗议层级螺旋式提升,邻避行动议题难以拓展,以及邻避冲突双方无法达成一致(何艳玲,2009)。邻避冲突双方之间的矛盾导致我国社会陷入"中国式邻避冲突"困境,即"立项—抗议—停止"的循环运作机制,这种困境是主建方(政府、运营商、环评机构)和反建方(社区居民、公众)之间的博弈未能达成合作的结果,在邻避运动的风险竞技场上,风险

---

① 中共宣示"五位一体"建设中国特色社会主义[EB/OL].(2012-11-09)[2023-03-21]. http://www.jssjw.gov.cn/art/2012/11/9/art_9_1839.html.

被视作一种互动式产物(田鹏和陈绍军,2015),双方各自独立的风险心智模式导致风险认知结构错位,风险受众在面对责任主体的强势话语体系时,会设法开拓自己的话语空间(卜玉梅,2018),解构对方的话语体系,从而进入"立项—抗议—停止"的循环逻辑。

二、"中国式邻避"的演进逻辑

(一)制度逻辑

第一,宏观制度演化。正如贝克所言,风险和财富都是附着在阶级之上的,不同的是,前者向下层转移,而后者向上层转移。工业化制度、市场机制的马太效应、社会建设的滞后效应与社会结构急剧转换构成邻避运动的制度逻辑,从"财富—分配"转向"风险—分配",空间再生产导致权利、利益、风险再配置和邻避区域社会边缘化,为邻避风险形成创造了现实社会条件。中国特有的行政体制、社会环境和治理结构形塑了"中国式邻避"(何艳玲,2009)。

第二,微观主体意识增强。当前我国处于压缩型工业化和快速城市化阶段,城市人口集中和城市扩张对公共设施的需求增加,但是建设用地空间日趋狭小,越来越多的邻避设施出现在居民区附近,环境污染类和高风险聚集类邻避设施成为社区居民关注的对象。邻避事件的发生除了原生性的环境问题的影响,社会结构内的环境问题也不容忽视,而且其更多地表现为社会问题(杜健勋,2012)。居民的环境意识、社区权益意识增强,邻避冲突事件频发,预示着开始进入"邻避时代"。中国社会的演进跨越了工业时代社会治理阶段,直接从农业社会过渡到信息社会,因此,邻避运动又具有中国特色。这种具有与西方国家完全不一样的特征的邻避现象被称为"中国式邻避"。

第三,基层社会制度变迁。中国城市基层社会治理正面临两大制度变迁挑战:一是单位制影响的逐渐弱化;二是伴随单位制式微而掀起的社区运动,邻避冲突应运而生。运用"动员能力与反动员能力共时态生产"框架,分析"中国式邻避冲突"区别于其他国家或地区的特殊性,即邻避抗议层级螺旋式上升,邻避行动议题难以拓展,邻避冲突双方无法达成一致(何艳玲,2009)。

(二)治理逻辑

超大经济体的快速增长与"巨婴城市"急剧扩张并行及其引致的环境公共设施供需的巨大缺口为邻避运动提供了客观的物质基础。为满足市民的环境公共服务需求,城市政府需要做好城市环境服务设施的规划建设,包括用地需求、项目选址、项目投融资、设施建设、生态环境评估、社会稳定评估等。邻避性公共设施虽然借由公共利益之名得以建设,但是如何有效地预防和解决邻避现象不仅涉及政府为人民服务的意愿,而且涉及政府以人为本的治理能力(诸大建,2011)。

在严格的空间管制下,共时性城市化构成邻避运动的空间治理逻辑。一方面,由于我国城市建设用地实行严格的管制制度,使得环境设施用地可选方案有限;另一方面,由于邻避效应的存在,几乎难以找到能够被居民接受的落地方案。再则,环境服务设施虽然属于生产设施,但是在土地资源稀缺的城市发达地区,其用地效益相对来说太小,且环境的负外部性会影响周边产业的发展,这样一来,地方政府就没有接纳设施的意愿了。这些问题都需要通过协调各方面的利益来解决。

风险管理制度僵化制造出新的风险。随着城市化进程的加快,我国的邻避冲突呈现出频发的态势。总体上看,我国的邻避冲突呈现出不同于西方的独特景观,即抗争诉求的单一化和去政治化、抗争策略的"问题化"以及抗争方式的弱组织化(谢彰文和徐祖迎,2014)。但是邻避风险管理的体制机制、手段方法等仍然停留在传统社会的权威压制层面，以维稳性治理为目标，忽视公众的多元化诉求，简单僵化地应对邻避冲突，进而出现"把事情闹大""会哭的孩子有奶吃"等尴尬困境。

　　贝克对风险社会的研究涵盖了风险社会的生成、表现与治理特点，但是其理论思想并未涉及中国社会风险治理的独特性。中国与西方发达国家虽然都处在现代性的语境下，也同样遭受着现代风险的困扰，但是两者在风险治理逻辑与制度上有着较大的差异性。中国广土众民的国情、超长且连续的历史文化、最大的发展中国家以及中国特色社会主义制度等多种特质决定了中国会在社会风险治理的价值理念、思维方式、治理目标、治理路径以及治理机制上显示出迥异的特征，具体到邻避风险治理上，就是要厘清其独特的治理逻辑。在治理逻辑上，需要舍弃资本主导的、市场驱动的逻辑和个人主义价值取向，坚持以人民为中心，促进社会和谐发展的思想。以行为归化机制、发展约束机制、利益协调机制、环境"强化"机制为主要治理机制。以发展为目的，强调问题倒逼改革，用动力机制、平衡机制、约束机制来破解发展中的问题，以规避一系列社会风险（杨海，2015）。

第二节　环境邻避风险的谱系特征

一、环境邻避风险的属性及类型

（一）学术界对环境风险属性的论述

　　风险社会理论认为，风险可分为外部风险和被制造出来的风险，而且后者随着时代的发展越来越占据主导地位。环境邻避风险是城市化进程中人为制造的社会问题，由于未能平衡局部损害和整体福利的利益关系，在矛盾产生之初未能有效化解，甚至会因应对不当而导致矛盾冲突升级。风险社会与传统社会的区别在于,前者具有不确定性、脱域性和责任不明性,典型的风险类型有生态环境风险、科技风险、气候变化风险等。环境邻避风险具有科技风险、环境风险和社会风险的混合特征,杂糅了科技风险的不确定性、环境风险的未知性、社会风险的无界性,从而在具体的风险实践中呈现出多维度、多样态的风险谱系。

高强度的工业化和压缩型城市化带来了累积性的生态环境风险。中国社会进入风险累积的发展阶段,生态环境风险带有明显的复合性、叠加性特征,即"历时态的环境风险共时性存在,结构性的环境风险过程化表现,累积性的环境风险突然性爆发,并发性的环境风险高频度涌现"(王芳,2012;杨伟宏,2008)。对于正处于这种社会背景下的城市环境邻避设施而言,会不可避免地被打上上述风险烙印。

鉴于环境邻避风险的多重属性,风险谱系也表现为五光十色、斑斓多彩的概念光谱,不同学科背景和理论视野对环境邻避风险类型的划分不一而足。从认识论来解读,现实主义风险论、建构主义风险论把环境邻避风险分为实体性风险和建构性风险两大类(马明旭等,2014)。沿着这个线索,王刚(2017)认为,环境风险内涵丰富是"有关环境的风险"以及"由环境引发的社会风险"两个方面的综合,从生态维度、经济维度、安全维度、社会/心理维度对环境风险进行分类,不同维度的概念认知差异很大:生态维度的环境风险关注重点在于"环境"而非"风险";经济维度的环境风险概念遵循成本收益分析原则,认为环境风险防治的目的并非完全消除风险,而是基于现实状况的考量;安全维度的环境风险认知立论的基础在于科学研究的不确定性,包括环境风险发生概率的不确定性和致险因果关系的不确定性;社会/心理维度的环境风险则具有"主观性"和"社会性",更关注"环境引发的社会风险"而非生态环境本身。环境邻避风险由于杂糅了生态环境、工程技术、设施运营、社会结构、经济利益、空间关系等因素,更需要从多个视角和多个学科去进行界定与了解,并划分类型,为风险治理提供明确的靶向目标。

童星和张乐(2016)从风险来源的内外区别对重大邻避设施的决策风险进行划分:经济风险和安全风险属于内生性风险,前者是内生性社会风险,由市场经济的不确定性和社会干预因素导致,而后者是内生性自然风险,源自邻避设施的工程技术和产品的危险性;环境风险和社会稳定风险属于外源性风险,前者是外源性自然风险,即邻避设施在建设和运行期间发生突发性事件引起有毒有害气体或物质泄漏,造成人员生命健康损害和环境影响,而社会稳定风险属于外源性社会风险,即邻避设施的建设和运行因使周边居民的切身利益受损而产生矛盾冲突,造成社会舆论压力和社会秩序混乱等。

Pescaroli 等(2018)从风险关联性角度出发,将风险划分为复合型风险、交互型风险、互联型风险、级联风险,这种分类方法贴合环境风险的基本特征,能够为环境邻避风险谱系的细分提供参考。与邻避设施所处的生态环境、人员的生命健康、工程技术等因素相关的风险可以归入复合型风险,与安全生产、运行管理、行业监管等管理方面的因素相关的风险可归入交互型风险,与信息传播、公众感知、社会舆论等社会学因素相关的风险可以归入互联性风险,与人、社区、邻避设施等脆弱性相关且会随着时间推移而变化的风险可归入级联风险。

(二)环境邻避风险的类型

风险在样态上可以分为实体性风险、制度性风险和建构性风险三大类。关于风险,有两种观点对立的认识论,即风险实在论和风险建构论。实体性风险是现实主义风险论对风险的认知,风险被认为是一种客观性的灾难、威胁或危险,它的存在能够被测量到,而且不依赖社会与文化发展的进程。风险实在论关注现实社会中存在什么样的风险,人们如何测量并做出反应(Lupton,1999)。例如源于气候变化的冲击或其他自然灾害的影响。建构主义认为,风险从来就不是客观的和可知的,人们测量、辨别和管理的风险总是根据预先存在的知识和话语来建构的(鲍磊,2008)。其中,文化主义认为,风险社会的出现体现了人类对风险认识的加深,风险是人为制造的,是观念的产物。看到这两种观点的极端对立,拉普顿概括了三种主要的认识论立场,即实在论、弱建构论、强建构论。

现实主义和建构主义的尖锐对立为制度主义赢得话语空间,进而出现制度主义风险论。风险在时间上是一个从客观现实到观念认知的连续统,具有辩证统一性。制度性风险就是介于两者之间的风险样态,它源于社会结构,且关联于现存的风险管理体制、风险决策机制和风险管理活动,具有真实存在性。贝克将之定义为"有组织的不负责任"。这种"有组织的不负责任"体现在两点:一是影响无处不在,却对风险无能为力;二是风险责任主体很多但无法确定责任边界(杨雪冬,2005)。

制度主义风险论实质上可归结为弱建构论。该观点映射到风险实践,可分为两个路径:一是制度性客观建构。现存的工业化制度、资源配置机制、社会结构、风险管理体制等倾向于把风险向下分配,基于现实风险或不利因素孕育新的风险,这不是以风险责任主体的主观意志为转移的。二是制度性主体建构。从弱建构论的角度看,风险治理本身会制造风险,风险的治理与生产是同一个过程。风险社会是抽象的,而风险治理则是具象化的活动。这个风险过程虽然有责任主体的参与,但是其具有客观性。有效的制度是阻断城市风险化的规范性力量,而固化的制度却是城市风险产生的重要源头。现实的风险治理制度设计和实践的不合理性是风险再生产的动因之一,包括防范传统风险的制度设计和制度实施能力弱,识别、研判、处置新型风险的能力不足,复合型风险治理权力的政府垄断,瑕疵性风险治理实践诱发新的具象风险等(陈进华,2017)。

建构性风险属于强建构,即行动主体的主观建构,也存在两种情形:一是社会心理、社区风险文化、社会舆论等因素塑造的风险感知;二是在邻避风险责任方和风险受众之间的风险话语权争夺过程中歧义扩大化。前者因信息传播和社会反应而放大,甚至升级,是建构性风险的主要形式。后者则表现为:地方政府和专家通常基于公共利益和专业知识来推进邻避设施的选址与建设,而公众通常将邻避问题置于日常生活经验所形成的风险感知中加以考虑,以一种地方性知识生产方式来建构风险议题。这种知识生产方式在很大程度上冲击了政府和技术专家的专业知识,引起风险异议(颜昌武等,2019),造成邻避冲突。

从上述对环境风险属性的描述可知,环境邻避风险兼有实体性、制度性、建构性等多样态的特征。若对每一种风险样态进行细分,则环境邻避风险的类型可以分为:工程技术风险、生态环境风险、基础设施运行风险、政策风险、监管失责风险、公众感知风险、舆情风险、社会信任风险、社会稳定风险。这些风险在发生时序上并不完全一致,在释放空间上也不尽相同,既可能出现时空交错,也可能出现时空压缩。根据上述对环境邻避风险属性的描述、风险样态的界定和风险类型的划分,可以刻画出环境邻避风险谱系,如表 3-1 所示。

表 3-1 环境邻避风险谱系

风险类型	关键的风险因素	风险的后果及特征	风险样态
生态环境风险	超标排放污染物	环境污染、生态退化	实体性风险
经济脆弱风险	降低住宅舒适度和农作物品质	房产贬值、农作物减产	
人力资本风险	人体吸收有毒有害物质	健康损害,失能、失业	
工程技术风险	设施规划选址及格局、设施建造外观及形态	破坏生态景观,设施与周边环境的协调性差	
基础设施运行风险	设施管理不规范,工艺、设备落后,管理不善	污染排放超标,恶意偷排,设备故障,停工停产	
安全生产风险	安全管理制度不健全,人员操作不规范,责任落实不到位	易燃物爆炸,有害气体泄漏,员工生命健康损害	
监管失灵风险	行业监管、环境监管缺位,缺乏协同,监管俘获	企业社会责任弱化,猫捉老鼠游戏,合谋	制度性风险
制度信任风险	风险沟通不畅,政府或企业承诺不兑现	塔西佗陷阱	
政策失效风险	决策不科学、不透明,应急处置不当	偏离政策目标,公众不理解、不支持	
基层治理失灵风险	风险应对能力缺陷,政策工具不足,补偿不到位	滋长"把事情闹大"的心理,越级上访,群体性事件易发	
公众感知风险	科技风险认知,风险信息的模糊性、敏感性,媒体的错误解读	认知偏差加剧,感知风险增加	建构性风险
舆情风险	信息传播歪曲,意见领袖拱火,异地公众卷入	非官方信息主导舆情走向,风险放大,舆论失控	
群体冲突风险	风险沟通失衡,信息放大站,风险应对失当	群体极化,盲从,乌合之众	

二、环境邻避风险谱系特征

邻避风险变化在时序上呈现出链式反应、循环反复和互相强化的特征,在空间上呈现出多种行动逻辑的主体混合、多类型风险复合、多种诉求表达方式集中等特点,为分析环境风险与社会冲突风险复合再生机制、次生风险的扩散机制提供场景支持。环境邻避风险的总体特征表现为风险演进的多阶段、风险参与的多主体、风险状态的多向度、风险结果的多属性、风险治理的多路径,能为整合治理提供现实依据。

第一,在时间线上,环境邻避风险表现为风险演进的多阶段反复出现。邻避风险贯穿邻避设施全生命周期,从预研立项、规划设计到施工建设,再到运维管理,每一个阶段只要有风吹草动,就会引发邻避事件。西方发达国家在工业化中期也曾经经历过广泛而大规模的邻避运动,早期采取精英式的"决定—宣布—辩护(英文是 decide-announce-defend,简称 DAD)"模式,即专家决策的秘密封闭选址策略,遭到群众抗议,导致项目暂停,甚至永久性停止。后来转变为参与式的"宣布—讨论—决策(英文是 announce-discuss-decide,简称 ADD)"模式或者"参与—审慎研究—决策(英文是 engage-deliberate-decide,简称 EDD)"模式(Kurek & Martyniuk-Pęczek,2021),以及"咨询—决策—宣布—咨询—改善"模式(解然等,2016),甚至还有学者提出 POP 思路,即"公众拥有项目"(Walesh,1999),使邻避风险得以化解。我国大部分地方政府在处理邻避事件时通常还是采用传统的 DAD 模式,结果就是出现了"立项—抗议—停止"的恶性循环逻辑(胡象明和王锋,2013)。由于大多数邻避设施都是城市公共服务的"必需品",不管是项目暂停还是易地再建,如果不能采取正确的处理思路,着力培育社会韧性,邻避风险将会循环再现。即便是规划公布之后暂无大碍,后续的建设运维还是会因邻避情结遭遇居民的抗争,因为业已建构的感知风险并没有消除,随时都有可能受到某些因素的触发而激活。

第二,在利益关系上,环境邻避风险表现为风险参与的多主体交互。由于环境邻避风险具有多重属性,在不同层面会波及不同的利益关系。实体性风险直接涉及周边社区的居民、企业和其他社会组织,设施运营企业内部员工也是风险承受者,特别是安全风险;建构性风险则由于具有脱域性,会卷入社会公众、媒体、环保组织等。基层政府作为上级政策的执行者和辖区居民的直接管理者,同时也是风险承受者,包括因处置不当导致风险恶化而被问责的风险,以及因居民正当利益诉求无法得到有效满足而遭到居民抵制的风险。

第三,在风险形态上,环境邻避风险表现为风险状态的多向度变化,杂糅了实体性、制度性和建构性等多种风险的形态。生态环境类风险直接演变为局部产业经济风险、人力资本风险等,工程技术类风险会直接演变为安全风险,感知风险在信息机制和个体反应的作用下演变为舆情风险乃至群体冲突风险。

第四,在变化趋势上,环境邻避风险表现为风险结果的多重属性叠加。风险形态、演化路径的多样性必然导致风险结果具有多重属性。实体性风险可预期的后果包括周边农作物损害、房产贬值、企业外迁、居民生命健康损害。风险后果不限于此,这类具有高技术性和前瞻性的邻避设施建设所带来的高风险性、不可预测性、严重后果的时间滞后性、因果链条的难以证明性等问题(杜健勋,2016),也并非专家的技术判断所能释疑的,由于感知风险和舆论风险的不断建构,在缺乏有效的风险沟通和应急处置时,必然会出现政府和群众之间的信任关系恶化、群众的抗争行为升级等社会不稳定的后果。

三、环境邻避风险谱系的内在关联

现代社会的风险具有多维交错、循环再生等特点,环境邻避风险在一定的时空范围内均会表现出这些特征。现代社会风险有实在性风险、建构性风险两种存在状态,按其形态可分为技术风险、制度风险、信任风险、感知风险。其中,技术风险是原生风险,制度风险是社会结构和治理机制面对技术风险不适应的结果,信任风险反映的是发育不完善的社会关系和社会资本反作用于技术风险与制度风险的结果,而感知风险则是在一定社会心理和风险文化环境中的个体与群体对风险的敏感性和想象力。环境设施邻避风险谱系包含了复杂的风险类型和交互关系。从系统脆弱性的来源看,可将其主要的风险类型划分为环境类风险、设施类风险、管理类风险和社会类风险,这四类风险之间高度关联。监管不当会加深设施运行风险,设施运行风险和监管风险处置不当会增加环境风险,监管风险、设施运行风险、环境风险共同作用会产生社会稳定风险。

上述四类风险之间相互作用,生成新的风险,风险再生产过程中存在着多主体歧义互生、多条件复合共生、多阶段循环再生等机制。在主体维度上,邻避事件的不同参与者对风险的认知和解读存在差异,且群体间的相互误解并非理性互动,因此会使群众的感知风险增加;在条件维度上,风险预案的设计与实施、风险补偿的能力及兑现、社会资本的状况、媒体关系的沟通与引导共同构成卡斯普森所说的风险放大站并相互影响,共同作用于风险过程;在时间维度上,宏观层面的邻避项目的选址规划、施工建设、运营管理等阶段的风险点,以及微观层面的风险应急、危机管控、善后管理等环节可能存在的疏漏,均会导致风险运行的非线性和反复性,不断循环、累积、演化、复制。这种风险演化关系形成的主要机制是风险的关联性,即横向的耦合效应和纵向的级联效应。

环境邻避运动源于重大环境设施潜在的环境风险,本属于工程技术风险的原生风险会经过风险放大站(社区公众自我建构感知风险,媒体放大舆情风险,基层政府失位导致决策风险)而放大扩散,因存在城市脆弱性而嬗变，最终诱发社会稳定风险。风险的演化、升级与再生存在怎样的形式和机制，以及会产生何种表征和效应，这些将在后文中详述。

第四章　环境邻避风险生成的脆弱性逻辑

第一节　环境风险的脆弱性学理分析

邻避冲突的产生以及愈演愈烈是由多方面的因素共同构成的，在一般情况下，生态环境破坏是前提，一系列的社会因素则是推动冲突爆发的助燃剂。自然、社会、管理、技术等方面的不利因素是社会脆弱性的主要来源，也是诱发公共危机的主要因素。邻避区域在社会资本、社区安全、风险文化、综合防灾能力等方面存在的社会性脆弱既是邻避冲突原生风险产生的社会条件，也是衍生风险社会建构的因素。修复社会脆弱性，去除诱发风险的土壤环境，增强反脆弱性的能力，培育社会韧性，将大大提升社会应对邻避危机的能力。本章循着"社会脆弱性—风险诱致—反脆弱性—韧性治理—风险化解"的逻辑，提出邻避风险的韧性治理范式。

一、脆弱性的社会科学内涵

灾害社会学学者认为，社会脆弱性是社会不平等的产物，其可定义为社会群体易受灾害影响的敏感性及从灾害影响中完全恢复的能力。这个观点与贝克尔对风险的定义有异曲同工之处。贝克尔认为，我们正在走向风险社会，社会冲突的定义正在由财富分配逻辑转向风险分配逻辑。社会脆弱性是复杂性、动态性和时空变化性的综合(Cutter & Finch,2008),围绕社会脆弱性的研究旨在为调查、评价和建议通过采取行动减少脆弱性因子提供科学依据(Warne,2007)。

脆弱性无处不在。"脆弱性是人类的普遍特征""人类的脆弱性是永恒的,疾病是生命的常态,而健康则是偶然。脆弱性作为人类无法摆脱的命运,构成了我们审视个体生命和构建人际关系时的一个重要维度。尤其需要识别和关注那些特别脆弱的人群或个体,分析导致脆弱的原因,减轻由于脆弱性的存在而带来的伤害,更要避免由制度等人为因素造成的新的脆弱性"(童小溪和战洋,2008)。鉴于社会系统的复杂性,社会脆弱性研究出现了多学科综合发展趋势。

社会脆弱性的关键问题主要围绕五个"W"(即 what、who、where、when、why)展开(Warne,2007),分别是:社会脆弱性是什么?谁受社会脆弱性影响最严重?社会脆弱性的核心问题在哪里?社会脆弱性在何时最明显?社会脆弱性为什么会持续存在?

这五个问题指出了社会脆弱性存在的本质。McEntire(2011)对社会脆弱性是什么、为什么、谁更脆弱、如何减少社会脆弱性等四个问题作了深入分析(见表4-1)。

表 4-1　社会脆弱性的四个关键问题

社会脆弱性问题	社会脆弱性的内涵解读
社会脆弱性是什么(what)	遭受损害的可能性;应对灾害的能力;暴露性、敏感性和适应能力
为什么会出现社会脆弱性(why)	物理因素:居住地的位置、建筑物的构造、技术(水坝、信息通信技术);社会因素:人们对待灾害的态度和行为,政治和决策,人口特征,经济条件,其他因素
谁更脆弱(who)	个体:老人、孩子、妇女 群体:少数民族、某个种族集团 组织:政府应急部门、某些企业和组织
如何减少社会脆弱性(how)	降低风险,增强抗逆性,增强韧性,整体性方法

资料来源:McEntire D. Understanding and Reducing Vulnerability: From the Approach of Liabilities and Capabilities[J]. Disaste Prevention and Management,2011(3):294-313.

风险社会时代背景下,城市生态系统的不确定性加大,脆弱性增加,安全性减少(李雅红,2014)。根据系统动力学(英文名称是 system dynamics,简称 SD)理论,系统是相互关联的若干要素的集合体,将系统脆弱性解释为暴露在外部的系统对破坏性风险的敏感程度和恢复能力。从这个角度看,系统脆弱性的内涵非常丰富,既有风险、压力、反应性,也有暴露性、敏感性等概念。系统内外部的风险压力加上系统本身的脆弱性,推动了风险事故的发生、发展。

风险源于脆弱性。要弄清楚脆弱性的形成机理,需要进一步分析脆弱性的系统复杂性。脆弱性理论分析框架经历了从单一扰动向多重扰动转变,由只关注自然系统或人文系统的脆弱性分析向耦合系统脆弱性分析转变,以及由静态的、单向的脆弱性分析向动态的、多反馈的脆弱性分析转变的过程(董幼鸿,2018)。

根据系统脆弱性理论,系统脆弱性主要受四个方面因素的影响,按照影响的直接性可分为自然因素、管理因素、技术因素和社会因素(刘铁民,2010)。管理系统的不利因素包括受灾体风险识别与评估机制、法律、政策、安全监管体制、公共管理职能与应急管理机制等,是整体性安全事故产生的关键影响因素。技术系统的不利因素(包括工程、装备、技术、工艺、专业技能等)是导致重大安全事故发生的技术性因素。社会文化系统的不利因素(包括社会环境、文化氛围、信息传播以及观念意识等)是事故发生的隐患,由于是无形的存在,容易被人们忽视。在上述多重因素的作用下,若脆弱性超过一定的阈值,就会酿成公共安全风险和危机事件。借助我们通常所说的"天灾人祸"来归类:自然因素可归类为"天灾";管理因素和技术因素则可界定为"人祸";社会因素则是源于长期漠视自然因素并且碍于管理因素和技术因素而形成的"灰犀牛",是潜在的"人祸"。由此可见,灾害变成灾难是经由四类因素系统性演变而成的。系统脆弱性理论认为,公共安全风险是由受灾体脆弱性和孕灾环境的系统脆弱性在外部环境致灾因子的综合作用下而产生的。

二、社会脆弱性的构成要素及形成机制

社会脆弱性,具体可以用暴露性、敏感性、适应能力这三个指标进行进一步的衡量。在邻避风险分析框架下,社会作为一个大的系统,受到来自社会层面和制度层面的双重压力,依据系统脆弱性的观点,公共危机事件产生的机理与多种系统外的扰动因素密切相关,扰动因素越强,系统脆弱性爆发成危机事件的可能性越大(沈一兵,2015)。三大要素各自在系统脆弱性中有不同的作用机制和表现特征(见表 4-2)。

表 4-2　社会脆弱性的三个要素

社会脆弱性因素	主体	决定变量	表征指标	指标特征
暴露性	单一系统或耦合系统	系统暴露在风险事件中的概率	系统接触的外在环境(气候、社会经济等)发生变化	干扰的频率、强度、时间、范围等
敏感性	单一系统或耦合系统	系统结构的稳定性	系统及其要素响应的幅度和速率	敏感机制
适应能力	单一系统或耦合系统	系统在风险事件中实际损失的大小	适应行为	系统自适应行为、人为活动促使系统适应

资料来源:杨飞,马超,方华军.脆弱性研究进展:从理论研究到综合实践[J].生态学报,2019(2):1-13.

暴露性与风险高度相关,它反映出系统遭受损害的程度,这取决于系统在灾害事件中暴露的概率和程度,其决定了系统在致灾因子影响下的潜在损失(Cumming et al.,2005)。敏感性是系统对致灾因子反应的敏感程度,能反映出系统抵抗灾害干扰的能力,取决于系统结构的稳定性。适应能力包括系统的自适应能力和人为活动促使系统适应的能力,决定系统在灾害事件中遭受的实际损失。暴露性

体现的是承灾体与孕灾环境的关系,敏感性体现的是承灾体与致灾因子的关系,适应能力体现的是承灾体在孕灾环境中受到致灾因子干扰时的可调节状态。

社会脆弱性的研究范式基本围绕"风险不平等"和"社会分化"两大命题展开,其对应的三个理论假设有:第一,脆弱性是一种灾前既存条件;第二,脆弱性能够反映系统对灾害的调适与因应能力;第三,脆弱性体现的是特定地点的灾害程度。其中,"风险不平等"命题主要指的是同一地区的个人、家庭和社区由于灾前社会不平等因素(如阶级、族群与性别)的存在,而呈现出不平等的受灾程度的现象(周利敏,2012)。同时,不少学者也存在着对"风险不平等"命题的质疑,如灾民遭受的冲击到底是因灾害发生前的既存条件的不平等,还是灾后重建的资源分配不合理而导致的? 虽然最易受灾的往往是弱势群体,但其中的原因和作用机理还有待进一步深入分析和阐释(Daniels et al. ,2006)。社会脆弱性学派认为,如果重建资源无法有效且公平地分配,就会相对提升弱势群体的脆弱性,灾前阶级、族群或性别等社会不平等情况将会在灾后加剧,随后引发社会冲突与政治斗争(Tierney,2007)。

已有的研究从"自然—人为""结构—胁迫""暴露—敏感—抵抗""敏感—应对"等方面剖析了城市脆弱性形成的动力机制(王岩等,2013)。Cutter 等(2003)运用因子分析法将 1990 年前后美国各州的 42 种社会与人口变量浓缩为 11 个因子,并利用因子分数构成各州的社会脆弱性指标 (Social Vulnerability Index,简称 SoVI)。Dwyer 等(2004)系统地列举了各种因素造成的易损性结果,并重点关注第一层级的社会脆弱性,将可量化的因素分为四类,即家庭中的个人、社区、服务的获取、组织/架构。余中元等(2014)指出,我国社会生态系统最脆弱的三个方面包括系统所经受的风险(压力)、系统的敏感性以及系统的应对能力。其中,系统所经受的风险(压力)是系统的动力,是产生系统脆弱性的驱动因素和原动力;敏感性是系统自身在应对外部和内部干扰时所显示的特性,它是脆弱性形成的物质基础;应对能力是指系统面临风险时的一种回应。系统所经受的风险(压力)、敏感性、应对能力三者之间相互依存、相互联系,共同构成社会生态系统的脆弱性体系。这个观点与脆弱性三要素理论基本一致,主要强调脆弱性的内生性,同时也吸收了"压力—状态—反应"模型的相关思想。综合来看,脆弱性的形成既有内生的动力,也有外部的影响因素,作为社会生态系统的子系统或者承灾体单元不仅会因自身的暴露性、敏感性和适应能力而具有天然的脆弱性,还会受到大系统中其他因素的影响,那些会对承灾体产生不利影响的自然、社会、管理、技术等因素作为孕灾环境将形成系统性压力(见图 4-1)。

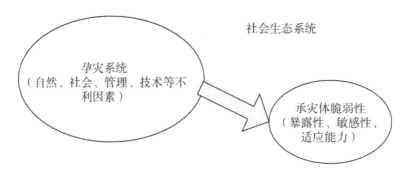

图 4-1　脆弱性的系统分析

　　系统脆弱性的自然因素主要是指承灾体客观存在的物理环境中的不利条件以及自身存在的物理性薄弱环节或部位,承灾体在这些条件下的存在状态就是暴露性。系统脆弱性的社会因素,包括社会环境、社会关系、舆论环境、风险文化等负向条件,构成承灾体的敏感性。管理体制缺陷、管理方式和方法的不当、管理人员的专业性缺乏、技术手段的落后、装备条件的缺失等直接导致了承灾体适应能力的不足。综上所述,社会脆弱性的形成机制如图 4-2 所示。

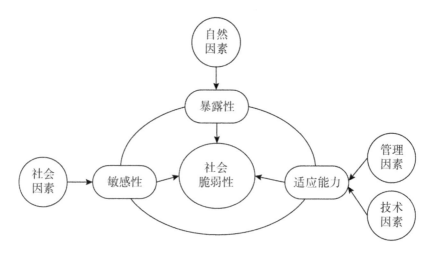

图 4-2　社会脆弱性的形成机制

第二节　邻避风险的社会脆弱性表征

近年来,随着中国经济的发展,城市化规模不断扩张。2022 年,中国的城市化率突破 65%,进入城市化高质量发展阶段。然而,随着城市化水平的不断提高,一方面,人民对生活品质的要求越来越高;另一方面,其也带来了一系列城市病问题,其中,垃圾围城、化工围城在很多城市不断上演,城市规模的扩张产生越来越多的邻避效应。邻避效应导致居民抗争引发的邻避运动并非必然的,而是在各方压力之下的应激反应。

一、邻避风险中的脆弱性要素

"空间转向"是社会学研究的新议题,为解释邻避现象提供了一个新的视角。空间生产不再是空间中的生产,而是空间本身的生产,它与空间的建设一起创造了新的社会关系。从这个角度来看,邻避冲突其实是相邻设施在空间生产中所带来的矛盾。邻避设施的建设包括三大空间生产要素:第一,邻避设施的空间实践。其是指人们对邻避设施建成后产生的对区域发展的增益性认识或设施给周边区域造成负面影响的认知。第二,邻避设施的空间表征。其涉及不同主体在不同知识水平、知识背景基础上所形成的对邻避设施以及所处空间的认识。第三,邻避设施的表征空间。即在其所处的时间和空间范围内的公众按照已有的主客观居住环境的经验,将对邻避设施建设后在时空范围内产生的影响进行预测和想象(王佃利和王玉龙,2018)。邻避设施本身就具有某些威胁生态环境的因素,使邻避设施天然地具有对生态脆弱性的破坏属性(周利敏,2012),这往往是无法消除的。对于邻避风险的产生以及在社会生活中不断发酵的过程所产生的社会矛盾,某些学者将其归结为一种公共建设障碍(鄢德奎和李佳丽,2018),而这往往是可以缓解甚至消除的。本书把可能导致最终社会冲突的各种危害性后果称为邻避风险,社会系统自身存在的各种致险诱因性特质则是社会肌体的脆弱性表征,本书将这些社会表征称为社会脆弱性,是指暴露在灾害冲击下的社会系统因潜在的不利社会因素以及较弱的应对灾害能力而呈现出的一种脆弱性(王娜娜,2020)。既体现为在政府公信力、社会传播与动员以及群众心理等方面的障碍,也体现为在社会资本、治理能力、制度信任等方面的社会脆弱。由邻避设施建设问题所带来的利益冲突屡有发生,甚至会演化为牵涉甚广的反抗活动,因此,从社会脆弱性角度分析邻避风险的影响因素和作用机理,以及寻求邻避风险的韧性治理之道,对化解邻避冲突而言就显得尤为重要。

脆弱性是社会生态系统的固有属性(Ostrom,2009)。脆弱性的概念最初被应用于对自然灾害的研究,后被广泛应用于多个研究领域,它是指系统面对不确定性扰动或者应对能力不足时导致机制发生变化的一种属性,包含三个要素:在压力下的暴露程度、对压力的处理能力或反应能力、敏感性。脆弱性并非总是具有破坏性的,还包括应对能力、处理能力着眼于短期的压力缓解,而适应能力则注重长期的可持续调整;敏感性是指系统对外部压力的反应程度,包括抵制变化的能力和恢复原状的能力(Ngoc,2014)。按照存在形式,脆弱性可以划分为自然脆弱性、社会脆弱性、技术脆弱性以及管理脆弱性。从邻避运动发生的主导性因素来看,社会脆弱性最为复杂,且影响更深刻。

邻避事件中社会生态系统的暴露问题。大型工程设施建设规模大、技术难度高、建设周期长且问题复杂,社会接触面在时空范围内具有"宽敞口"的特点,所以其风险暴露程度高,更容易受到损伤(黄德春等,2013)。把社会敏感性归结为非工程性因素,是指社会系统对某种变化效应作出的回应,其涉及特定地区的社会对待问题的特殊情感,这些情感因素包括民俗情感、文化情感、社区情感、社会生活方式、生产方式及传统观念与意识等。社会系统的应对能力主要表现在区域的社会公平、社会保障、社会秩序、社会控制和社会舆情等方面。

邻避设施因其具有对生态环境造成危害的属性,会给社会系统带来外在压力,以致出现社会不稳定因素,并通过社会脆弱性的形式表现出来,比如社会资本脆弱、治理能力脆弱、制度信任脆弱等。自2007年以来,全国各地邻避事件频发,其中,部分事件在舆论场引起高度关注,部分邻避事件也因成功化解了邻避冲突而成为城市治理的经典案例。

邻避设施的局部负外部性与社区人居环境诉求的天然正当性之间存在一定的矛盾,当矛盾冲突上升到一定程度,邻避风险就会随之发生。邻避设施往往因其公共设施必需品特征而不得不建,但建的位置决定了是否会产生邻避效应,邻避效应如果得不到缓解,便会产生冲突。在社会转型过程中,我国社会呈现出很多有别于西方社会的风险特性,如风险的累积、叠加,以及风险传递和转移机制等,特别是生态环境风险带有明显的复合性特征。与环境安全紧密相关的垃圾焚烧厂事件、PX 项目事件和化工厂污染等各类公共事件在各地频繁发生,这使得"中国式邻避"风险进一步显现出其牵动社会稳定性的一面。邻避风险已呈现出复杂的特殊状态,急需创新治理方式,此外,"中国式"环境邻避风险的独特之处在于我国特有的行政体制以及治理结构,因此要改变体制中存在的制度缺陷,采取更加有效的治理办法来建设韧性城市。

二、邻避风险脆弱性的社会结构

(一)邻避风险与社会资本脆弱

社会资本是社会关系的黏合剂,该经典理论的提出者对此有开创性的贡献。社会资本最早是由 Bourdieu(1986)提出的,他将其定义为"获取实际的或潜在的资源依靠的是对一种制度化关系的网络的占有",随后 Corman(1990)在此基础上将社会资本延伸为一种资产资本,这种资本存在于人际关系结构中,是社会结构的资源,可以成为一个社会组织重要的生产性要素。Putnam(1993)提出了社会资本的三个基本要素,即社会网络、信任和规范。社会资本的融合有利于提高社会的效率。社会资本作为经济社会学领域的重要理论,较多地用于研究创业行为、创新网络、企业合作等问题,随着治理理论的兴起,社会资本被越来越多地纳入公共治理研究的范畴,特别是用于研究社会治理中政府和公众如何构建良性互动的社会关系。按照社会关系介质的不同,可将社会资本分为紧密型社会资本、联系型社会资本和桥接型社会资本(Woolcock,2010)。紧密型社会资本以血缘、亲缘、地缘关系为纽带形成的同质性社会关系具有结构稳固、关系紧密、资源同质、网络封闭的特征,其优势是基于情感,易于建立信任和对共同任务的理解。联系型社会资本通常以业缘关系、学缘关系、互联网时代的朋友圈等为纽带,是平行主体之间形成的社会关系,是基于互惠互利以增进不同背景成员之间的联系的一类社会资本,具有开放交流、信息共享、资源异质等特点,其优势是信息获取成本低,劣势是信任度低且关系维持成本高。桥接型社会资本则是不同层级之间的关系联结,网络关系较为疏远,属于垂直性的联结机制(Langa & Finka,2018),其主要是因某个个体的目标而使不同背景、不同组织的合作者发生联系,相互获取资源和信息,具有异质性、脱域性和高能性,是典型的弱关系。也有学者把社会资本分为黏合性社会资本和连接性社会资本(帕特南和孙竞超,2019),前者是同类型人的社会关系网,而后者是不同类型人的社会关系网。当不同类型的人缺乏连接时,这种社会资本就很脆弱。社会资本是一种解决集体行动困境的社会结构性资源(张广文,2017),通过规范、信任和社会网络等因素获取资源并采取相应的行动是社会有效治理的重要前提。低社会资本与社会失序具有因果联系(罗斯坦,2012)。因此要在分析信任、社会网络及居民参与等核心要素的基础上探究邻避冲突的生成机理及治理之道(谢家智和姚领,2021)。

邻避事件的参与者涉及不同的利益主体,其发生虽然不可避免,但是社会资本的结构性脆弱容易导致事件恶化。当个体或某个群体的社会资本与组织社会资本未能契合时,社会结构断裂型邻避冲突就会发生(张广文,2017)。不同类型的社会资本的主要表现为紧密型社会资本过于封闭,连接型社会资本过于松散,桥接型社会资本缺乏。社会资本脆弱简单来说就是邻避设施的利益各方难以实现共同的利益诉求,多轮博弈难以形成合作解,导致矛盾产生并愈演愈烈。

第一,紧密型社会资本强调内部成员的凝聚力却因封闭性和排他性而变得脆弱。邻避风险的受体是邻避设施周边的社区居民和企业。社区是个生活共同体,居民共同居住、共同生活并拥有共同的财产权利,因此会产生强烈的场所依恋,具有地缘上封闭的关系连接,从而形成紧密型社会资本。邻避设施让周边居民成为风险的直接承受者,面临风险压力,因此他们容易强化这种封闭性、排他性的社会联系,形成一致行动,从而引发邻避效应的集体抗争。紧密型社会资本具有更明显的排他性结构,紧密型的社会网络往往会强化狭隘的局部利益(Knack,2002),因此其在提升群体内部凝聚力的同时也更容易产生负面影响,进而变成"坏"的社会资本(刘芳,2015)。基于这种社会资本,内部成员因身份认同而产生群体压力,部分居民为了自己的利益最大化,利用这种心理,不惜想方设法地制造威胁稳定的事端,把事情闹大(原珂,2017)。这种社会资本如果引导不力,非但不利于构建和谐的社区关系,反而会启动冲突的格雷欣法则,强化风险压力下的社会脆弱性。

第二,连接型社会资本强调外部关系的中介作用却因信息过载和信任度低而变得脆弱。主要表现为虚拟的社会资本,网络社群、虚拟社区、自媒体等以互联网为载体,在网络空间中所形成的社会资本,即线上社会资本(张洪忠等,2015)。线上社会资本凸显了连接型资本的信息共享、网络开放等优势和信任度低、信息过载等缺陷,这些特征在邻避风险的演化过程中反映了社会资本的脆弱性。邻避效应作为一种局部的社会心理反应,在初期主要发生在邻避设施周边地区,而这种事件往往容易被媒体所关注,在互联网时代,信息快速传播,城市其他区域的市民乃至远在他地的公众虽能通过网络和自媒体传播的二手信息而获知,但并不知当地实情。如果媒体渲染情绪,扭曲事实,就很容易让外地公众产生"心理台风眼"效应;如果邻避冲突产生了破坏性的场面,那么经由媒体的选择性报道,异地群众在自媒体环境中会陷入过度共情,进而出现"共情疲劳"与替代性创伤。这种社会资本的群体心理效应割裂了虚拟与现实的连接性和一致性,不利于事件发生地居民和域外群众的理性表达,会强化社会敏感性。

第三,桥接型社会资本强调跨层级的资源信息获取却因关系维持成本高而变得脆弱。此类社会资本跨越文化圈子、地域认同以及社群边界,突破了原有的人际网络和交往系统,甚至超越了阶层局限和组织层级,基于信息共享和资源互通而具有开放包容的优势,因此被认为是一种"好"的社会资本(刘芳,2015)。在邻避事件中,这种社会资本尤为稀缺,需要深度挖掘和着力培育。比如在邻避效应作用初期,社区居民中的个别成员与政府上级部门之间存在某种联系,并通过一些非正式渠道反馈信息;或者在邻避设施营建之后,主管部门与相邻社区之间也会建立某种联系,保持双方的沟通,但是往往流于形式或不够重视,使得这种社会资本由于缺乏经营而显得无足轻重。另外,由于关系较弱且存在层级落差,社会资本的维持成本高。

(二)邻避风险与治理能力脆弱

邻避风险不同于一般的风险类型,它是一个风险谱系,是包含实在风险和建构风险在内的风险综合体,更是源于原生环境风险,起于感知风险,烈于舆情风险乃至燃于冲突风险的风险连续统。邻避风险的治理非常考验政府的社会治理能力和风险处置能力,涉及纵向的科层制权威、政策执行力和横向的部门之间的联动、条块之间的协同,是基层社会治理水平和城市风险应急管理水平的试金石。风险治理能力可以分为三个层次,分别是战略思维能力、资源整合能力和风险应急能力。邻避风险的发生和升级凸显了战略思维能力的不足,表现为对社会主要矛盾的变化和转换缺乏清醒与深刻的认识,对以人民为中心的执政理念理解不透彻,系统思维、法治思维、底线思维严重缺失(吴涛,2018);资源整合能力不足表现为治理链条冗长、信息反馈迟滞、治理资源分散,政策资源储备不足、治理工具手段综合运用不够、对邻避事件发生区域的经济社会状况及其变化趋势缺乏有效掌控;风险应急能力脆弱表现为上级政府缺乏对突发事件的预警、预案、预演和对公共危机的预研、预判、评估，源头处置风险的基层能力、资源严重不足，风险升级过程中危机公关、风险沟通、化解矛盾的能力匮乏。基层治理能力是化解邻避冲突的关键。邻避事件的发生暴露出基层治理的脆弱性，突出表现在应对风险的能力不足，凡事坐等上级指示，机械、僵化地理解和执行政策，缺乏灵活、包容的治理机制。

(三)邻避风险与制度信任脆弱

信任作为复杂社会关系简单化机制，在促进相互理解、达成共识、增进合作等方面起到基础性作用。信任有助于公众环境治理行为的改善，其作用机理可解析为信息共享机制、合作机制以及内在的约束机制(何可等,2015)。制度信任是系统性的社会信任，更具稳定性和保障性，是公权力机构与私人互动的基础。制度信任的内容包括制度制定、制度实施和制度评价与认同三个层面，足够的制度信任存量能促使公众对政府及政策形成较强的心理认同并带动其行动积极性(Musso & Weare,2015)。在应对灾难时，群众对政府的信任有助于降低其负面的风险感知，进而采取积极的应对行为(Terje1 & Ortwin,2009)。信任的缺失促进了邻避效应的广泛产生(McKay,2000)。制度制定不规范是邻避情结的起源处，制度实施不合理是邻避冲突的风向标，制度评价与认同较差是邻避问题的催化剂(裴新伟,2018)。制度信任与邻避冲突之间存在着紧密的交互关系：制度信任不足是邻避冲突持续发展并进一步恶化的关键因素，邻避冲突的不合理解决又会加剧制度信任的流失。信任问题是邻避冲突的助燃剂，邻避风险的主要形态之一就是居民感知风险，其前提是公众的风险建构，这种建构的基础是制度信任的不足或缺失，即公众对政府、企业和专家的低信任。大量研究发现，制度信任对风险感知和公众行为有中介调节作用(任丙强,2017;张郁,2019;魏东等,2019;张慧利和夏显力,2021)。

公众对政府、企业和专家的信任程度会影响冲突的发生与解决。由于风险感知影响,公众对三者的低信任强化了自身的环境焦虑,技术合理性与实践可行性之间的困境使居民质疑技术合理性并过于强调实践可行性,如果三者片面强调技术合理性则会导致双方信任度降低。邻避事件的升级是制度信任脆弱的结果,脆弱的制度信任会影响风险沟通的效果,而如果风险沟通渠道不畅、方式不当、效果不佳,就会加深制度信任的裂痕。一旦制度信任断裂,陷入塔西佗陷阱,将极难修复如初。

第三节 社会脆弱性与邻避风险再生产

一、邻避效应升级的脆弱性"病理"分析

(一)环境邻避冲突区域的社会脆弱性分析

在 IRGC 的管理框架(Ortwin,2005)中,风险问题被分为简单型、复杂型、不确定型和模糊型四类,IRCG 是从人们对诱因的认识程度的角度对风险问题进行分类的,这种分类比较直观。事实上,风险的性质是一个主观判断的问题,取决于我们拥有的风险知识存量。邻避风险虽看似"茶壶里的风暴",但不管是其诱因还是演化,都有其复杂的作用机理。根据脆弱性分析结果,确定风险来源及其特征,对风险问题进行划分,在邻避风险中找到相应的表现形式,如表 4-3 所示。

表 4-3　邻避风险类型及形式

风险问题类型	划分依据	邻避风险的表现形式
简单的风险问题	各种因果关系十分清楚,使用传统决策方法可以处理的风险问题	环境污染,厌恶、焦虑情绪,健康损害等
诱因复杂的风险问题	多个可能的诱因和观测到的特定结果之间因果关系的识别与定量相当困难的风险问题	信任失灵,舆论过激
诱因不确定的风险问题	人类知识的不完全性和可选择性导致人们不能确认假定的诱因是否真实的风险问题	感知风险
诱因模糊的风险问题	人们对诱因存在许多分歧,其评估结果难以达成共识的风险问题	群体冲突,公共危机

从公共危机发生的一般规律来看,运用社会生态系统脆弱性理论,可将发生机理解释为风险受体(或承灾体)在孕灾环境中经过扰动因素的作用过程(见图 4-3)。在这个过程中,三个部分均为相对独立的子系统,有各自内在的要素和结构,并与其他子系统相互联系。风险受体自身的脆弱性与孕灾环境密切相关。暴露性反映的是受体与孕灾环境的自然条件不利因素接触的时间和范围,这种关系在外部冲击下会恶化;敏感性反映的是受体自身对社会经济环境细微变化的反应程度,当扰动因素比较强烈时,敏感性会急剧强化;而适应能力则反映的是受体在管理和技术条件不具备时虽面临外部冲击,但仍能够保持自身系统稳定性的能力。由此可以看出,公共危机的产生并不是偶然事件,而是在受灾体本身以及受灾环境系统脆弱性存在的状态下,外部环境致灾因子共同作用的结果。系统脆弱性在多种复合因素的扰动下,最终超过风险受体本身的承受范围而演变成风险事件(董幼鸿,2018)。

案例研究是管理学研究的基本方法之一,适用于解释性和探索性研究,基于已有的研究成果以及近年来各地发生的邻避风险案例,运用多案例分析法,结合系统脆弱性的相关理论,构建邻避风险的分析框架,继而考虑社会脆弱性对邻避风险产生、发展的作用。由于邻

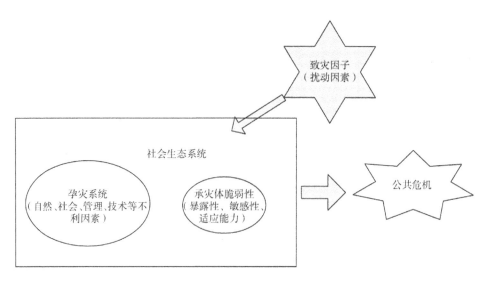

图 4-3　公共危机发生机理

资料来源:董幼鸿.新时代公共安全风险源头治理的路径选择与策略探讨——

基于系统脆弱性理论框架分析[J].理论与改革,2018(3):49-61.

避事件发生的主观性较强,在测度指标的选择和衡量上,也需要考虑群众的主观意愿。用社会脆弱性三个指标中的暴露性来描绘邻避风险的驱动因素,本书选择专家对邻避设施的风险评估和对相关居民的邻避补偿来间接描绘产生邻避冲突的可能性,即暴露性的强弱。在邻避风险强度的认识上,依据参与邻避冲突事件的人数以及造成破坏的强度,将风险强度分为强、较强、一般、弱四个等级,并对应社会脆弱性中的敏感性指标。邻避风险的处理是判断风险恢复力的主要依据,主要依靠政府,是政府绩效考核的一个方面,用处置措施是否合理,以及处置时间的长短来简单衡量政府对于邻避风险的处置效果。

(二)社会脆弱性对邻避风险的影响

内生于经济社会发展中的社会脆弱性是社会风险产生的原生性因素,其自身具有结构性特征,如果想要在风险抵御力上寻求突破,就需要转换成相应的发展路径（柳红霞和邓涛，2017）。McEntire（2000）的脆弱性模型提供了邻避风险脆弱性的分析思路，他把风险事件的环境分为物理环境和社会环境，把环境属性定义为不利因素和应对能力，不利因素包括风险和敏感性，应对能力包括抵抗力和抗逆力。从内涵上指明反脆弱性发展作为一种以强调和减少脆弱性为导向的发展方式，能够减少灾难对经济、社会和政治进步的阻碍。McEntire（2000）细分社会环境类型和风险类型，建立了环境邻避区域脆弱性分析模型。此外，McEntire（2000）在脆弱性模型的基础上，将邻避环境类别细分为物理环境和社会环境，其中，社会环境分为实在环境和建构环境（见图 4-4）。把不利因素分为暴露性、敏感性和传染性三类，其中，传染性是指在风险建构的文化意识和社会舆论中的不利因素，这是邻避风险的突出特征。把能力细分为抵抗力、恢复力和调适力。该模型为邻避风险再生产提供了理论基础。从环境类型和环境属性两个维度构建环境邻避区域，并提出了邻避风险的社会脆弱性二维六要素评价指标体系。社会暴露性包括邻避项目规模、技术复杂程度、工艺流程及管理标准、经济补偿等指标；社会易感性包括生态环境状况、产业结构、经济发展水平、周边居民就业情况、可持续生计能力等指标；风险传染性包括自媒体不实信息的多样性、意见领袖现身节点、文化环境、脆弱性历史等指标；应对能力包括政府风险沟通能力、主流媒体参与度、污染物防治能力、环境风险应急处置能力、安全生产控制能力等指标。

（三）多重风险的脆弱性"病理"分析

邻避效应凸显了环境敏感性和社会脆弱性，脆弱性是风险再生产的基础和风险源，因此要厘清社会脆弱性的来源，对邻避区域的脆弱性因素进行识别和分析。将诱发环境邻避风险的社会脆弱性因素区分为原生性因素、次生性因素和再生性因素等。基于社会脆弱性

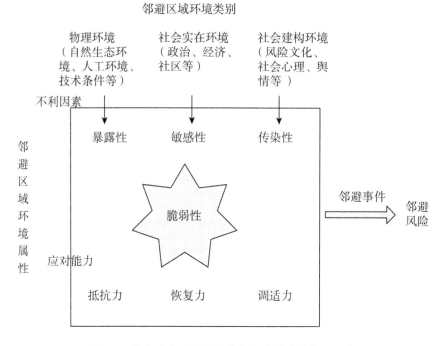

图 4-4　社会生态系统脆弱性与邻避风险的关系示意

资料来源：McEntire D A. From Sustainability to Invulnerable Development：Justifications for a Modified Disaster Reduction Concept and Policy Guide[D]. Denver：University of Denver，2000.

的"病理诊断"，识别并透析环境邻避效应诱发多重风险进而导致社会稳定风险的"病原体"和"传染体"。比较分析具有实在性的技术风险、具有行动性的制度风险和具有建构性的感知风险，刻画三类风险的特征。

从来源和要素解构邻避区域的社会脆弱性，对邻避风险脆弱性因素进行识别和分析。核心任务是识别：在特定的情境下，易感性群体、传染性个体以及相关的影响因子是什么；这些因子如何分布并在冲突情境中发酵；如何通过消解这些因子来提升脆弱群体和社会的韧性。脆弱性分析是对邻避风险区域社会的"病理"分析，在查找邻避风险"病原体"的过程中，其数据获取和评价方法具有技术难度。

脆弱性是指事物本身易受攻击、易被损坏、易受伤的特性,风险具有相对性,而脆弱性则具有绝对性(刘铁民,2010)。

邻避冲突产生的根源在于公众对邻避设施的排斥和抵触,大部分的邻避设施都具有公共物品的属性和负外部性,产生的利益由社会总体共享,而造成的不良情绪和负面影响却由就近居住的居民来承担,这使得当地居民产生了较高的不平衡感和相对剥削感(马奔等,2014)。导致邻避风险产生和升级的主要原因是城市治理中邻避问题的不当处理,主要表现为治理能力羸弱、监管职能缺位、企业责任旁落、制度信任不足、公共理性缺失、社会纽带断裂、信息分布失衡、空间权利扭曲等。

二、环境邻避风险再生产的作用机理

(一)环境邻避风险的脆弱性驱动机制

将"压力—状态—响应"模型和"暴露—敏感—适应"(vulnerability scoping diagram,简称 VSD)评价整合模型相结合,构建邻避项目脆弱性的驱动机制模型,即"暴露度—易感性—传染性—应对能力—反馈性—适应力"模型。在模型中,系统压力、敏感性和应对能力又分别由次一级的驱动因素驱动。自然风险、规划目标和人为干扰是邻避区域社会生态系统的风险(压力)因素,也反映出系统承受的来自系统内外、社会经济、自然环境以及不同时空尺度的要素对系统干扰所产生的压力;自然环境、经济结构、资源利用、文化意识、历史脆弱性决定社会生态系统的敏感性,反映出系统面对风险时所固有的反应特质,即所处的状态;环境管理、生态效率、科技教育、幸福指数、社区组织影响系统的应对能力,即系统响应和应变的能力。

邻避事件是在社会资本脆弱、治理能力脆弱以及制度信任脆弱等方面的具体体现,而社会脆弱性对邻避风险的影响通过制度信任、

社会治理、运营管理等方面存在的制度性脆弱特征反映出来,具体表现在相关责任主体在处理邻避事件过程中的制度做法、管理手段的脆弱。制度的脆弱性让信任难以维系,管理的脆弱性激化冲突,治理的脆弱性让群众对社会失望。邻避冲突的各个主体是依托利益联结起来的,建造方需要通过建造邻避设施带来外部性收益,这个收益可能来源于项目自身,也可能来源于当地群众生活水平的提高,而反对建造方需要阻止建造来维护自己的利益,利益的立场不同造成社会关系的裂痕,社会资本也会产生冲突对抗,致使事件尤其容易恶化。

社会脆弱性也是滋生环境邻避设施监管主体和运营主体制度性风险的主要原因,风险的存在使得监管主体和运营主体在缺乏制度保障的情况下难以发挥作用,从而拒绝陷入利益旋涡。消除社会脆弱性的方法是培育社会制度韧性,并以社会管理韧性作为邻避项目治理的有效性目标。基本思路是消除社会资本、社区安全、风险文化、综合防灾能力等方面存在的社会脆弱性因素,弱化这些社会因素对建构性风险的再生性与涟漪效应。

(二)社会传播系统加剧邻避风险的社会脆弱性

在邻避风险演进过程中,社会传播系统对于群众心理具有很强的塑造作用。随着群众参与意识的提高,更多的公民积极主动地了解与参与地区建设,对信息的公开性也有了更高的要求。当政府信息不公开、不透明时,群众自然而然会产生恐慌心理,就邻避事件中的群众心理而言,普遍具有"宁可信其有,不可信其无"的心理倾向,再加上网络等信息传播途径的丰富多样,QQ、微信、微博等将分散的个体聚集为一个个小团体,并向外传播其价值观以影响更多人,从而使越来越多的人参与到邻避事件中,进一步扩大了邻避冲突。在不理性的网络舆情(刘泉等,2015)的引导下,个人往往会自主扩大自己所受到的伤害,以至于形成较大规模的冲突事件。

　　导致邻避风险脆弱性的一个重要的不利因素就是传染性,它内生于邻避效应的社会建构环境,这是一个并非客观存在的实体性环境,而是存在于公众的思想意识和概念之中的意念环境。在这个环境中,输入的信息不断被加工、输出,群众对邻避事件的认识、对风险的感知不断地发生变化。风险的社会建构是指信息处理、社会结构、社会群体的行为和个人反映塑造了建构风险(刘岩,2010),进而影响风险事件的社会后果。社会脆弱性由于社会资本脆弱、制度信任不足,以及邻近区域环境的传染性,使得风险建构效应强化。风险建构的社会过程包括信息机制和社会反应机制,风险信息系统是社会情绪的激活转化器,公众对风险属性及后果的评估并非基于个人的直接体验,通常是通过他人和媒体间接获得对风险的认知与选择,而信息系统起着中介作用。风险事件的源头信息一般会先被信息系统加工处理,然后再通过各自的信息渠道传播,而公众则运用简化机制对风险信息做出反应,所感知的风险就会被社会建构出来。信息系统这时就成了风险建构的社会站点,当信息系统不为主流传播渠道占据时,就成了风险放大站。其中,媒体暴露在信息机制中扮演关键角色(段文杰,2020),意见领袖等关键角色是信息传播的中间站,能够使得个人站点重新过滤、解码、评估与解释信息的意义和规则(Kasperson,2012)。网络媒介在新闻事件的发酵和扩散中发挥了极大的作用,为多元化的舆论提供了讨论的平台。舆论领导者通过其庞大的关注人群,煽动各主体参与到环境集体抗争中,通过移情、暗示等方式激化大众情绪。同时,网络环境非个人化和沉默螺旋效应的影响使得被激化人群的数量和议题传播的速率成正比,网络舆论出现爆炸性增长(彭小兵和邹晓韵,2017)。因此,社会传播在风险建构中具有突出的作用。

(三)邻避风险再生产的概念内涵与发生逻辑

　　原生风险因社会脆弱性内驱力和系统性不利因素的耦合,在外部扰动因素的作用下发生变异,形成新的风险,并在风险关联性的作用下横向耦合和纵向级联,衍生出更多的风险形态。根据世界经济论坛发布的《全球风险分析报告》,把全球面临的主要风险分为五类:经济风险、环境风险、地缘政治风险、社会风险和科技风险,分析发现,近年来,环境风险与社会风险之间的耦合度达到 61.6%(魏玖长,2019),远高于其他风险的关联性。环境邻避风险在原发性上是典型的环境风险,但是不会停留于此,其会因邻避效应而产生邻避情结和邻避症候群,进而发生邻避运动,经由风险放大和演化,形成多样态、多类型、多向度的邻避风险谱系。

　　基于实在风险内核的关联性风险不断地进行社会建构是环境邻避风险再生产的基本逻辑。分析环境邻避风险再生产的发生条件及驱动因素,包括实在风险原生性向次生性转变、实在风险向建构风险转化,以及建构风险的再建构。风险的关联性是邻避风险演化的驱动因素。风险关联因素形成由致险因子、风险环境和风险主体组成的复杂系统,并呈现出动态、非线性关系(Szymanski et al.,2015)。关于风险关联效应研究的观点很多,如灾害链、风险的多米诺骨牌效应、灾害的级联效应、诱发效应和连锁反应(魏玖长,2019)等,孔祥涛(2020)提出"邻避风险漩涡场"假说,认为环境风险只是原始起点和内核,其他风险附着于此,经由信息传播和抗争而卷入。陈辉和柳泽凡(2021)认为,邻避风险要素之间不是链式反应,而是叠加效应,在初期是敏感群体的环境风险放大,中期为媒体的风险传播和社会动员,末期为风险人群与政府的博弈。风险叠加表现为三种形式:无交互作用的同质性风险叠加、具有协同效应的多源性风险叠加、风险转化形成灾害链(葛怡等,2016)。魏玖长(2019)综合多种观点,分析了基于风险网络的新兴风险耦合效应和基于时空连续演化的新兴风险级联效应。

　　现实主义风险论认为,风险具有客观实在性。在建构主义看来,邻避风险是一种随社会情境变化而呈现不同状态的过程(田鹏和陈绍军,2015),而社会风险是现实主义和结构主义的连续统一体,风险事件过程体现了两者的辩证统一。环境风险场理论认为,人作为风险受体,既受风险场的影响,也会自动形成风险感知场,两者相互交织(葛怡等,2016)。魏玖长(2019)把风险分为传统风险和新兴社会风险,后者多为社会建构风险;胡象明和刘浩然(2020)把风险分为属物风险和属人风险,前者具有物理属性,进而提出了"工程人文风险"的概念,其是一个由若干子集概念构成的集合,包括"敏感性工程""敏感人""客观风险""风险认知""主观风险"等。高山和李维民(2020)借用风险场域的概念,葛怡等(2016)联结风险客观存在与主观建构,提出了"场域—感知—行为"三维风险转化路径和两重风险转化逻辑。侯光辉和王元地(2015)提出了"实在风险—感知风险—社会稳定风险"的邻避风险链系统,构建了邻避风险链评估指标体系。陈辉和柳泽凡(2021)则认为邻避风险是事件流而非事件链,事件流可能比事件链更能概括邻避事件的特征。前者强调了不同事件及风险因素之间的强因果关系,类似于一套多米诺骨牌;而后者则更关注事件及其风险因素的汇集和叠加。由此可知,邻避风险不是邻避事件的风险链,而是风险流,且更具复杂性。

环境邻避风险的再生产过程是风险实践中实在性与建构性相互作用的过程,整合现实主义和建构主义有助于更加准确地分析再生产过程(马明旭等,2014)。风险具有空间位置属性,因而具有时空相对性,而脆弱性则是受体的固有属性,两者结合才会造成可能的损失(葛怡等,2016)。基于脆弱性分析,厘清风险来源的复杂性、风险主体的多元性与风险结果的不确定性之间的社会逻辑,划分风险类型,重点是了解建构风险的类型及其作用机理,特别是要明白基于社会认知的信息分布不均、信任纽带断裂和信心预期不足推动了社会风险的不断建构。从主体维、性质维和知识维三个维度呈现不同属性风险的再生产形式(见表 4-4)。

表 4-4　环境邻避风险的再生产形式

维度	内容
主体维	政府、专家、企业、公众(居民、媒体、非政府组织)
性质维	实在风险:工程技术风险、生态环境风险、基础设施运营风险、政策风险、监管风险
	建构风险:舆情风险、感知风险、社会信任风险、社会稳定风险
知识维	项目管理、设施运维、行业监管、社区服务、环境营造、公众参与、风险沟通、风险文化、媒体传播

解析环境邻避风险再生产的运作形式,主要通过两个路径展开:一是风险主体的风险实践形成客观风险;二是风险受体参与风险实践建构风险。两者交互作用,其中有四个运动机制,即多主体歧义互生、多条件复合共生、多阶段循环再生、多因素交互创生。这四个机制将在第六章详述。

在后文中将对邻避风险再生产进行深入研究,透析实体性风险、制度性风险和建构性风险再生产的作用机理,即邻避设施实体性风险的诱致性与扩散性效应、邻避设施监管主体和运营主体制度性风险的复合性与衍生性效应、邻避效应建构性风险的再生性与传染性效应。以工程韧性、基础设施韧性作为邻避设施的实体功能要求,检视邻避设施实体性风险的诱致性与扩散性效应;以制度韧性作为地方政府(特别是基层社区)治理和邻避项目治理的有效性目标,透析环境邻避设施监管主体和运营主体制度性风险的复合性与衍生性效应;以社会韧性作为社区建设文化导向和社会心理建设价值导向,解析邻避效应建构性风险的再生性与传染性效应。

第五章　环境邻避风险再生产过程分析

第一节　环境邻避风险结构的动态分析

一、邻避风险是"茶壶里的风暴"吗？

邻避效应是局部的利益和损失不平衡的矛盾处理不当而产生的社会现象,涉及的是小尺度的环境问题和局部利益,也被学者界定为局部的环境正义(桂昆鹏,2013;华启和,2014;刘海龙,2018;曹辰和吴勇,2021)和空间正义(王佃利和邢玉立,2016;杨建国等,2021;夏志强等,2021)问题。因此,在理论上通常被认为是不具有现象级的话题。这种观点通常是基于邻避效应的实在风险,具有孤立性、局部性、个例性,而忽略了邻避风险的建构性和关联性,尤其是在城市化进程中公民个体权利意识觉醒、新媒体主导的舆论生态变化等新环境因素的影响下,环境邻避风险已经和城市治理的主要困境搅和在一起,比如经济增长与环境保护、城市形象与民生福祉、城市扩张与土地管制、城市能级提升与城市安全发展、垃圾围城与邻避冲突等,这些无一不是带有邻避色彩的。毫不夸张地说,城市化的过程无处不存在邻避效应,因为城市化需要的各种建设在给相关利益主体带来效用的同时,大部分都会对相邻的部分社区产生一定的负效应。这是从存在论的角度来讲的,邻避事件具有普遍性、广泛性、不可回避性。从发生学的角度来看，邻避事件具有复杂系统的所有特征，且具备涌现现象产生所需要的各种要素。邻避冲突的三个特质（公众集体非理性选择、政府回应性的缝隙和集体行动事件的高传播性）构成邻避型集体行动的涌现机制（陈昌荣，2018）。

　　环境邻避风险从过程和结果两个方面来分析，分别可以用蝴蝶效应和"茶壶里的风暴"理论进行解释。混沌学理论的蝴蝶效应是在美国气象学家洛伦兹 1963 年发表的一篇题为"决定论的非周期流"的论文中提出的。社会学认为，一个微小的机制如果能够加以适当的引导，可能会产生巨大的变化；心理学认为，如果某个事物对初始条件极具敏感性的依赖，那么初始条件的细微变化会导致结果出现极大的差异。邻避事件的蝴蝶效应主要表现为舆论场上的情绪变化。匡文波和周偶（2019）构建的新媒体舆论的蝴蝶效应生命周期模型清晰地勾画出了邻避事件中舆情风险的变化过程。

　　"茶壶里的风暴"虽体量不大但是威力不小，之所以会产生巨大的外溢效应，是因为多数邻避事件戳中了社会公众的痛点，触碰了社会舆论的焦点。非利益相关方卷入邻避事件并逐渐成为事件演变的主要参与者。"心理台风眼"效应、过度共情综合征等社会心理效应在媒体渲染下会吸引更多的"局外人"加入，以至于舆论场上项目所在地的居民参与较少，而参与者主要为安全防护距离之外的居民。另外，邻避事件参与者中年轻人的比例较大，他们是自媒体、新媒体的主要受众和传播者，信息接收和传播速度快，而且年轻人群体不稳定，易情绪化。网络作为意见集散地，由于缺少观点发表的"把关人"，以及网络空间容量的倍增，多元的声音以碎片化的状态、只言片语的方式快速复制、细化、交织，残缺不全的"事实"扮演着"真相"的角色，随意组合的信息以迎合信息偏好者的方式"投喂"。在舆论生态圈中，网络舆论、传统媒体舆论、公共部门都在以各自的方式博取"生态位"，也都作为变量在瞬息万变的舆论场中发挥着反馈环的作用。一系列邻避热点舆情事件生成、发酵、扩散的过程告诉我们，"茶壶里的风暴"不容小觑，一旦外溢，将爆发出惊人的舆论传播能量。在新媒体时代，邻避风险形态和烈度不断演变，媒体话语权竞争格局也不断嬗变，并塑造了一种新的舆论生态。

"茶壶里的风暴"会在舆论场上掀起"滔天巨浪"。匡文波和周倜（2019）认为，新闻事件的重要性、敏感性、可到达性和模糊性与网络舆论风暴的形成呈正相关关系，并提出了网络舆论风暴公式：网络舆论风暴＝重要性×模糊性×敏感性×可到达性。环境邻避事件舆论风暴的形成主要与话题的风险信息模糊性和风险主题的敏感性高度相关。

上海交通大学舆情研究实验室的研究显示，2013年是邻避事件发生频率较高的年份，根据媒体曝光率、舆论关注度、社会影响力挑选出的最有影响力的16起邻避事件中，环境污染类有9起，风险集聚类有5起，污名化类有3起（谢耘耕和陈虹，2014）。

环境污染类邻避事件涉及社会公平和环境权利等基本的价值取向，风险受体容易得到公众的同情，形成社会共情，也极其容易成为媒体关注的话题；风险集聚类邻避事件涉及公共安全，安全感是公众最敏感的话题，容易拉扯到社会神经。另外，环境污染类邻避事件的核心信息具有模糊性和不确定性，正如转基因食品一样，带有科技风险的元素。环境邻避设施会排放出一定的污染物，譬如二噁英之类的，但是按照环境监管的相关法律要求和技术标准，大多数企业都是达标排放，特别是在实施"装、树、联"之后，垃圾焚烧设施基本上已经达标，但是对于类似二噁英之类的污染物对人体的危害到底有多大等问题，绝大多数公众的认知是模糊的。

如前所述，邻避效应不会局限于事件发生地，亦不会止步于环境风险单一状态，亦不会仅仅停留于舆论场的口水战，在"舆情的翅膀"扇动之后，社会机制会产生新的"化学反应"，成为气象上的"风暴"，沸腾的"茶壶"有可能会掀翻"茶盖",发生沸水外溢,从而引爆更多的"茶壶"。

要想了解"茶壶"掀翻后的外溢效应如何发展,需要解构邻避风险的内在机理,透析邻避事件复杂系统的交互机制,刻画邻避风险再生产的作用形式、动态变化过程和路径。

二、环境邻避风险的结构化

对环境邻避风险的结构化分析包括风险源、风险条件、致险因子、风险主体、风险关联性、风险后果等。环境邻避风险分为三类,即实在风险、感知风险和社会风险。所有的环境邻避事件本身都具有一定的环境风险,环境污染构成风险源,源于邻避设施的环境污染具有实体性,这种实体性风险由于内在的多种脆弱性,在系统性不利因素的影响下,可能会诱发更多实在风险,包括设施运营风险、安全生产风险、监管失灵风险等。同时也会受外部因素的影响,比如该设施某个环节存在安全隐患或疑似风险、相关信息进入社会传播系统、其他地方类似邻避设施出现风险事件等。

自然灾害类风险的致险因子相对比较稳定,且不同灾种因子各异。环境邻避风险兼有工程风险和社会风险的特征:就工程项目而言,致险因子分析有人、机、料、法、环五个方面;就社会机制而言,致险因子已经超出邻避设施本身,还包括制度、管理流程、政府治理能力、相关主体的参与性等。

邻避风险主体包括风险受体和致险主体。在邻避风险谱系中,实体性风险的风险受体和致险主体比较容易确认,受体基本上是设施周边的社区,包括居民、企业等,致险主体主要是设施运营主体;建构性风险的主体相对模糊,此类风险属于社会风险范畴,风险类型多样,形态不一,风险后果的承担者不仅仅局限于周边社区,由于风险溢出可能波及更大的社会面,甚至连政府也会成为风险受体。致险主体要根据各类建构性风险的主要策动者来界定致险主体,有些建构性风险由于多主体参与建构,甚至存在风险受体的自我建构,比如:感知风险既有信息传播者的建构,也有公众个体的自我建构;舆情风险既有媒体的作用,也有舆论场参与者的作用。所谓的"雪崩之时,没有一片雪花是无辜的"即是如此。

三、环境邻避风险的耦合与级联

风险关联性包括横向关联和纵向关联。在环境邻避事件演化过程中,实体性风险横向关联,建构性风险纵向关联。

第一,实体性风险因多种因素交互、多个条件复合,故会产生耦合性关联效应。如生态环境风险与运营不当风险、监管失灵风险、安全生产事故等存在密切联系,既有人员操作失误、管理不规范、机械故障、工艺落后、设备老化、原材料品质、内部环境糟糕等因素的作用,也有安全生产意识不强、环保法律执行不力、管制俘获、应急能力低下、科技手段运用不足等因素的影响。环境邻避事件中的单个实体性风险实践基本遵循海因里希法则,该法则指出了事故因果连锁的三个阶段和两个因素(三个阶段分别是伤亡、事故、不安全行为和不安全状态,两个因素分别是人的缺点和环境不良),博德在此基础上提出现代事故因果连锁理论,把事故原因分为直接和间接两类,直接原因是人的不安全行为和物的不安全状态,间接原因包括个人因素以及与工作有关的因素,但根本原因还是管理缺陷。这些因素会在不同条件下发生相互作用,产生多米诺骨牌效应。单个事件的链式效应横向关联形成耦合效应,生成新的风险。

第二,建构性风险因多主体参与、多阶段反复,以及受信息传播机制和社会反应机制的影响而形成级联风险,即历时性风险流(Zuccaro et al.,2018),比如公众感知风险、舆情风险、制度信任风险(塔西佗陷阱)、政策失效风险、基层治理失灵风险等。环境邻避事件引发的风险流意味着多样态的建构性风险在不同阶段转换时几乎不会中断，而是平滑接续的。从邻避设施的生命周期来看，从预研论证、规划设计、施工建设到运营管理，如果处理不当，那么每个阶段几乎都会自动触发感知风险，导致感知风险的循环再生，而在媒体的参与下，舆情风险也将贯穿全过程。新媒体形塑了舆论新生态，将线上线下结合，触发了风险级联机制，进而诱发群体性抗争，酿成公共危机。邻避事件中政府决策失灵也可能会产生级联风险，将按"物理—信息—心理"的演化路径发生跨空间级联式风险演化，即从物理空间风险感知到信息空间风险传播再到心理空间风险演变（于峰和樊博，2021）。

风险耦合与级联是新兴风险演化的基本逻辑（魏玖长，2019）。环境邻避风险作为复杂型社会现象，其演化机制契合该逻辑。如果说横向关联的风险以实体性风险类型为主，致险因素具有耦合性，那么纵向关联的风险以建构性风险为主，其作用机制就是级联效应。耦合效应通过复合、交互、互联等机制来实现，耦合是级联的前兆和酝酿（Pescaroli et al.，2018）。Pescaroli 等（2018）认为：复合型风险主要与环境领域的自然事件共时性有关，主要关注风险的危害性成分；交互型风险涉及自然环境及其因果链的物理性关系，主要关注危害性与致险脆弱性的相互作用；互联型风险侧重于信息网络和全球互联，包括人、环境、技术系统之间的相互作用，是级联风险的前置条件。级联风险主要与人及其脆弱性因素紧密关联，聚集于社会及基础设施节点的管理。因此，在触发机制上，交互型风险是级联风险的前置条件，而复合型风险和交互型风险影响级联风险的量级。显然，在环境邻避风险中，复合型风险多以实体性风险的形式存在，交互型风险兼有实体性风险和建构性风险，而级联风险则以建构性风险为主。

四、环境邻避风险级联的作用机制

风险演化的复杂性备受学者关注。与级联风险相关的概念有"不可控的链式损失"、包含网络系统的信息流的风险连接和节点、"常态化事故"或"系统性事故"、多米诺骨牌效应等,在政治分析中,尽管级联效应概念被视为解释公共危机升级的驱动力,但是也能够对跨域性极端事件的韧性研究保留宽泛的边际性关注(Pescaroli & Alexander,2018)。级联风险在生态环境方面的争议集中在与气候相关的复杂性因果链、非线性变迁以及重组趋势等问题上,而如何应对这些危机还需要进一步探索。级联效应是理解和研究风险社会的重要理论视角(张晓君,2020),级联风险介于级联效应和级联灾难之间,级联效应是复杂和多维的,并会随着时间推移而不断演变,它与脆弱性的联系比其与灾害的联系更紧密(张惠和景思梦,2019)。如果系统中普遍存在的脆弱性或者子系统的脆弱性没有得到适当的处理,低级别的灾害也可能产生广泛的级联效应。级联效应是灾害动力学现象,关键基础设施的接入会增加级联响应,并且会由于预先存在的脆弱性而造成影响扩散。在级联的时空传播机制上,脆弱性是关键因素,脆弱性决定了随后的失败(Pescaroli & Alexander,2015)。这种分析理路为探索各类风险的再生产形式和路径提供了逻辑支持。

级联风险的作用机制。与传统的风险放大效应不同,生态危机的级联效应具有四个特点,即复杂因果关系、非线性变化、风险重组的可能性、级联动力学(Galaz et al.,2011)。环境邻避风险肇始于环境问题,同样具有类似的级联响应,其特点和作用机制为:第一,复杂因果关系。急剧的变化和意外事件有其潜藏态的原因和根源,具有复杂的因果关系、相互作用且多尺度变化的组合,变化时快时慢,有时甚至会出现二律背反,如渐变与突变,或者缓慢发作与快速发作,这些变化的背后是由一个制度集群在控制的,而不是一套简单的规则集合。从环境邻避事件的角度来看,制度性风险和建构性风险的因果关系远比实体性风险复杂。第二,非线性变化。生态环境风险一旦发生,将会以各种方式和不同的速度加速演变,包括对自然环境、经济、社会、生命健康等方面的影响。邻避效应之所以容易演变为社会风险,是因为它变化的多形式、多路径、多向度。第三,风险重组的可能性。重组风险是指生态环境风险与其他社会、经济或政治压力相结合的可能性。如果不能很好地解决,那么风险的重新组合可能导致社会紧张局势升级为严峻的政治挑战。邻避事件容易和异地同类事件同频共振,也容易和其他领域的社会不稳定因素形成联动。第四,级联动力学。级联动力是指生态环境风险溢出地理边界和组织边界的能力,这种跨尺度的动态变化对组织孤岛、标准化程序和僵化的体制机构提出严峻的挑战,而且这种风险还会与区域性甚至全球性风险事件发生联系。邻避事件虽然发生在局部地区,但是其溢出效应远超出业已发生的实体性风险作用边界,甚至会通过尺度增置推动风险的尺度重构(杨雪锋,2020)。

五、环境邻避风险再生产的动态过程

风险再生产的动态过程表现在两个方面:一是系统内结构性变化,事故因素的紧密耦合衍生新的风险;二是系统溢出性变化,系统之间接续风险。常态事故理论认为,那些看上去是意外的事件其实是必然会来到的事故,原因在于组织在结构上存在复杂的交互作用,而在运作上存在紧密耦合。所谓复杂的交互性(与线性交互相对应)是指这样的复杂系统,其中的一个流程会导致另一个流程,而许多流程可能无法事先识别或在计划之外。Perrow(1999)使用的示例主要是高风险技术的核电厂。许多常态事故不仅涉及技术故障,还涉及加剧问题的组织失灵。而紧密耦合(与松散耦合相对应)是指系统中各组分之间高度依赖,当一个组分发生变化时,各组分也会随之发生重大变化,而且这些改变效应会很快发生(Perrow,1999)。

风险具有时空相对性,具体到环境邻避风险来看,是时间轴的风险流。随着时间的流逝,邻避风险只会更严重、更复杂。Pescaroli 等(2018)认为,随着时间推进,次生风险的非线性级联将会成为危机的核心,这种重要的转变就是从原来的多米诺骨牌隐喻转向对决策和应急关联的社会与组织韧性的理解。吴芳芳(2018)建构了"N-SWOT-S"的邻避设施规划选址态势分析模型,分析了建设时序在邻避风险中的影响。环境风险这一原发性实在风险一旦形成,随之而来的各类关联风险会呈现出多主体参与、多因素交互、多条件复合形式,并随着事件的演变,出现多阶段循环往复、自我强化、多维再生等变化。环境邻避设施本身具备原生风险(如技术风险、客观风险),特别是大型的环境邻避设施其自身具有的风险量更大并且产生的后果更严重,这种风险在复杂的社会系统作用下具有极强的扩散性和再生性,风险在体量层面的不断汇聚和性质层面的递进转化会引发再生风险(如感知风险)与衍生风险(如社会稳定风险),这些风险不仅能够在各自的阶段以单一的形式对社会产生不利影响,同时其复合交互作用最终会引发邻避冲突事件,造成严重的社会失序。通过对现有文献的整理和剖析发现,很少有研究从多重复合视角来分析环境邻避再生产机制,对模糊性来源和非线性相互作用的环境邻避风险研究不足。

本章将基于系统论的视角,创新提出主体—条件—时间—因素的分析框架,系统性解释多主体歧义互生、多条件复合共生、多因素交互创生和多阶段循环再生的作用机理,从主体维度、条件维度、时间维度和因素维度梳理环境邻避风险再生产的类型,厘清各主体以及各风险之间的相互作用机理,解构环境邻避风险在复杂的社会系统中的转化和再生产机制(见图5-1)。

实体性风险会转化为制度性风险,进而演化为建构性风险,实体性风险也会因为信息传播和社会反应而直接转化为建构性风险。

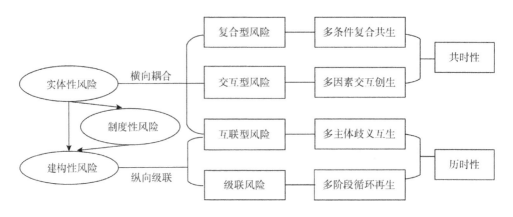

图 5-1　环境邻避风险再生产的形式、类型及路径

第二节　环境邻避风险的多主体歧义互生

环境邻避风险具有科技风险的一般特征,即风险主体对风险的认知程度和风险结果存在差异性,主要表现为:公众与科技专家的认知差异、公众与"专家—企业"共同体的认知差异、公众与政府的认知差异(艾志强和沈元军,2014)。不同社会主体对于科学技术发展过程中产生的各种客观风险有各自的主观感受、判断、体验和评价,基于科技风险视角的社会主体主要涉及"个体主体"——科技专家、邻避设施运营企业,"集体主体"——政府,"类主体"——公众(周边社区的居民、业者)、媒体、环保组织等。每个主体会基于自身的利益诉求对风险事件做出行动反应,即理性行为,科技专家、政府、运营企业、公众、环保组织分别遵循技术理性、决策理性、经济理性、社会理性、价值理性做出相应的反应。面对邻避效应,各个主体对风险的解读和感知存在较大差异,随着风险信息的扩散,容易导致观点分歧和情绪对立。由于有限理性,各个主体的理性是不完全的,如果想要寻

求不同主体利益的"最大公约数",就要通过情景理性实现各种理性的结合(金自宁,2014)。

在环境邻避风险从产生到扩散和演化的过程中,往往会涉及多主体之间的交互影响,环境邻避风险始于公众对邻避设施的客观风险的担忧,在政府、营建方、公众三大核心主体之间平衡关系的打破中进行生产,伴随风险在核心主体内部的泄漏,风险流在社会其他主体之间传递并根据各自的社会身份特征对风险进行不同程度的"加工",产生风险的耦合作用,最后又传递给各自利益相关的主体,这就造成了不同主体之间的风险再生产(见图 5-2)。本章对环境邻避风险再生产过程中的相关主体进行概括(主要包括政府、公众、营建企业、其他利益相关企业及市场主体、意见领袖和专家群体),通过对不同主体之间的交互作用进行解构,来解析环境邻避风险的再生产过程。

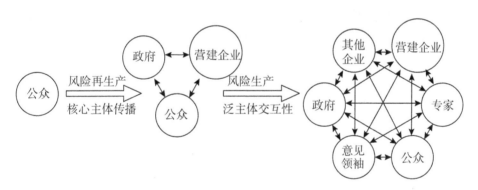

图 5-2　环境邻避风险在多主体间的传递与再生产示意

一、公众理性与风险的再生产

从风险的定义来看,风险可以分为客观风险和主观风险两大类,客观风险一般指技术风险,即可被量化的、物理的和实际存在的风险,主观风险一般指感知层面的风险,是经过个人心理主观感知和社会建构的风险(曾繁旭等,2015)。风险社会理论也因风险是客观的还是认知的而产生分歧,在此基础上形成了以贝克、吉登斯为代表的制度主义和以拉什为代表的文化主义。制度主义学派认为,现实生活中的风险是客观存在的,不会因个人感知的不同而发生变化,这也是政府和专家群体对邻避风险定义的出发点,基于这种定义,可以通过评估、管理等方式控制环境邻避风险。而文化主义则认为风险是一种社会建构,风险受众的风险感知会增加社会的风险,这也是公众风险建构的主要依据,公众由于知识水平受限,往往会从文化背景出发,基于邻避设施固有的风险,经过自身主观层面的放大作用形成感知风险,进而对邻避风险的认知产生分歧。公众作为邻避风险再生产过程中的核心主体,往往会根据复杂的个人、经济和社会身份对风险的大小与后果进行界定。公众距离邻避设施位置远近的不同会造成公众的感知差异。距离越近在主观感受上就会增加更多的意识因素,根据自身的利益、主观风险感受和风险演变成危机的经验积累来界定风险,而政府和专家对于环境邻避风险的界定是基于科学理性的判断,通过相关的评价指标和公式计算设施的风险程度,与政府和专家的风险界定不同,公众对邻避风险的判断是基于社会理性的经验,这也就说明正是在这种认知不同的视角下潜藏着邻避风险再生产的种子。

根据环境邻避风险的演化规律,从实在风险转化为公众的感知风险是邻避风险在公众层面的主要再生产方式。依据公众内在特质进行分析,公众对邻避风险的自我认知理性是造成实在风险向感知风险转变的主要原因。从邻避风险信号的出现,到公众形成主观的风险感知,公众的个人特征和邻避设施的风险特征对公众理性有重要的影响作用。

众多学者的研究成果表明,性别、年龄、收入水平、受教育程度、是不是当地户籍等个人特征都会对个体的风险认知产生影响,影响其自身的收益和成本判断,进而导致感知的风险往往大于真实风险。其中,从性别来看,女性对风险感知的水平通常比男性高(Slovic,1993);公众年龄越大,对邻避风险的感知程度越高(王奎明和钟杨,2014);收入水平以及受教育程度显著影响个体的风险感知,收入水平和受教育程度越高,个人的风险感知水平越高(Flynn et al.,1993);是否具有当地户籍以及居住时间的长短也与居民的邻避抗争意愿显著相关(胡象明和王锋,2014)。

环境邻避设施的风险特征也对公众风险感知的建构有着重要的影响,公众往往基于设施风险的未知性、控制性和恐惧性等质性基础来形成自己的感知,当公众对设施性质及功能不了解时往往会加剧其恐惧心理,同样的设施的风险程度由于不受自己的控制,通常会比能受自己控制的风险更让其担忧。邻避风险的公众理性是社会个体对邻避设施本能的自我保护意识,但还不是体现公共精神的公民理性,而是以关注和满足个人或小群体的利益、情感、意志为主要目的,因此,"中国式邻避"运动是一种非"公民运动",是"私性"的展示(郎友兴和薛晓婧,2015)。

二、政府理性与风险的再生产

从环境邻避风险的角度来看,政府在风险的产生、转化和治理之中扮演了截然不同的角色,政府既是邻避风险的治理者,同时也是邻避风险的制造者。至于政府在邻避事件中扮演何种角色,这取决于政府自身的定位。根据政府行为的不同,可以从市场和社会两个维度来分析政府对邻避风险再生产的影响。政府理性也叫政策理性,即在对待邻避设施风险的立场上,以公共利益为行动目标和决策依据。

从市场的角度来看,政府本身作为一个抽象化的主体,不会考虑自身的经济利益,但是政府官员作为"经济人",会根据自身的"成本—收益"考虑来选择个人行为,地方政府主要负责人往往会从自身利益最大化的角度出发,为了尽可能地吸纳更多的发展资源,追求地区的经济发展和城市建设,在"唯生产总值论"和"扭曲的政绩观"的双重作用下往往会与邻避设施运营建设方形成一种合谋的不正当经济关系。地方政府会在邻避设施的建设过程中极力为设施建设方扫清障碍,通过出台各种优惠政策,在没有经过严格程序把关的前提下强势推进项目的建设与运营。此外,政府本该是邻避设施建设和运营行为的主要监督者,但是政府和设施建设方的这种不正当的合谋关系使政府无法在设施建设中保持中立的身份,因此无法对企业建设的安全性和运营的规范性进行有效的监督。正如很多研究所表明的,政企合谋导致公众对邻避项目高度不信任,在这种关系的催化下,自身的感知风险会进一步激化,进而演化为社会稳定风险。

从社会的角度来看,政府往往会充当社会稳定的维护者,尤其是当邻避风险产生时,政府出于维稳的需要,追求一种封闭的、静态的、强制的刚性稳定,试图把群众的政治诉求限制在一定的秩序之内(于建嵘,2009)。这种刚性治理手段不仅不能消除公众的风险,反而还会激起他们更大的反感与愤怒,同时,参考别的邻避事件会让公众认识到"只有采取破坏性的战术,才能比较迅速地获得与政府进行政治福利资格和物质利益磋商的机会"(刘能,2009),由此使政府与公众之间出现了更多的对立和矛盾,陷入了群众用更为激烈的手段进行抗议和政府动用更多的公共资源进行镇压的恶性循环(戚建刚,2013)。一旦政府在这种博弈中获得了胜利,就会导致公众的情绪爆发,引发强烈的群体性抗议,造成社会的失序。这种控制型的风险治理是政府对治理权力垄断的侧面体现,政府惯性的垄断风险识别、防控、处置以及信息披露的权力在一定程度上可以稳固政府的权威,防止因信息来源模糊及传播失真而衍生出新的风险。但是仅凭政府的一家之言,单向地对公众进行宣传和管制,不让公众发表自己的想法和意见,会让公众产生一种"被洗脑"的错觉,对政府表达产生更多的疑虑和不信任,进而放大对邻避设施的感知风险。因此,政府的这种控制型的风险治理实践不仅不能有效应对和消弭风险,反而可能成为新的具象风险产生的幕后推手。

三、营建企业理性与风险的再生产

营建企业作为邻避风险生产的核心主体之一,其会与政府和公众产生直接的利益关系,在政府层面已经详细分析了营建企业与政府的利益捆绑,从而形成一种合谋关系,破坏了"政府—公众—营建企业"的稳定三角关系,这种不正当的经济利益关系与公众呼吁的环境正义正面碰撞,使公众坚持认为设施建设不正义,进而引发环境邻避风险。营建企业理性即为经济理性,特别是当邻避设施以市场化方式交由营利性企业运营时,经济目标是企业的首要目标。

除了邻避设施营建企业与政府之间的微妙关系会导致邻避风险程度的加剧,营建企业自身的经营行为对邻避风险再生产的影响更加不容忽视。创造经济财富和实现经济效益最大化是企业的本质属性,同样的邻避设施营建企业也是通过污染物处置和正属性产品的产出来创造企业营收的。

因此,从公众的角度来看,营运企业为了利益的更大化,通常会采取和其他经营企业类似的两种手段来创造更多收益。一是通过扩大产能来实现收益增长,邻避设施处置能力的盲目扩大势必会造成一系列的外部影响,包括设施超负荷运营造成的设施安全风险、原材料运输造成的污染泄漏和交通安全风险等。二是通过缩减成本来实现收益的变相增长,这也是公众最为担忧的,营建企业可能利用政府的便利关系来躲避政府的监督,将未经处置的污染物或者处置过程中产生的中间污染物直接排放,这种不合法的经营行为会导致污染物的泄漏并造成严重的环境风险,是放大居民风险感知的重要因素。

此外,企业在安全生产监管方面的工作是否将安全管理的责任落实到位,以及是否通过避免人为操作的失误来保证生产运行的安全性,都是公众考虑邻避设施运营是否安全的重要因素。以上所有的因素都有可能诱发公众对设施营建企业的担忧,造成风险的叠加与再生。

四、其他企业与风险的再生产

这里的其他企业主要指受邻避设施建设影响的企业,这一类企业也是邻避设施建设的主要受害者。广义的企业还包括周边受邻避效应影响较为显著的其他业者,他们与公众有着较为相似的利益诉求。根据企业利益受影响方式的不同,将这类企业分为同行企业和相关企业两种,但是这两类企业都因邻避项目的引进而使自身利益受损,所以他们都是邻避风险再生产的潜在主体(王军洋,2017)。政府新引进的邻避设施企业技术和规模领先,这会使本地小规模企业因丧失竞争能力而被淘汰,从而引发本地同行竞争企业管理者和员工对失业的担忧。与同行企业不同的是,相关企业的利益损失往往是由邻避设施的负外部性影响造成的,例如食品饮料制造企业、房地产开发企业等,由于食品和饮料生产对周边环境质量要求较高,潜在的空气、水源污染都会影响产品质量,即使没有出现实质性的污染,也会因为位于邻避设施附近而导致品牌价值受损。房地产开发公司所受到的影响也类似,周边邻避设施的存在不仅会降低人们的购房欲望,也会导致房地产价值的下降。出于对自己利益的保护,这两类企业都有充分的理由来反对邻避设施的建设。其风险再生产机制如图5-3所示。

与居民反对邻避设施所采取的措施一样,企业同样会通过体制内和体制外两种渠道来表达自身的利益诉求。而体制内的渠道往往也因为政府更倾向于拟引入的邻避设施营建企业而宣告失败,因此

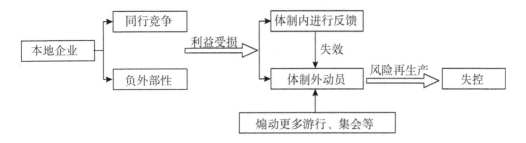

图 5-3　其他企业与环境邻避风险的再生产示意

企业只能选择体制外的渠道进行尝试,通常企业会通过街头动员的方式来抵制邻避设施的建设,出于企业自身经营的考量,他们往往会掩盖身份,成为反对邻避设施建设的隐蔽主体,然后利用这种身份制造抗议行动(Zald,1979)。他们通常以宣传的方式渲染邻避项目建设可能造成的环境风险,利用丰富的财富资源雇用部分人员进行煽动和反对项目的宣传工作,迅速组织起邻避设施建设的抗议群体,以此动员公众进行上街游行和集会等大规模的抗议活动。此外,对于某些不愿意配合的公众,还会采用恐吓、威胁等手段来改变公众的态度,进而制造更大的风险。但企业这种行为造成的后果也不是其所能控制的,公众抵制情绪的快速增长会造成局面的失控,进而发展成更为严重的社会稳定风险。

五、专家理性与风险的再生产

专家理性也称为技术理性或科学理性。政府对邻避设施风险的评估往往基于专家的技术评估,因此在邻避项目选址前期,需要专家对设施的技术安全和可能造成的环境影响进行评估,专家依据统计数据,以技术模拟的方式来科学计算事故发生的概率,而不是依据现实中事故发生的实际数量,因而对于风险产生概率的计算是一种比较理想化的状态。政府在邻避设施建设阶段一般会邀请专家向公众进行风险解释,如果公众对专家的信任度较高,就会降低居民的风险感知,反之则会增加公众对设施安全的疑虑,从而导致风险的扩大和再生产。因此,专家的信任度对邻避风险的再生产有着重要的影响,而专家的信任度主要受以下几个方面的影响。

第一,专家的技术预测往往与实际存在概率性偏差,并会受到各种不确定因素的影响,例如在进行风险预测和分析的时候,没有从技术层面考虑邻避设施安全防护中的人为操作失误造成的风险外溢,而一旦设施在后期的运行中发生重大事故,人们往往会质疑专家的专业度和权威性,导致专家群体信任度的下降。

第二,"专家决斗"现象在环境健康的冲突中颇为常见,所谓的"专家决斗"现象即为不同的专家之间对设施风险的争议和分歧,而这种争议和分歧在一定程度上混淆了公众对风险的认知,导致人们对专家的信任度降低。邻避风险中的专家与公众的认知差异源于科学知识社会学的"科技争议"(贾鹤鹏和闫隽,2015)。在内尔金看来,新兴技术风险以及公众对科学家和公共机构信任度下降导致了公共领域的大量科学争议,科学家之间的观点分歧又会导致公众无所适从(Nelkin,1995)。

第三,专家往往由于相关管理等制度的因素,会与政府保持较为密切的联系,抑或是与资本或建设单位有紧密的联系,让公众误认为专家与这些企业之间存在合谋和灰色利益的不正当关系,致使其权威性受到质疑。

六、网络意见领袖与风险的再生产

意见领袖具有两级传播效应,会对舆情风险产生放大作用。意见领袖是风险社会建构的主要角色之一,在全媒体时代,网络意见领袖迅速崛起,他们不再局限于充当信息的传递者,而是凭借网络平台迅速堆积起来的人气,逐渐成长为观点的制造者和舆论的引导者。

任何事物的作用都具有两面性,意见领袖借助发达的大众传媒平台,在政府、公众、营建企业之间发挥其独到的作用来稳固三者之间的关系。首先,意见领袖往往是热点事件的见证者、思考者,在邻避风险发酵之前,政府往往会采取信息封锁等方式降低公众的参与度,意见领袖通过发出质疑的声音,对政府的行为进行监督,从而有利于保障公众的合法权益。此外,在邻避风险转化为冲突时,当地受影响的公众往往处于弱势的一方,意见领袖可以整合网络舆论,引导网络的动员,使受影响的公众意见能够得到政府的关注,从而促进政府和公众的沟通与交流,这在一定程度上能够化解邻避风险。

　　但是在个人利益、知识等内在因素的影响下,意见领袖的行为有时不仅不能消弭邻避风险,而且更容易造成风险的再生产。意见领袖普遍拥有数量庞大的粉丝,能够在极短的时间内实现信息的大范围扩散。因此,一旦意见领袖没有基于事实说话,而是故意制造谣言吸引公众的关注,利用微博、微信、论坛等网络社区煽风点火、混淆视听,导致邻避冲突舆论发酵,就极易误导公众形成错误的风险认知和信息判断。在人人拥有麦克风的时代,如果意见领袖的发言缺乏相应的监督,就极易成为谣言背后的潜在生产者,恶意放大邻避设施的客观风险,将原本局限于原生风险的风险斗争上升到社会公平和社会正义等层面,造成邻避风险在公众意识层面的再生产。

第三节　环境邻避风险的多条件复合共生

　　在环境邻避风险再生产的过程中,外在条件的影响也是重要的因素,本节将从风险预防、风险补偿能力、社会媒体作用、社会资本影响四个角度展开,分析在多条件作用下环境邻避风险的再生产机制。

一、风险预案效能不足导致的风险再生产

　　预案即预先制定的行动方案,是指根据国家和地方相应的法律

法规以及各项规则,整合本机构、本单位的成功经验、实践积累以及具有本地域特色的政治、民族、民俗等实际情况,针对各种可能发生的事件,事先制订的一套能迅速、有力、有序解决突发状况的行动方案或计划(钟开斌和张佳,2006)。环境邻避风险的产生与我国应急预案的建设情况密不可分,风险预案是处置社会突发事件的重要途径,而突发事件正是介于邻避风险和社会危机转化之间的中间环节,因此风险预案既是预防邻避风险产生与转化的重要手段,也是迅速控制事态、解决社会危机的重要举措。

从当前我国风险预案的建设情况来看,虽然已经形成了"纵向到底,横向到边"全覆盖式的布局(童星和张海波,2010),但是依然存在着诸如风险辨识不足、预案编制时效性不足、预案体系混乱等问题,这些因素在一定程度上造成了风险预案实际效能的降低,从而无法发挥其及时疏散风险的作用,导致风险的弥漫和再生产造成更广泛的社会危害。

(一)邻避风险辨识不足造成的风险再生产

回顾风险预案的历史可以发现,有效识别风险源是风险预案发挥作用的前置条件。换而言之,如果风险预案无法识别风险源或者错误地识别了风险源,就会导致风险预案无法操作和发挥作用,有时甚至会发生相反的作用,致使原本用于进行风险预防的手段成为新的风险的创造者。从风险的属性来看,邻避风险可以分为实在风险和建构风险两大类:实在风险通常因为其可操作和可量化,所以对其进行识别较为容易;但是对于建构风险而言,因为其通常与复杂的社会因素相结合,所以很难对其进行辨识。

当前,我国正处于经济与社会转型期,历史的因素和现实的因素、人为因素和法律制度因素等交织在一起。群众的利益诉求过高,现有的政策、规章和法律滞后于现实发展,以及历史遗留问题等相互交织,形成新的社会建构风险(蒋俊杰,2014)。新的社会建构风险在历史的环境中酝酿和产生,伴随着人们生活水平的提高,相应地会寻求更高的环境质量,同时,公民意识的普遍觉醒使人们开始关注自身的权益问题,邻避风险也表现为对人们实质利益的损害和公民合法权益的侵害,由此引发人们的强烈不满,这也是环境邻避风险和邻避冲突产生的经济与社会根源。因此风险预案的编制往往会滞后于社会风险的产生,没有及时识别和界定这些新的社会建构风险,以至于在社会建构风险形成的时候,无法采取行之有效的方法进行应对,而只是在新的风险爆发之后,采取亡羊补牢的方式进行补救,这也使风险预案丧失了其对风险进行预防的本质作用。

(二)风险预案结构不合理造成的风险再生产

我国在较短的时间里已经建立起了规模庞大的应急预案体系,但同时也造成了应急预案超前于应急法制、应急体制和应急机制的建设的问题,这是应急预案产生反作用的主要原因(张海波,2013)。风险预案的结构不合理主要表现在两个方面:一方面是"立法滞后、预案先行"的风险预案编制结构的不合理,风险预案编制超前于立法,缺乏法律的支撑使行政权力得不到有效的限制,进而导致上级部门与下级部门风险预案编制的相似度极高,有的下级部门甚至是照抄上级部门的风险预案,在这种"条条"结构的影响下,必然会导致地方风险预案的针对性不足,无法形成符合地方需求的风险预案。另一方面是风险预案管理结构的不合理,风险预案的编制结构一般遵循"总体预案—专项预案—部门预案"的递进关系,但是各个层级的预案分层较为严重,缺乏相应的衔接和沟通,导致各部门在风险产生之后,都按照各自的预案对风险进行处理,缺乏有效的协同机制,不仅会造成公共资源的浪费,也会产生风险治理的盲区,这就容易造成风险识别的遗漏,为环境邻避风险的再生产提供契机。

二、趋于补偿能力不足的环境邻避风险再生产

邻避补偿是化解邻避风险的重要手段之一,众多学者也都将其作为化解邻避效应的有效路径而提出。但是结合我国现有的邻避风险利益补偿机制来看,结构失调和能力不足的利益补偿方式不但不能有效化解邻避风险,反而会导致邻避风险的再生产,致使公众和政府之间的关系进一步紧张。为了更好地阐述补偿能力不足对邻避风险再生产的作用机理,接下来将从以下三个部分来展开分析。

(一)不合理的货币补偿导致的风险再生产

从邻避设施利益补偿的现实情况来看,政府更多地将其作为风险发生之后的应急补偿方式,而没有做好补偿方案的设计用来预防邻避风险的再生产。因货币补偿不足而引发的"成本—收益"的不对等使公众产生一种"被贿赂"的感觉,通常可以解释为货币补偿会让设施周边居民出现一种被收买的感觉,进而产生被冒犯的不适感,特别是当金额不足以抵消这种不适感时(Claro,2003),就会引发公众对货币补偿的不满,这也是导致该阶段邻避风险再生产的关键因素。结合我国现行的利益补偿情况来看,货币补偿不合理主要体现在以下三个方面。

第一,地方政府和相关管理主体的利益补偿意识欠缺,决策者在项目规划布局之初很少对利益补偿金额的多少进行系统的考量。此外,考虑到包含项目负效应成本在内的全成本投资概算计算的难度较高,因此很难将项目建设和运营阶段的污染防治成本、社会稳定成本以及其他难以定量的成本计算在内(汤汇浩,2011)。投资概算很少考虑邻避风险的影响,这也造成相关管理主体对公众补偿的考量不足,导致政府提出的利益补偿金额往往不能达到公众的预期。

第二,利益补偿群体范围界定模糊。"谁受益谁补偿,谁被影响

谁受偿"一直是利益补偿的实施原则,但是在邻避风险的补偿中,很难界定受影响群体的范围,从现行的利益补偿制度来看,利益补偿的对象只限于邻避风险的直接影响者,而间接影响者却很难得到相应的补偿,间接受到影响的公众的不公平心理就此滋生,如果政府不及时解决这部分公众的利益需求,那么其将会推动邻避风险的集聚和转化,甚至演化为社会稳定风险和社会冲突事件。

第三,缺乏对补偿内容设置的合理、统一的标准。一般而言,对于因邻避风险而造成的实质性损失,能够比较容易地对损失进行量化,所以在这一方面的补偿标准也相对比较完善。但是对于邻避风险造成的非实质性损失,例如噪声影响、居民心理不悦等,按照现有的法律和规范很难对其进行界定,这些潜在损失因为很难被测算所以经常被政府忽视,这也引发了受影响群体的不满。

(二)合理的货币补偿引发的风险再生产

前文已经阐述了补偿金额的不足会引发居民的不满情绪,从而导致邻避风险的再生产。那么,是否只要补偿金额足够高,就能降低居民对邻避风险的预期并使人们的期望得到满足?实际情况远比设想的复杂,货币补偿不总是有效的,根据贿赂效应的解释,只要补偿金额足够高,人们就无法拒绝设施的建设,但是这种考量往往只基于经济学的视角,却没有充分考虑人的行为规范的影响。在此我们可以用不当交易效应进行解释,所谓的不当交易效应可以解释为人们有时候并非因为补偿金额太低而拒绝邻避设施的建设,而是因为他们认为自身的健康以及居住舒适度是无法用金钱来衡量的。

因此,即使是在政府提出合理的金额补偿的前提下,居民也会因不同的价值考量而拒绝接受邻避风险,甚至会在此基础上产生一种"补偿越多,风险可能越大"的错误的风险感知心理。此外,国内在利用货币补偿时,往往采用一种一刀切的货币补偿方式,这种方式可以理解为政府买断了对环境的影响权,而居民的最终诉求是环保,这就造成了双方目标的不一致。因此,通过这种方式对居民进行补偿虽然可能在项目建设初期能得到居民的认同,但是之后居民仍会因为环境破坏而表达自己的诉求,从而导致环境邻避风险的再次出现。

(三)非货币性补偿能力不足导致的风险再生产

从邻避风险补偿方式来看,主要可以分为货币性补偿和非货币性补偿,而非货币性补偿又有心理补偿、生态补偿、基础设施改善等多种表现形式。虽然很多学者都倡导以有益公共设施的建设来抵消有害公共品带来的损害,但是这种补偿方式的基础成本较大,会在一定程度上增加项目建设和运行支出,因此很少会有建设方愿意采取这种补偿方式。并且从利益补偿的性质来看,无论是货币化补偿方式还是非货币化补偿方式,都只能抵消邻避设施负外部性造成的社区环境品质下降或财产损失,并不能在客观层面上消灭设施附近公众承担邻避设施负外部性的成本而其他不相邻地区享受设施效益的心理落差。这种因心理落差而引发的不公平感才是导致邻避风险再生产的深层次诱因。

三、社会资本缺失导致的邻避风险再生产

社会资本是由法国社会学家皮埃尔·布迪厄最先提出的,之后科尔曼和帕特南两位学者在他的基础上构建起了社会资本理论的基本框架,而帕特南(2001)将社会资本的概念进一步扩大到更大范围的民主政治研究中,他将社会资本定义为:社会组织具有的信任、规范和网络特征通过加强相互之间的合作来提高社会效率。福山等社会学家深入研究论证了社会资本只有在个人参与社会集体活动、依托社会关系获得利益和支持时才能发生效用,同时提出社会资本是实现社区和政府互动的重要纽带。

基于社会资本框架的分析(见图 5-4),社会资本主要包括公共信任、社会规范(制度)和社会网络三个部分,这三者之间是紧密联系的。首先,公共信任是社会资本的核心组成部分,它促进了社会规范的形成和横向社会网络的建立。其次,社会规范的合理运行又能为信任的建立营造良好的环境,促进社会网络的建立。最后,社会网络的建立又为公共信任和社会规范的形成提供了途径。有学者认为,社会资本的增加有利于化解社会矛盾和社会冲突,反之则会激化社会矛盾和社会冲突(张广文等,2017)。因此,我们可以借助社会资本理论从公共信任、社会规范和社会网络三个维度来分析环境邻避风险的再生产。

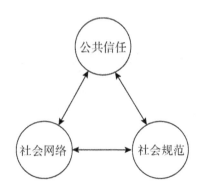

图 5-4　环境邻避风险再生产的社会资本

(一)公共信任不足导致的风险再生产

史里斯·博克认为,信任就像空气和水源一样,一旦受损,就会导致整个社会土崩瓦解(万幼清,2014)。从环境邻避风险再生产的角度来看,公共信任的作用不容忽视,公共信任在邻避风险再生产中主要以公众为核心,表现为对政府、设施建设方等主体的信任。公共信任程度影响人们对邻避风险的感知程度,而公众公共信任程度的下降主要是因为有限的公共参与。公众在邻避设施的建设过程中,作为主要的利益主体被排除在外,无法获悉设施的技术情况,因此设施的营建合法性受到质疑,政府在邻避设施规划和建设过程中有意隐瞒与设施风险相关的信息,使公众产生"宁可信其有,不可信其无"的怀疑心理,导致公众自身感知到的主观风险增加,在后续得不到合理解决的基础上,甚至采用暴力的手段,催动邻避风险从感知风险转化为更严重的社会稳定风险。

(二)社会网络结构失衡引发的风险再生产

根据普特南的定义,我们可以将社会资本分为紧密型(黏合型)社会资本和连接型社会资本,将社会网络分为紧密型社会网络和连接型社会网络,因此我们可以根据这两类网络的关系来分析邻避风险的再生产。

紧密型社会网络也可以称为排他性社会网络,一般指基于地缘、血缘和宗族家庭形成的较为封闭的社会结构网络。帕特南认为,紧密型社会网络会让组织内部成员形成一种对组织的强烈忠诚感,这种忠诚感会外化为对非本组织成员的敌意,这也是这种社会网络比较明显的负面作用。在中国传统的以家庭、宗族为基本单元的条件下,表现为熟人间的信任程度较高,因而当"熟人领袖"认为设施存在的风险较大时,项目将无法施建,进一步来说,如果公众的风险程度没有衰退,这就可能引发邻避冲突。从当前发生的邻避事件来看,紧密型社会网络过于强势,其一开始都是由设施所在地附近的村民或者居民联合起来发动的抗议行为,这种以村或者社区为单位的地缘性社会网络在其利益和诉求没有得到满足的情况下,能够迅速动员社会的其他群体,加速推动风险的再生产,使原本位于区域层面的危机冲突迅速扩大到更广的社会层面。

连接型社会网络也可以称为兼容性社会网络,是一种较为宽泛和能够更好地连接外部团体的社会网络形式。在邻避风险生产的过程中,这种连接型社会网络作用的缺失从侧面强化了连接型社会资本的作用。正是因为广泛的社会参与网络构建不足,无法使邻避风险得到及时疏散,导致邻避风险在社会网络中不断积聚,风险量变引发质变,进而带来了更大的社会风险。

(三)社会规范资本的亏空导致的风险再生产

规范资本的亏空主要表现为相关法律法规的不完善,致使邻避风险在萌芽阶段和发展阶段没有得到及时的消除,因邻避风险引发的社会冲突没有在制度范围内得到有效解决。"专断—压制"型管控模式影响了环境法律的社会功能,群众的合法权利不能得到有效保障,出现了诸多合法性危机(杜健勋,2014)。当邻避风险出现时,公众基于切身利益想要为事情的经过和处置讨个说法,由于现有的相关法律制度建设不足,无法有效保障公众的基本权益,对政府和相关企业缺乏约束力。尽管大多数地方以规定、办法、要求等形式发布环境邻避风险的评估与防控的指导意见,但这类文件必要的约束力和法律效力不足。同时,一旦此类突发状况发生,对于应当如何迅速、有效和有序应对仍然缺乏明确的规定,并且法律制度本身存在着许多漏洞。当邻避项目周边公众寻求法律援助来保护自身的合法权益时,无法得到现有法规体系的有效保障,并且在体制内的渠道表达自身利益诉求受阻时,就有可能采取极端集体行动,造成邻避风险程度螺旋式上升,从而导致社会稳定风险产生和增大。

四、媒体属性失调导致的邻避风险再生产

社交媒体是邻避信息的主要传递者,随着媒体形式的多样化发展,虽然给受众带来了丰富的信息支撑,在一定程度上打破了公众的信息壁垒,传递了邻避事件的相关信息,但是社会媒体也容易引导舆论走向,影响公众独立判断的能力,从而出现决策偏差,诱发公众的冲动和过激行为。而不同类型的媒体在信息传递中所表现出来的行

为也各有差异。根据媒体的性质,可以将社会媒体分为传统媒体和网络新媒体,以下分别分析两者与环境邻避风险再生产的关系。

（一）传统媒体与风险再生产的关系

传统媒体一般是指电视、广播、报纸和杂志,这些传统媒体在邻避风险再生产过程中扮演了相当重要的角色。传统媒体对邻避风险再生产的作用可以分为以下两个方面。

第一,在相关邻避信息的扩散中,媒体在传递邻避信息和经验方面发挥着重要的作用（Kasperson,2012）。从短期来看,小规模居民反对邻避设施的信息通过传统媒体的不断报道,提升了事件的影响力,导致邻避事件被更多的公众知悉,新闻媒体的反复报道引发了人们的热议,吸引更多的居民参与到邻避事件中来,无意中造成了邻避风险的再生产。从长期来看,传统媒体的反复报道加深了邻避风险信息在公众脑海中的印象,以至于被报道的邻避运动能为之后其他地区采取相似行动的行动者们提供第一手的学习资料,并可能引发其他行动者的模仿,这也就造成了邻避风险在更长的时间维度上的再生。

第二,在邻避事件爆发前期,传统媒体基于维护社会稳定的需要,往往会对信息进行过滤,只从政府的立场出发对事件进行简单的宣传和告知,导致邻避信息的全面性和客观性不足。这种对信息进行选择性报道的行为造成居民对传统媒体的信任度下降,以至于对后续发布的信息持怀疑态度,甚至是无视信息,这也造成了公众转而选择新媒体作为邻避信息获取的渠道。

（二）新媒体与风险再生产的关系

新媒体作为发展势头迅猛的传播者,在邻避冲突中发挥着不可忽视的作用。在已经发生的大多数邻避事件中可以深切体会到新媒体强大的沟通优势,新媒体使邻避事件在短时间内形成舆论热点,传播给事发地的普通公众,进一步引发公众的恐慌和不安,甚至是愤怒的情绪,放大公众的风险感知,为公众更广泛地参与群体抗争提供了条件(辛方坤,2018)。邻避信息能在短时间内被更多的群体知悉,并加强了个体与抗争群体之间的互动,从而扩大邻避抗争群体,为邻避风险的再生产构建重要的桥梁。

此外,互联网时代自媒体高度发达(微博、论坛、公众号等),使得每一个人都能成为发声者。自媒体平台使得失真信息得到大范围传播,逐渐成为邻避风险酝酿、发酵、放大的重要推手。自媒体对邻避风险再生产的作用主要体现在对风险的错误放大,自媒体的营利属性决定了其引流的需求,因此大部分新媒体会采取更具有吸引力的标题,有时甚至会篡改信息本身的真实性,只求引起公众更广泛的关注。这种对邻避信息的错误放大行为强化了居民对邻避设施的抵触情绪,导致不安、恐惧、愤怒情绪在公众之间蔓延,这也助推了邻避风险的再生产。

第四节　环境邻避风险的多因素交互创生

在环境邻避风险再生产的过程中,公众的心理因素和社会环境因素都会对风险的变化施加重要的影响,本节将围绕社会心理理论,从个体心理因素和群体心理因素分析社会心态对风险再生产的作用,然后结合当前我国总体社会环境,从公民环境因素、经济因素、法律因素和文化因素四个方面分析其对环境邻避风险再生产的作用。

一、社会心理因素

邻避风险通常表现为先在个人层面酝酿,然后在群体层面发酵,最终爆发于社会层面并造成较严重的社会影响。从心理学的角度来看,邻避风险首先产生于个体的风险感知,这些个体在某些共同利益的驱使下(例如共同的经济损失、不利的环境效应等),会产生一种集体认同感,然后逐渐形成反抗者联盟。为了能够引起更多的政府和社会关注,这些群体会通过各种方式壮大自己的群体规模,进而吸纳更多的公众参与到反抗行动中来,反抗群体的不断壮大必然会导致邻避风险程度的不断提升,甚至引发暴力性群体事件,形成较为严重的社会稳定风险。因此,反抗者群体的壮大容易造成邻避冲突失控,以及风险的蔓延和再生产。分析个体心理和群体心理对公众行为的影响将有助于我们阻断反抗者群体的壮大路径,进而避免邻避风险的再生产。接下来将从个体心理因素和群体心理因素详细论述社会心理对邻避风险再生产的作用机理。

(一)个体心理因素

1. 相对剥夺感

相对剥夺感是由斯托福提出的、关于个体或群体的心理学行为理论。相对剥夺感作为个体心理因素已经成为当前各国频发的群体性事件和邻避行为产生的核心动力机制之一(Thomas,2015)。其可以解释为个体或群体通过与参照群体的对比,发现自身处于不利地位,进而产生愤怒或者不满的负面情绪的一种主观认知和情绪体验(熊猛和叶一舵,2016)。相对剥夺感对人们的邻避行为有着重要的影响,根据张书维等(2010)的研究,有相对剥夺感的个体比相对满意的个体更有可能参与集群行为。邻避设施的建设让设施周边的居民与共享设施福祉的社会大众相比,多了一种利益受损的感觉,即"享受设施好处的是大家,凭什么只让我来承担风险",这种相对剥夺感会引发公众的愤怒或不满心理,并使设施周边的居民产生一种基于弱势群体的集体认同感。在这种集体认同感影响下因出现相对剥夺感而心怀不满的人群拥有巨大的动员力量,能够在短时间内形成地方性的社会风险团,并构成对当地社会秩序和行政机构产生强烈冲击和影响的高风险群体性事件。这部分公众的不满情绪无法得到及时有效的宣泄是造成邻避风险剧变的重要原因,如果能消除这部分人群的积怨,弱化群体间的认同感,那么就能减弱甚至避免邻避风险的再生产。

2. 场所依恋

场所依恋这一概念是由丹尼尔·威廉姆斯最早提出的,指的是人与场所之间基于心理情感、认知和行动建立的一种联系,其中感情因素的影响最大(Williams,2003)。帕特里克·迪瓦恩-赖特将其引入对邻避行动的产生的研究之中,公众反对邻避设施建设的行为可以理解为一种场所保护的行为(Devine-Wright,2015)。当地拟建新的邻避设施破坏了公众对原来地区的情感依恋,并威胁到与原来地区的身份认同时,这种行为就会出现。场所依恋是一种积极的心理情感,与对地点的熟悉程度和和谐的邻里关系有关联,当邻避设施的建设威胁到这种关系时,就会导致邻避风险的生成,这种独特的场所依恋情绪在其他社会因素的共同作用下,最终也会演变为个人或群体层面的抵制行动。

(二)群体心理因素

1. 群体压力

群体压力是指社会群体依据一定的组织规范和标准对成员施加的约束力与影响力(余国良,2006)。与之相似的是沉默螺旋理论(Noelle-Neumann,1984),该理论认为,每个人在社会生活中都有害怕被孤立的恐惧感,在面对社会事件时,都会选择站在多数人的角度,赞同多数人所表达的意见。群体压力更多的是群体直接施加于个人的一种心理影响,个人更多的是被动地接受这种压力,即表现为当自己的行为与群体行为不一致时,会受到群体的排挤,甚至是敌对。这种压力通常由群体之中存在的非正式的或者是约定俗成的行为标准施加,当个体行为偏离或者违背群体的意志时,即使不会受到群体实质性的惩罚,但是个体也会认为这种惩罚会以一种无形的压力的形式存在。在这种压力的驱动下,个体会产生一种趋同心理,只有和群体保持一致的行为才能消除群体压力造成的不安全感。

在邻避事件的发展过程中,附近的居民往往会受到来自熟人群体的压力,产生所谓的熟人效应,一旦拒绝熟人的邀约,就会担心自己的不合群行为会被邻居、同事鄙视或者孤立,这也造成了部分参与者在不情愿的情况下被裹挟参与反对邻避设施建设的活动(邱鸿峰和熊慧,2015)。同样地,在四川什邡事件中,政府组织公众代表前往河南、山东和云南等地参观钼铜项目的运营情况,虽然大部分代表都消除了对钼铜项目可能造成环境污染的担忧,但是他们又表达了另一种担忧,认为回去后在向其他公众表达他们的观点时,其他公众会认为他们被政府收买了(李宇环和梁晓琼,2018)。

从群体压力对邻避风险再生产的影响来看,其影响主要表现在邻避风险已经发展成突发事件并引发社会稳定风险的阶段,在该阶段,反抗群体已经形成,反抗行为在社会上初现,在群体压力的作用下,反抗群体进一步扩大,致使更多的人参与到反对行为中来,虽然群体压力带来的群体扩大可能违背这些人员的主观意愿,但也确实提升了事件的影响力,促进了邻避风险的扩大。

2. 从众效应

从众效应在一定程度上和群体压力有点类似,但在影响方式上有较大区别,群体压力是群体施加给个体的压力,个体只能被迫地接受群体的意志,而从众效应更多的是出于个体的主动行为,基于降低思考成本的考量,采取搭便车的行为,在不经思考的前提下简单地认为多数人的选择一定有其合理性,进而采取盲目的跟风行为。从众效应能让人们感觉自己的行为是经济的(多数人的选择是不会错的)、安全的(法不责众的)、有力量的(人多势众的)(杨宜音,2012)。

从邻避风险发展的角度来看,邻避冲突行为的扩大在一定程度上受到了从众效应的影响。当反抗群体采取行动维护自身的利益时,倘若附近的居民察觉到了这一行动,那么他们往往会产生"大家都在闹,那就跟着闹一闹好了"的心理,或者是当邻避风险已经引发邻避冲突事件时,部分参与群众虽然只是看到别人在游行示威,但在匿名心理和法不责众心理的影响下,抱着反正没人知道是我,也不会对我进行惩罚的心态加入反抗行动中,导致群体性事件危害升级,造成更广泛的社会经济损失,进一步提升了邻避风险程度。

3.群体极化

群体极化研究的是群体决策对群体成员的影响,是指在群体决策时,群体意向容易偏离客观,更容易走向偏激或者过于保守。不过在概念理解上存在偏差,国内有学者对此进行了细致的辨析(蒋忠波,2019)。最早在1961年美国学者詹尼斯·斯托纳提出冒险性转移的概念(Stoner,1961),之后莫斯科维奇提出极化效果的概念(Moscovici et al.,1969;Moscovici,1992),最终由科林·弗雷瑟完整提出群体极化的概念(Colin et al.,1971)。在此基础上,美国学者桑斯坦(2010)提出了更具体的群体极化概念,他认为群体极化是在群体成员对意见本身已具备偏向的基础上,经过群体商议后,人们朝着更偏执的方向前进,最后演化为极端的观点。正如法国社会学家勒庞在《乌合之众》一书中所说的:"作为行动群体中的一员,他们在集体中的心理表现与只有一个人时的心理表现有着本质的差别,而且这种群体与个体心理的差异对他们的智力也会有影响。"可以知道的是,个体的智力在集体行为中不起作用,无意识的集体情绪完全战胜了个人的理智。

当前,群体极化对邻避风险的作用主要通过两种途径来实现:一是通过反抗群体中的部分人员的诱导。这部分人往往出于自己利益的需求,特意放大邻避风险的影响,通过散布如设施会导致居民癌症率上升等谣言,引导人们形成强烈的抵制情绪,进而引发游行、静坐、围堵政府等影响社会稳定的行为。二是在新媒体高度发达的今天,邻避风险扩散和再生产的渠道进一步拓展。在部分媒体推波助澜的作用下,极小的事件都能在网络上掀起轩然大波。利用人们的共情心理,引发公众的愤怒情绪,使人们丧失理性,即使是在政府出面解释的前提下,这种愤怒的情绪也很少能被事实化解。网络舆论的持续发酵使人们的思想走向极端,进而更加不相信政府和设施建设方。与前一种扩散途径相比,这一途径在时间和空间上更具有风险性,不仅能激发设施建设地居民的不满情绪,而且能使距离设施更远,甚至是相隔两地的居民感到不满,从而使邻避风险在影响范围更广的时空层面进行传播。

二、社会环境因素

(一)公民环境因素

1.公民维权意识

公民意识就是以法律规定的基本权利和义务为依据,参与国家的经济、政治、文化和社会活动的一种心理认同和理性自觉。在公民意识尚未觉醒的时代,无论邻避设施带来的风险后果有多严重,也不会引发公众的抗议,导致发生反对邻避设施的邻避冲突事件。工业革命时期具有邻避风险的设施数不胜数,但是邻避冲突问题并没有在这个阶段爆发,而是在美国黑人民权运动、公民权利意识觉醒的时期集中出现,这就说明了邻避冲突的形成与公民权利意识的觉醒有着深刻的关联(陈宝胜,2013)。在新中国成立初期的国家意识和集体意识的影响下,我国公民在这一时期具有强烈的对计划体制的依赖性和被动性,缺乏个体的自主性和主动性,导致公众很少关注个人的合法利益。随着经济社会的发展,在社会主义市场经济体制下,公民意识得以萌发和成长,公众个人利益增多,保护自己合法权益的呼声越来越高,反对邻避设施的邻避风险逐渐显现,并愈演愈烈,在形式上不断转化,造成广泛的社会影响。公民意识的觉醒使其在利益受损时能够依法为自己的权利而斗争,但是当前我国公民意识的觉醒局限于自我意识的觉醒,而缺乏对他人权利的尊重意识,属于单一议题(王奎明和钟杨,2014)。当邻避风险产生时,若周边的居民感觉自己的合法权益受到侵害,则会采取过激行为,有时甚至是不合法的方式来维护自己的权益,却没有意识到自己的行为可能造成新的风险产生并侵害了其他群体的合法权益。

2.环保意识

环境邻避风险源于人们对生活和居住环境的关注,邻避设施对周边环境的侵蚀和影响引发公众对邻避设施的风险担忧。正如McKay(2000)所说的,公众环保意识上升、恐惧、道德和伦理问题等是造成邻避风险多样化和广泛化的原因。经济社会的高速发展需要大量新的邻避设施的建设,给周边公众带来的威胁也越来越严重(McKay,2000)。在公众环保意识空前觉醒、邻避风险事件频发和知识获取极度方便的情况下,公众反对邻避设施建设在自家附近的抗争愈演愈烈。国内外环境保护运动的兴起对公众环境保护意识和环境保护运动的发展具有重要的示范和推动作用。虽然环保意识的兴起在一定程度上是公众维护自身合法权益的体现,但是从国内发生的邻避冲突事件来看,不乏部分群众打着环境保护的旗号,实际上是为了一己之利,刻意宣扬邻避设施带来的环境危害以期引发社会的关注,进而造成邻避风险的扩散。

(二)经济因素(当地经济发展水平)

经济状况是衡量一个地区发展水平最直接的指标,同样地,不同经济发展水平地区的邻避风险水平也存在较大差异。一般而言,邻避设施的规划选址都会选择经济水平较差的偏远地区或者是城乡接合部,这类地区的公众由于自身经济基础较差,对于政府提出的补偿方案的接受度较高,以环境损害换取经济收益的意愿较高,同样地,这些地区的公众对于邻避设施带来的风险的容忍度也较经济发达地区高。与经济不发达地区相比,经济发达地区的公众对利益补偿不是特别敏感,相反,他们更加注重居住环境的质量以及对场所的依恋,因此会将邻避风险从实体风险上升到社会建构的层面,构成主观的感知风险。

(三)法律因素

公民意识的觉醒使公众意识到了法律赋予自己的各种合法权益,当自身的合法权益受到侵害时可以利用法律进行维权。我国邻避冲突事件的大规模出现表明公众权益需求和与法律供给侧之间存在巨大的落差,邻避相关法律在邻避运动治理中发挥的作用有限,既不能保障公民的合法权益与诉求,又不能有效化解邻避风险,压制依法治理邻避反而造成了邻避风险的再生产(张文龙,2017)。从立法层面来看,我国关于调整和规范邻避冲突的法律非常少,与邻避设施选址相关的法律数量不足、层级过低,并且选址程序缺乏法律约束(邓可祝,2014)。选址法律的空白导致了公众在面对邻避风险时,无法依据法律来提出自己的诉求,只能诉诸"街头政治",这就容易导致邻避风险失控,甚至引发剧烈的邻避抗争运动。此外,政府在选址行为中缺乏相应法律的制约容易导致政府行政裁量权的失控,从而造成权力的滥用和对公民合法权益的侵害,以及风险在法律层面的产生。在司法层面,由于立法的空白,公众很难通过司法的方式获得救济,司法治理的不足容易造成邻避风险的泛政治化并引发社会骚乱。

(四)文化因素

在社会文化的背景下,人们对邻避设施存在的固有偏见会放大邻避风险的文化想象。以前的社会风险经历以文化固着的方式保存，给那些有害和存在潜在危险的东西打上烙印，可以随时为社会成员的行动提供依据(张乐和童星，2013)。在中国的传统文化中，对与死亡相关的事物有着天生的厌恶和恐惧，因此殡仪馆和墓地等设施会增加公众的心理不适感。此外，还会由文化偏见引发对养老院、精神病院等邻避设施的担忧，因为人们潜意识认为这类设施可能对人身安全造成威胁。这类先入为主的刻板文化印象使人们在评估邻避设施的风险时，会不自觉地增加相当大的想象成分，导致人们对邻避风险的认知超越了设施本身的实际风险值，造成风险在感知层面的弥漫。

第五节　环境邻避风险的多阶段循环再生

环境邻避风险的再生产呈现出阶段性的特征，在不同的阶段，前置风险、参与主体以及社会影响因素的基础差异都会导致各个阶段的风险再生产形式和危害程度的差异化。因此本节先从宏观层面将邻避设施划分为邻避设施规划、邻避设施建设和邻避设施运营三个阶段，然后从微观层面围绕以风险建构、危机处理和结果管理三个阶段为核心的风险"产生—治理"过程透视每个阶段内部的邻避风险再生产机制。

从邻避设施的规划到运营的过程来看，可以构建完整的"风险建构—危机处理—结果管理"的内部循环机制(见图5-5)。风险建构就是指邻避风险在这一阶段的产生过程，通常是指风险的来源；危机处理就是指当风险逐渐演化为社会危机时，政府部门会采取相应的措施来解决风险；结果管理就是从制度的方面来解构邻避风险形成的原因，揭露有瑕疵的管理制度造成的环境邻避风险再生产。

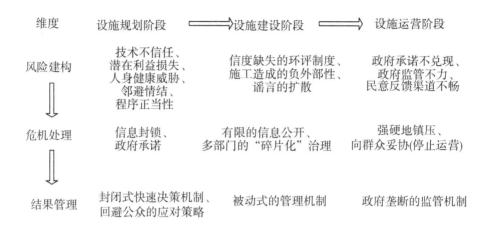

图 5-5　环境邻避风险多阶段循环再生产框架

一、项目规划阶段的风险循环再生产

(一)规划阶段的风险建构

邻避设施规划的启动是邻避风险产生的起点,邻避设施本身存在的负外部性是导致邻避风险产生和演化最基础的动力来源。该阶段的风险建构以设施的实在风险及其引发的再生风险为主。

第一,从技术不信任引发的技术风险来看,虽然各地政府和设施建设方极力鼓吹邻避设施技术的先进性,强调设施不会对周边环境以及公众的健康产生影响,但即便是再先进的技术,也会在运作过程中排放一些有害物质。虽然从政府或者运营者的角度来看,这些污染物的排放已经达到了国家或者相应行业的标准,但是公众依然会对此感到忧虑和担心。此外,技术的不确定性也是造成公众担忧的原因之一,不可抗拒的自然灾害以及人为操作失误都有可能导致设施出现所谓的技术安全失效。

第二,技术风险的存在会引发公众对潜在的经济损失的感知风险。因邻避设施被妖魔化,致使公众对其产生抵制和远离的心理,从而认为邻避设施会导致资本和人口的流失,进而导致周边房地产价值的下降,以及收益下降和成本支出增加等潜在的经济损失。

第三,技术风险同样会引发居民的身体健康感知风险。邻避设施必然存在污染物的排放问题,加上公众对企业经营规范性的不信任,认为企业可能基于自身利益的最大化进行污染物的偷排,污染物的排放会造成地区水源、土壤以及空气的污染,进而导致当地公众的患病率提升,对公众的身体健康造成严重威胁。

第四,居民谈邻避色变的邻避情结也是造成邻避风险再生产的重要原因之一。公众潜意识认为邻避设施的效益由全社会共同享有,而造成的负外部性却由自己来承担,在此基础上衍生出一种不公平的心理。

除技术风险引发的多种实在风险以外,邻避设施规划过程中的程序正当性也是引发公众风险感知的重要因素之一。纵观我国邻避设施的规划,政府和企业从经济利益最大化的角度出发,为了促使项目快速审批、快速建设以及快速运营,对于一些程序会采取规避或者形式化的方式,使之最终流于形式。造成程序不合理的主要原因有以下两个:一是邻避设施天然具有的负外部性与正效益的产出不均衡导致其往往牵扯到复杂的利益主体,政府或建设单位本着"多一事不如少一事"的心态不想面对这类复杂的问题,想要尽可能地简化项目审批建设的相关程序,尽早让项目落地;二是群众将程序作为维护自己合法权益的重要工具,希望借此在和政府的博弈中满足自身的诉求,增强自身在项目规划建设中的发言权和参与权。

(二)规划阶段的危机处理

从现在绝大部分邻避设施规划的情况来看,公众一般都是"意外"或者突然接收到邻避设施规划的信息。而当公众获悉邻避设施的规划情况时,政府已经确定了项目的选址,这主要是因为政府在进行规划时,有意对信息进行封锁,从而避免公众对项目规划的阻挠,然而事实是政府在短期内通过信息封锁的方式确实快速地完成了项目的规划工作,但同时也造成了公众意见的更大的反弹。此外,信息封锁还表现在公众发现邻避设施的规划事实之后,为了降低社会影响,政府通过对媒体的控制有意封杀公众舆论,使风险在这种信息的围困中积聚、壮大。为了快速平复设施附近公众的抵制情绪,政府向公众给予相关承诺,然而这种承诺会在政府官员机会主义的影响下出现不可信的情况(Frant,1996)。这就造成原本基于政治权威的政府信任被打破,并产生了严重的政府信任风险。因此,正式、规范的现代政府制度的设置与实施是为了解决政府承诺的信度缺失问题(Rushefsky,1997)。政府虽然向公众承诺给予丰厚的资金补偿、易地搬迁或者提供相应的公共服务,但这些口头承诺很少以文件的形式列入政府的未来工作计划。政府的这种政治承诺缺乏相关法律制度的保证,在政府换届的情况下易导致之前政府的承诺无法兑现,使得原本的承诺变成新的风险,也会让建立在承诺基础上的妥协崩溃。

(三)规划阶段的结果管理

结果管理是在危机处理的基础上对风险再生产成因的深层次解析和总结。从规划阶段的风险产生和应对策略来看,政府更多的是采用一种围堵的方式将风险控制在一定范围之内,通过采用封闭式的快速决策机制,以期在项目被较少的公众知悉的前提下快速完成规划工作。这种快速决策机制实际上是决策过程中各方地位不平等的一种体现。政府不愿让公众涉足决策过程的核心部分,而当政府迫于舆论压力时又会用形式化的民意调查来代替实在的公众意见咨询,甚至采用"风险教育"的方式实现对公众的单向风险可接受性的操控。这种决策上的地位不平等将公众置于弱势的一方,而公众往往会被利用,甚至是不被重视,这些最终会引发公众的愤怒情绪。

在面对公众的呼声和诉求表达时,政府各个部门对公众的合理诉求采取回避或者应付的态度,耽搁了矛盾处置的最佳时间,造成严重后果(王伯承和田雄,2017)。我国制度化的表达制度建设已经较为完善,两会提案、信访和听证会制度作为具有中国特色的制度化民意表达机制,其实际效能却没有得到充分地发挥。公众通过信访制度进行的正常个人上访在得不到政府回应的情况下逐渐演变为非正常的群体性事件,成了影响社会稳定的重要因素(俞可平,2014)。而被设计的听证会也违背了其作为作出重大决策前广泛收集民意的初衷,现行的听证会往往存在选取所谓的群众代表来制造听证会取得民意认同的错误行为。这种选择所谓的群众代表的方式实质上体现的是一种"底层排斥",将反对项目规划的公众排除在项目决策之外,这样的听证会实际上是对周边公众的利益诉求的忽视甚至扭曲。

二、项目建设阶段的风险循环再生产

(一)建设阶段的风险建构

邻避设施建设阶段在设施规划之后,由于在规划阶段将公众排除在规划决策之外,造成居民对设施缺乏足够的了解。政府在邻避设施规划阶段的不合理的环境影响评价方式也容易造成邻避风险的再生产。当前我国的邻避设施的环境影响评价陷入"高执行率,低信任率"的怪圈,较高的环评执行率却面临公众满意度低迷的困境(刘小峰和吴孝灵,2018)。究其原因,不难发现主要有以下三个方面因素的影响:第一,评价内容与评价目标选择不合理,风险管理目标缺乏动态性,对于新涌现的风险置之不理以及为了评价而评价的现象较为突出,这些都是影响公众质疑环评有效性的重要因素。第二,虽然环评制度明确需要公众的参与,但是采用官方网站进行公示的方式反而让公众产生一种"公示在不熟悉的网站上其实是在有意规避公众参与"的感觉,此外,公示时间过短也是公众产生参与不足感受的原因之一(何羿和赵智杰,2013)。第三,环评制度缺乏合理的监督问责制度,导致出现环评质量不合格和政企合谋等问题。在一些实践中,环评不仅没有起到衡量、把控和预防环境风险的作用,反而成了某些不正当利益往来的渠道。综上所述,不合理的环评制度导致居民对政府的信任度不断下降,最后甚至会严重威胁到对政府的信任。

该阶段的风险不仅有设施规划阶段存在的风险,同时邻避设施在建设工作开展的时候也会制造新的风险。邻避设施在建设阶段具备一般工程项目造成的施工建设风险,项目施工过程中产生的噪声,包括施工机械噪声、运输车辆噪声以及设备安装的噪声,会干扰周边居民的生活,甚至造成公众听力的下降,夜间施工还会影响公众的休息,对公众的心理和生理造成伤害。此外,设施建设过程中产生的扬尘、道路损坏、施工机械运行造成的废气排放、建筑垃圾的随意丢弃以及夜间施工可能造成的光污染等都会对周边居民的生活造成不良影响(李翔玉等,2015)。这些潜在威胁的叠加组合催化了周边居民对邻避设施的抵制情绪,造成风险在程度和范围上的进一步加剧与扩散。

(二)建设阶段的危机处理

该阶段的风险主要是由政府的信息公开不够而引发的,所以政府应当围绕信息公开开展相应的工作,及时通过公告、新闻和官网等渠道将项目相关信息进行公示,但是政府在对这些信息进行公示时,往往会对一些敏感性的信息进行隐瞒和保留,而只将一些无关紧要的信息告知公众。政府这种信息公开的流通方式是单向的,虽然将项目的信息告知给了公众,但是由于风险反馈通道的堵塞,未能知晓公众对项目的疑虑和担忧,缺乏解释和沟通的信息公开方式并不能对公众风险的降低起到较为明显的作用。

在整个邻避设施的建设和管理过程中,涉及了相当多的单位部门,这种碎片化的割裂管理模式形成了条块分割的局面。但是邻避设施建设过程中显现出来的问题往往具有一体性、交叉性和流动性等特征,而由此引发的风险具有综合性、复杂性和随机性等特征。针对设施建设中可能出现的复杂问题往往需要多个部门的协商管理,以设施施工造成的道路破坏和污染问题为例,其不仅涉及路政部门、城管部门,同时也需要交警部门的协同治理,但这些部门之间条块式的管理体制使这些部门之间缺乏相应的沟通与协商,甚至在管理过程中出现了多部门相互推诿或相互冲突的情况,由此造成管理效率低下,以及群众反映的问题迟迟无法得到有效解决等问题,这些问题日积月累,成为引发居民集体抗议的导火索。

(三)建设阶段的结果管理

邻避设施建设阶段的风险再生产主要是由建设中的工程性风险所引发的,进而在政府对信息进行刻意隐瞒和多头管理的碎片化的处置方式下,导致风险不能及时被发现和治理,风险在"产生—发现—治理"过程中的时滞是造成风险在有限的时间内快速放大和发生质变的主要原因。因此,从深层次的制度层面来看,主要是政府被动式的管理模式造成的。政府对邻避设施建设阶段的风险管理缺少主动性,基本都是在风险爆发出来并形成一定的影响之后才忙着对风险进行处置,缺乏一套完整的风险预防、应急应对和后续监管的常规管理机制。邻避冲突的形成一般都是始于较小的邻避风险,例如单纯的施工噪声、空气污染等,然后政府的被动型治理模式加上体制性迟滞,以及多头管理模式下的碎片化治理缺乏对群众意见的及时回应,造成风险进一步累加,同时也造就了"起因小—反应迟—事态升级—局面失控—迅速处置—事态平息"的恶性循环(黄峥,2017)。在设施的建设阶段,当地政府在收集公众意见上动力不足,导致公众的意见和诉求无法及时有效地通过基层政府进行传递。地方政府力求稳定的应对模式,在治理过程中通常会对公众的诉求进行压制,这种掩耳盗铃式的风险治理方式不利于冲突正向功能的发挥。因此,需要加快构建复合多元且高效的主动式风险管理模式,及时对邻避风险进行把控和治理。

三、项目运营阶段的风险循环再生产

(一)运营阶段的风险建构

该阶段由于邻避设施已经建成并投入运营,风险的再生产主要来源于政府对邻避设施运营的后期监管、在规划期间对公众承诺的不兑现,以及设施运营之后产生问题的反馈渠道不畅通三个方面。

政府的监管是邻避设施合法、有序地开展运营工作的重要保障,我国政府当前的监督能力表现为全周期和全方位的监督体系的不完善。全周期监管应贯穿项目策划、可行性研究、设计、施工、运营等阶段,针对项目不同阶段的特点构建不同的监管内容和重点,才能实现有效的项目风险控制(强青军,2011)。全周期的监管主要指在项目规划、建设和运营中要保证监管到位,不能将监管工作作为安抚周边公众情绪的临时手段,而是要充分发挥其防控风险的本质功能。全方位监管能力的不足主要体现为新生风险监管的不足。监管部门不能提供对新生风险的有效监管,以公众最关心的污染物二噁英为例,虽然对其进行检测已经能够在技术上实现,但是监管部门往往因为检测时间长、难度大、费用高等因素而要求邻避设施企业自己委托第三方企业进行检测,因此企业是否能够按照要求进行检测以及检测结果是否真实仍然备受公众质疑。政府监管能力的不足让公众对政府是否能有效监督企业运营产生担忧,从而引发风险的再生产。

承诺不兑现是引发该阶段风险再生产的原因之一。在邻避设施

规划和建设阶段,政府为了能够快速推进项目的落地,以行政承诺的方式获得当地公众对项目建设的许可,不仅包括对居民利益损失予以经济补偿等物质层面的承诺,也包含对设施建设运营信息的公开和保障公民参与等权益保障层面的承诺。但是由于政府的承诺具有行政裁量的特点(张基奎,2005),后期政府在缺乏行政问责约束下会选择逃避。而公众在发现自己被欺骗之后,政府与公众之间的信任危机会进一步加剧,进而演化为严重的社会危机。

民意反馈渠道不畅其实是公众参与不足的部分体现,由于邻避设施在运营之后可能存在污染物外泄、公众视觉感知不悦等建成后引发的新矛盾,公众希望通过有效的渠道向政府有关部门进行反馈,但是政府往往很少设置相应的部门来对邻避设施建成后的问题反馈进行收集,公众后续关于设施的问题没法得到有效解决,从而产生一种"政府只负责建,不负责管"的不负责认知,造成公众风险感知的放大。

(二)运营阶段的危机处理

当邻避设施建成并投入运营后,公众会以强烈反对的行为来表达其对设施的不满,此时政府通常会采取两种行为方式:一是采取强硬的方式对公众的反抗行为进行镇压,但是这种方式极易起到相反的效果,即使事态初步得到了控制,但是后续势必会造成冲突更加暴力,甚至引发公众围堵政府大楼、殴打相关工作人员等极端社会危机。二是选择妥协的处置方式,这也是我国政府采用较多的方式,其结果是政府暂停设施建设,虽然眼前的冲突能得到解决,但是会陷入"建—闹—停"的怪圈,基于此形成的"不闹不解决,小闹小解决,大闹大解决"观点的广泛传播可能会导致冲突在异地此起彼伏,并且政府的公信力会大打折扣。总而言之,环境邻避风险一旦爆发为邻避冲突,地方政府与相关公众就都会成为受害者。

(三)运营阶段的结果管理

运营阶段环境邻避设施的风险再生产主要来源于设施的运营监管,通常是由于对运营方监管不力造成设施的负外部性外溢,对公众的生活产生了不利影响。从制度层面来看,政府垄断了邻避设施运营后的监管权力,单一化的监管格局要求政府具有高质量的监管能力,而事实往往是政府无力监管和不愿监管,甚至还会偏向设施运营方,使本该发挥作用的监管制度流于形式,这就为邻避风险的再生产提供了契机。构建多元参与的监督和服务机制是破解因监管不力造成的风险再生产的根本之道,在整个邻避设施的规划、建设和运营过程中,政府既是当事方又是风险的治理方,这种"一身二任"的结果就是公众对设施运营的监管缺乏信任,尤其是当设施运营产生某些负面影响之后,会加剧公众的不信任,甚至还会激化矛盾,进而升级为邻避冲突。虽然政府在邻避设施规划和建设过程中已经逐步吸纳了社会力量,但是在设施运营的监管中政府仍具有压倒性的优势。由于缺乏广泛的社会群体的参与,邻避设施运营中监管角色的单一化直接影响该阶段的风险再生产,政府过度承担设施运营的监管责任容易带来自身的信任危机,而引入社会成员、公众和第三方机构等对运营企业进行监管能够有效提升公众的信任值,同时也能倒逼运营企业强化自身的社会责任和管理水平。因此需要改变当前政府垄断的运营监管体制,而建立多元的社会主体监管机制是弱化邻避设施运营阶段风险再生产的有效途径。

第六章　环境邻避风险再生产过程的
系统动力学建模

第一节　系统动力学方法的适用性

在利用系统动力学对邻避风险再生产机制进行仿真研究时,系统动力学的适用性主要表现在以下几个方面。

第一,系统动力学建模对数据的依赖性不强,因此可以借助有限的数据处理精度不高的复杂的社会经济问题,而邻避风险再生产系统的复杂性涉及多主体歧义互生、多条件复合共生、多阶段循环再生和多因素交互创生,这些要素之间联系紧密、相互关联,不同主体的风险和不同类型的风险是会相互影响的,并且具有极强的传染性,而且不可分散。非线性关系的要素之间的影响相互作用,加上外部环境的不确定性,政治风险、政策变化等都会增加整个系统的不确定性和复杂性。邻避风险整体结构的复杂性以及外界的不确定性因素等增加了整个系统性风险的复杂度,在多个主体行为不协调且不确定性因素繁多的情况下,只有采取系统性动力学仿真的特殊手段才能理顺邻避风险再生产的阶段性特征和主要影响因素。

第二,系统动力学具备定性和定量相结合的研究优势。一方面,可以利用定性研究的方式剖析邻避风险的再生产机制,然后提取风险再生产过程中的主要影响因素,并对这些相关因素进行提炼和深化。依据因素的因果关系、相互作用关系构建反馈环,实现历史结果对未来的持续影响,保证了系统的动态有效性。另一方面,通过定量的方式将抽象的影响因素具体化,这是别的模型较难实现的。因此在邻避风险再生产机制的研究过程中,不仅需要对邻避风险再生产过程中的关键性邻避因素和机制进行分析,更需要对每一个变量进行赋值,实现定量和定向相结合的研究。

第三,对于邻避风险再生产机制中存在的极其复杂的非线性因果反馈关系,因其系统边界较大,且影响因素众多,所以很难用单一的数学模型进行刻画。而系统动力学可以通过系统关系图刻画不同风险和因素之间的关系,同时因为系统动力学不需要对这些因素进行准确衡量,所以可以将心理因素、社会因素和文化因素等质性因素融入其中,进而对邻避风险再生产的成因和机制进行更透彻与全面的研究。

第二节　环境邻避风险再生产影响因素的
提取与分析

从现有的邻避风险研究成果来看,邻避风险影响因素研究是学者们普遍研究的一个方面,而邻避风险再生产作为邻避风险研究深层次的解析,可以通过对现有文献的整合和分析,依据上一章所分析的多主体歧义互生、多条件复合共生、多阶段循环再生和多因素交互创生的系统性环境邻避风险再生产机制,对影响因素进行分类提取,初步整理出环境邻避风险再生产影响因素的指标体系。在指标体系建立之后,采用专家打分法的方式对邻避风险再生产的影响因素进行筛选和优化,确定邻避风险再生产过程中的主要影响因素,并根据系统动力学建模指标量化和仿真的可行性进行模型的初步构建。

一、基于多主体维度的邻避风险再生产影响因素识别

邻避风险再生产过程中涉及的主体纷繁复杂，既包含直接利益相关者，也包含部分重要的间接利益者，根据第三章的相关研究，可以确定邻避风险再生产过程中的重要主体，包括公众、地方政府、营建企业、其他企业、专家群体和意见领袖。在邻避风险酝酿、集聚、转化、扩散等各个阶段中，众多的主体参与其中，这些主体通过自身的身份属性、收益与成本的分配关系、行为动机、心理特征以及相互之间的交流合作关系，对风险进行主客观的刻画并传递给不同的主体，风险在多主体间的无序传播容易强化主体的主观意识作用，造成风险在主观层面上的放大，然后在其他外部条件和因素的作用下转化为更严重的社会风险。

公众的定义较为宽泛，既包括设施周边居民，也包含其他社会公众，而设施周边居民与设施的距离更近，因此对邻避风险的感知也更为敏锐，同时影响这种风险感知的因素众多，既包含了公众的性别、年龄、收入水平、受教育程度等个体特征，也包含了个体的恐惧心理以及对邻避设施的负外部性感知、环保意识等群体性特征。其他社会公众风险感知的因素则主要基于接收到的信息以及社会心理的作用，例如媒体的报道会提升其他公众对周边居民的同情与支持，在共情心理的影响下盲目反对政府，造成风险在更大范围内的扩散。地方政府既是邻避设施建设的主要受益人，同时也是邻避风险再生产的第一责任人和治理人。地方政府的行为决定了邻避风险再生产的程度，地方政府的角色定位是造成邻避风险再生产的关键所在，政府的市场化角色错位造成政府从"理性经济人"的角度看待问题，加剧了政府的信任危机，而社会治理角色的缺位将导致公众的诉求很难得到有效回应，从而引发邻避冲突等重大社会风险事件。营建企业作为导致邻避风险产生的核心主体之一，其与政府和公众的关系是

邻避风险的直接来源，从营建企业自身来看，营建资质、规范运营水平、信息公开水平等都会对风险的再生产产生影响，而从外部因素来看，其与政府的微妙关系则会加剧风险。而其他企业、专家群体以及意见领袖则是邻避风险再生产的助推器和催化剂，这些主体在邻避风险的演化过程中起着至关重要的作用。对邻避风险再生产的多主体维度的影响因素分析如表 6-1 所示。

表 6-1　基于多主体维度的环境邻避风险再生产影响因素识别

主体类型	一级影响因素	二级影响因素
设施周边公众	个体特征	性别
		年龄
		收入水平
		受教育程度
		是否为常住居民
	风险认知	对邻避设施的认知程度
		邻避情结引发的恐惧心理
		对风险发生不确定性的担忧
	设施负外部性感知	心理不悦
		经济损失
		健康损害
		环境污染
	群体特征	环保意识
		维权意识
地方政府	市场行为	"唯生产总值论"的政绩观影响
		不正当的利益往来
	社会行为	刚性的维稳体制
		政府对公众的态度
		垄断风险治理权力
		控制型治理行为

续　表

主体类型	一级影响因素	二级影响因素
营建企业	内在因素	追求利益的不正当行为
		安全生产监管水平
		营建企业信息公开
		营建企业资质
	外在因素	与政府的微妙关系
其他企业	同行竞争	市场份额损失
		企业经济损失
	负外部性	直接经济损失
		企业声誉下降
专家群体	专家信任水平	专家的专业水平
		不正当的利益关系
		专家之间的意见分歧
意见领袖	负面引导	谣言数量
		误导舆论方向
		恶意放大事件的影响

二、基于多条件维度的邻避风险再生产影响因素识别

邻避风险的再生产不只局限于主体之间的内在联系和交流，外部条件的影响也是重要的一个方面。因此，依据风险预案、补偿能力、社会资本和媒体能力四个方面对邻避风险再生产的外部条件进行分析。从风险预案的视角来看，风险识别水平、风险预案结构是主要的影响因素，风险识别的不足以及预案结构的失调都将导致风险预案的效用不能达到预期水平，自然也就不能预防邻避风险再生产，更重要的是，这种不合理的制度安排还会催生新的风险。从补偿能力的视角来看，不同类型的补偿方式以及补偿数量的多少都会影响公众对风险的"估价"水平，补偿能力不足往往也是邻避风险再生产

的重要影响因素之一。从社会资本的视角来看,信任、规范和网络都在邻避风险再生产的过程中扮演了重要的角色,政府、建设方、社会信任、社会网络的类型以及社会规范资本的存量都是重要的影响因素。媒体能力决定了信息的传播速度和真实性,因此其在风险再生产中的作用毋庸置疑,报道数量、报道倾向、信息真实性等都会影响其他主体对风险的研判,并将其作为下一步行动的指南。对邻避风险再生产的多条件维度的影响因素分析如表 6-2 所示。

表 6-2　基于多条件维度的环境邻避风险再生产影响因素识别

类型	影响因素
风险预案	风险识别水平
	风险预案结构
补偿能力	货币化补偿水平
	非货币化补偿水平
社会资本	政府信任水平
	营建方信任水平
	社会公共信任水平
	紧密型社会网络水平
	连接型社会网络水平
	社会规范资本水平
媒体能力	报道数量
	报道倾向
	信息公开程度
	信息真实程度

三、基于多阶段维度的邻避风险再生产影响因素识别

邻避设施的建设需要历经"规划—建设—运营"的项目建设一般程序,而每一阶段都有可能成为邻避风险产生和转化的场所,有些风险可能在规划阶段就已经爆发并形成了严重的社会冲突问题,而有

些风险却一直酝酿到项目的运营阶段才凸显并造成相应的社会影响。因此,有必要对邻避设施建设的每一阶段进行单独分析,分析各主体、多因素和多条件在不同阶段对风险再生产的交互影响。根据第三章关于多阶段的风险再生产机制分析对不同阶段的邻避风险再生产的主要影响因素进行总结。在项目的规划阶段,邻避设施的位置距离、类型、规模和技术水平等客体因素,以及政府信息的公示情况、利益承诺、对群众的诉求回应和决策程序的合理度,都是重要的影响因素。在项目的建设阶段,施工的负外部性、环评的可信度、政府信息的公开程度、公开方式和协同管理能力都是关键的影响因素。在项目的运营阶段,以政府的治理能力不足为主,包括监管能力、承诺兑现水平、风险沟通能力、强势行为以及民意反馈水平等影响因素。基于多阶段维度识别环境邻避风险再生产的影响因素的结果如表 6-3 所示。

表 6-3　基于多阶段维度的环境邻避风险再生产影响因素识别

阶段	影响因素
项目规划阶段	邻避设施的位置距离
	邻避设施的类型
	邻避设施的规模
	邻避设施的技术水平
	政府信息公示情况
	政府对公众的利益承诺
	政府对群众诉求的回应
	政府决策程序合理度
项目建设阶段	环境影响评价的可信度
	设施施工的负外部性
	政府信息公开程度
	政府的信息发布方式
	政府部门的协同管理能力

续　表

阶段	影响因素
项目运营阶段	政府监管能力
	承诺兑现水平
	民意反馈水平
	政府的强势行为
	政府的风险沟通能力

四、基于多因素维度的邻避风险再生产影响因素识别

根据邻避风险演化的类型,我们通常可以将邻避风险分为实体风险、感知风险和社会稳定风险三大类,在不同的风险转化过程中,心理因素、环境因素等通过对相关利益主体施加影响,进而间接改变相关利益群体的风险认知水平和行动策略的选择,风险在认知层面和行动层面得以产生与转化。从心理因素的角度来看,可以分为个体心理因素和群体心理因素,个体心理因素主要包括去个体化心理、不公平感、受挫折感、社会认同和情绪感染等,而群体心理因素主要包括从众心理、群体压力和群体极化。除社会心理因素的作用外,社会环境因素对邻避风险再生产的作用也不容忽视,将社会环境因素分为公民环境因素和其他社会环境因素两大类,其中,公民环境因素包含公民意识、环保意识和反腐意识,而其他社会环境因素主要包括经济发展水平、法治建设水平和文化影响因素。基于多因素识别环境邻避风险再生产的影响因素的结果如表 6-4 所示。

表 6-4　基于多因素维度的环境邻避风险再生产影响因素识别

类型	影响因素
个体心理因素	被剥夺感
	场所认同

续　表

类型	影响因素
群体心理因素	从众心理
	群体压力
	群体极化
公民环境因素	公民意识
	环保意识
	反腐意识
其他社会因素	经济发展水平
	法治建设水平
	文化影响因素

五、邻避风险再生产影响因素筛选清单

综合前文四个维度对环境邻避风险再生产影响因素的识别和分析,对所有可能影响环境邻避风险再生产与演化的影响因素进行汇总整理,剔除类似的和较难界定的影响因素,从而得到较全面的环境邻避风险再生产的影响因素清单。本书对环境邻避风险再生产的影响因素整理情况如表 6-5 所示。

表 6-5　环境邻避风险再生产影响因素识别清单

序号	因素名称	序号	因素名称
1	邻避设施位置距离	9	企业宣传力度
2	邻避设施类型	10	企业与居民沟通情况
3	邻避设施规模	11	营建企业信任度
4	环境污染水平	12	收入水平
5	设施安全技术水平	13	受教育程度
6	营建企业资质	14	专家信任不足
7	企业规范运营水平	15	人为操作属性
8	企业信息公开度	16	谣言影响程度

续　表

序号	因素名称	序号	因素名称
17	群众关注度	29	社会稳定风险程度
18	群众参与度	30	邻避危机程度
19	利益补偿不足	31	政府信息公开程度
20	被剥夺感	32	政府治理力度
21	场所依恋	33	政府关注度
22	环保意识	34	上级政府介入
23	群体压力	35	媒体报道影响程度
24	群体极化	36	政府监管力度
25	从众心理	37	媒体报道倾向
26	群众抵触程度	38	邻避抵触程度
27	实体风险程度	39	暴力抗争水平
28	感知风险程度	40	非暴力抗争水平

第三节　环境邻避风险再生产的系统流图及 SD 建模

一、各子系统因果回路图及总系统流图

因果回路图是表明系统中各因素之间相互作用和隶属关系的重要工具,本节根据环境邻避风险演进的阶段性特征,依据邻避风险演变为邻避危机的邻避风险链,认为邻避风险的演化遵循"实在风险—感知风险—社会稳定风险—突发事件—公共危机"的完整逻辑,而这仅是邻避风险的主要类型,每一具体的风险类型又包含各类子风险,以实在风险为例,其又包含身体健康风险、环境污染风险、财产损失风险等多种形式,这些风险之间又会依据复杂的因素作用而相互转化。因此在各系统建立的过程中,以邻避风险链作为子系统构建的

依据,将环境邻避风险再生产机制作为各影响因素和主体之间关系刻画的依据,形成复杂的非线性系统动力学模型,用以进一步阐述不同影响因素对风险再生产的作用。

据此,将邻避风险再生产系统分解为原生风险子系统、感知风险子系统、社会稳定风险子系统和邻避危机程度子系统。由于原生风险、感知风险和社会稳定风险都会影响邻避危机程度,因此将邻避危机程度子系统和其他三个子系统结合并分别进行研究,而不作为单独的子系统进行分析。通过对各个子系统因果回路图的绘制,刻画相关影响因素对不同阶段的邻避风险再生产的多重交互作用影响,厘清各因素在邻避风险再生产过程中的介入时间和作用程度。

(一)原生风险子系统

原生风险子系统是邻避风险再生产的逻辑起点,邻避设施自身的工程和技术属性以及人为操作失误等人为属性给外界环境和居民带来不以人的意志为转移的真实存在的客观风险,主要影响因素包括设施的规模和类型、与社区的距离、人为操作程序和人员的专业水平。而这类技术风险的外溢在邻避设施负外部性的作用下,给周边居民带来了生态环境、身体健康和经济收入等方面的损害。邻避设施的原生风险引发生态环境风险,生态环境风险再引发居民的身体健康风险和经济下行风险,最后这四类风险共同构成了实体风险的增长极。而营建企业的规范运营水平、企业资质和风险预案效力则构成了原生风险的消解极。基于此,构建如图 6-1 所示的原生风险子系统。

该流图可描述原生风险子系统的五条反馈回路。一方面,原生风险程度的增加会导致公众感知风险的增加,进而导致公众对邻避设施的抵制程度提升,这种抵制程度的进一步增强会让公众产生非暴力抗争行为和暴力抗争行为,这种行为的持续失控会进一步提升邻避危机程度。邻避风险的失控必然会引起政府的关注,政府采取

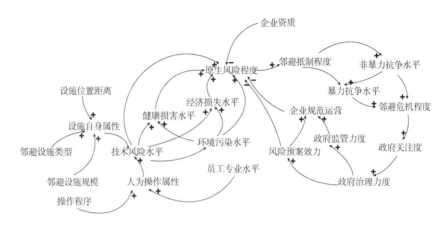

图 6-1　原生风险子系统流图

相应的措施对邻避风险进行治理,政府治理能力的强化能够提升风险预案的效力和营建企业的规范运营水平,从而降低原生风险水平。另一方面,如果原生风险程度过大,例如设施在建设期间发生了重要的安全事故,那么将直接引发公众的抵制行为,从而爆发强烈的非暴力抵制行为和暴力抵制行为,因此需要政府采取相应的措施来消解原生风险。

(二)感知风险子系统

感知风险是风险参与者对原生风险的主观再生产,是邻避设施的原生风险在经过公众的主观意识、外在环境等综合因素作用后形成的社会建构风险。根据前文的分析,可以将邻避风险程度的增长影响因素概括为原生风险程度、专家不信任水平、谣言影响程度、受教育程度、收入水平以及个体心理作用力,而感知风险的消减因素则包括群众参与度、营建企业信任度和政府信任度。对感知风险子系统各影响因素的互动机制进行分析可以发现,原生风险程度对公众感知风险程度的影响最大,邻避设施自身存在的风险往往会因为政府的刻意隐瞒,以及专家和公众对设施分析判断的分歧,在居民自身环保意识提升和谣言对设施风险的刻意放大等因素的影响下,使公众感知到的风险远超设施的客观风险。基于此,构建如图 6-2 所示的感知风险子系统。

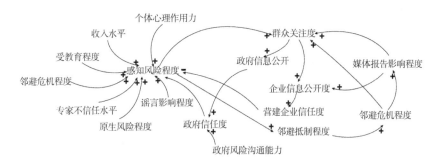

图 6-2 感知风险子系统流图

图 6-2 描述了感知风险子系统的五条反馈回路。感知风险程度的提升,改变了公众原来对待邻避设施的态度,即便是原来默认政府推进邻避设施建设的人群,在外界谣言以及邻避原生风险对公众产生切实的影响后,也会提升对于邻避设施及其风险的关注,公众对于邻避设施的关注度提升后,会让政府和营建企业等积极推进设施建设的主体产生压力,进而使其通过对设施的相关情况和信息进行公布来提升公众对设施的技术安全水平的了解,而信息的公开又能提高对政府和营建企业的信任度,进而安抚公众的不安情绪并降低公众的感知风险水平。

此外,公众感知风险程度集聚性的爆发能够在短时间内引发强烈的社会反响,甚至直接构成邻避危机事件,而社会媒体捕捉到这一事件之后,大量的报道在各大媒体平台出现,进一步提升了公众对事件的关注度,在强大的社会舆论压力的逼迫下,政府及营建企业必须采取相应的措施来提升自身的信任度,以降低公众的感知风险程度。

(三)社会稳定风险子系统

社会稳定风险是随群体性感知风险再生产而产生的,一般是公众的感知风险在发展过程中未得到政府和有关部门的重视,致使公众的抵触情绪在心理层面和行动层面深层次酝酿，群众抵抗程度不断提升造成的社会损失既可以是对整个社会系统造成的经济损失，也可以是原生风险和感知风险在一定场域与条件的催化下不断叠加、积累、突变和外化造成的非经济损失，包括政府公信力的下降、社会动荡、社会秩序混乱等。社会稳定风险程度主要受媒体报道影响程度、群众抵抗程度、媒体报道倾向和政府治理力度的影响，媒体报道影响程度和群众抵抗程度上升会增加社会稳定风险，而媒体报道倾向和政府治理力度则能降低社会稳定风险。基于此，构建如图 6-3 所示的社会稳定风险子系统流图。

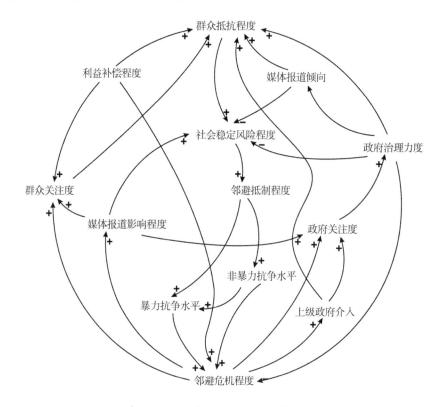

图 6-3　社会稳定风险子系统流图

图 6-3 描述了社会稳定风险子系统的五条反馈回路。根据社会稳定风险子系统存在的反馈回路的作用，可以分为正反馈回路和负

反馈回路两个部分。正反馈回路表示会促进社会稳定风险的稳定增长,社会稳定风险增长会增强邻避抵制程度,进而发展成社会冲突行为,加剧邻避危机程度,由此引发大众媒体的关注,在媒体的渲染下公众的关注度提升,然后对邻避设施的抵制程度增加,最后导致社会稳定风险增加。从社会稳定风险的消解方面来看,直接影响因素为媒体报道倾向和政府治理力度,邻避危机的加剧会提升当地政府和上级政府的关注度,在上级政府的介入下,当地政府通过提升自身的治理力度以及采取相应的治理措施,能够直接降低社会稳定风险,同时,政府通过加强对媒体的监督管理,减少社会媒体对谣言的传播,发挥媒体的正向引导作用,对邻避事件和邻避风险进行客观、全面的报道,从而有效降低社会稳定风险程度。

(四)环境邻避风险再生产总因果关系图

根据对以上环境邻避原生风险子系统、环境邻避感知风险子系统和环境邻避社会稳定风险子系统的分析,已经基本能够构建出各个子系统内部因素之间的相互作用关系。但是环境邻避风险再生产作为一个复杂的巨系统,其不同阶段的风险之间,以及各因素在不同阶段,都有着多重的影响和隶属关系。因此,将三个子系统进行因素的整合和交叉,整理和完善各因素之间的因果和影响关系,得到如图6-4 所示的整个环境邻避风险再生产的因果关系图。

(五)环境邻避风险再生产总系统流图

基于前面完善的总系统因果图,运用 Vensim 软件构建环境邻避风险再生产系统动力学流图。将原生风险程度、感知风险程度、社会稳定风险程度和邻避危机程度作为模型的状态变量,以各风险的增加和减少程度来构建相应的速率变量,例如原生风险增加程度、原生风险减少程度,并将其余的因素都设置为辅助变量,在完成变量的定义工作后即可得到如图 6-5 所示的环境邻避风险再生产总 SD 模型。

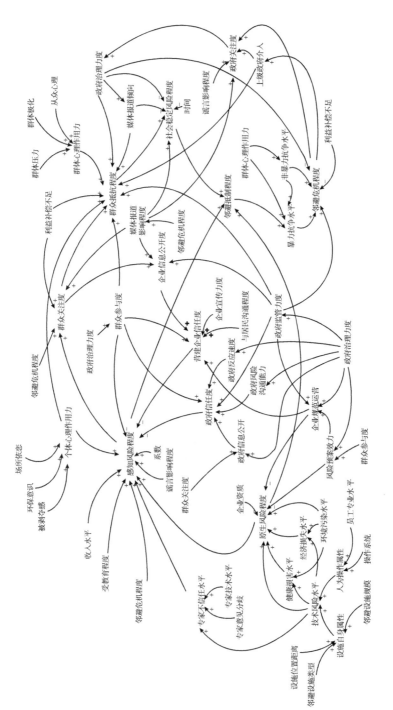

图6-4　环境邻避风险再生产总系统因果图

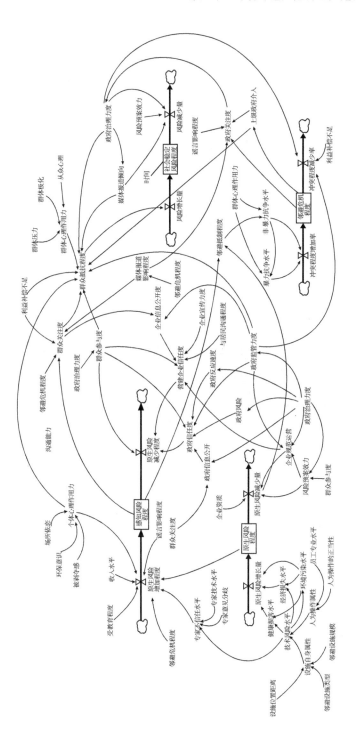

图6-5　环境邻避风险再生产总系统流图

二、邻避风险再生产各因素的权重计算及系统方程构建

本书所研究的邻避风险再生产系统动力学模型中的变量多是定性变量，很难用客观数据进行定量，因此要利用专家打分法对各变量的影响程度进行评估，然后利用层次分析法进行加权计算，对相同层级变量进行赋权，最后构建相应的数学公式。

为了保证专家打分的真实性和有效性，在对专家进行选择时要充分考虑专家的研究领域和从业经验等因素，合理选择符合研究要求的专家。本书总共选择相关领域的专家 12 名，其中包括 6 名相关研究领域的高校教师，以及 6 名从事城市管理和邻避设施管理的公务人员。

(一)层次分析法确定权重系数

由于本研究中的大多数变量都是定性变量，囿于篇幅，以下只列举较为重要的四个指标矩阵的计算过程。

根据表 6-6，初步得到影响营建企业信任度的各因素的权重，并且一致性检验通过，故可以得到关于营建企业信任度的数学公式：

营建企业信任度＝企业信息公开度×0.540＋企业宣传力度×0.297＋与居民沟通程度×0.163。

表 6-6　营建企业信任度的权重计算

影响因素	与居民沟通程度	企业信息公开度	企业宣传力度	权重
与居民沟通程度	1	1/3	1/2	0.163
企业信息公开度	3	1	2	0.540
企业宣传力度	2	1/2	1	0.297

根据表 6-7，初步得到影响政府信任度的各因素的权重，并且一致性检验通过，故可以得到关于政府信任度的数学公式：

政府信任度＝政府风险沟通能力×0.509＋政府监管力度×0.266＋政府信息公开×0.129＋政府反应速度×0.096。

表 6-7　政府信任度的权重计算

影响因素	政府信息公开	政府反应速度	政府监管力度	政府风险沟通能力	权重
政府信息公开	1	2	1/3	1/4	0.129
政府反应速度	1/2	1	1/2	1/5	0.096
政府监管力度	3	2	1	1/2	0.266
政府风险沟通能力	4	5	2	1	0.509

根据表 6-8,初步得到影响感知风险程度的各因素的权重,并且一致性检验通过,故可以得到关于感知风险程度的数学公式:

感知风险程度＝原生风险程度×0.363＋专家不信任水平×0.231＋谣言影响程度×0.153＋个体心理作用力×0.121＋收入水平×0.080＋受教育程度×0.051。

表 6-8　感知风险程度的权重计算

影响因素	原生风险程度	专家不信任水平	谣言影响程度	受教育程度	个体心理作用力	收入水平	权重
原生风险程度	1	2	3	5	3	4	0.363
专家不信任水平	1/2	1	2	4	2	3	0.231
谣言影响程度	1/3	1/2	1	3	2	2	0.153
受教育程度	1/5	1/4	1/3	1	1/3	1/2	0.051
个体心理作用力	1/3	1/2	1/2	3	1	2	0.121
收入水平	1/4	1/3	1/2	2	1/2	1	0.080

根据表 6-9,初步得到影响群众抵抗程度的各因素的权重,并且一致性检验通过,故可以得到关于群众抵抗程度的数学公式:

群众抵抗程度＝政府治理力度×0.371＋政府监管力度×0.239＋群众关注度×0.134＋群众参与度×0.134＋媒体报道倾向×0.063＋群体心理作用力×0.058。

表 6-9　群众抵抗程度的权重计算

影响因素	媒体报道倾向	政府治理力度	政府监管力度	群众关注度	群众参与度	群体心理作用力	权重
媒体报道倾向	1	1/5	1/4	1/3	1/3	2	0.063
政府治理力度	5	1	2	3	3	5	0.371
政府监管力度	4	1/2	1	2	2	4	0.239
群众关注度	3	1/3	1/2	1	1	2	0.134
群众参与度	3	1/3	1/2	1	1	2	0.134
群体心理作用力	1/2	1/2	1/4	1/2	1/2	1	0.058

(二)系统方程构建

1. 原生风险子系统

第一,原生风险程度＝INTEG(实体风险增长量－实体风险减少量,初始值)。

第二,原生风险增长量＝(技术风险水平×0.436＋健康损害水平×0.203＋环境污染水平×0.166＋经济损失水平×0.195)×1.2。

第三,技术风险水平＝设施自身属性×0.624＋0.376×人为操作属性。

第四,设施自身属性＝设施位置距离×0.383＋邻避设施类型×0.336＋邻避设施规模×0.281。

第五,设施位置的距离。根据专家打分法,对距离的影响进行打分,作为设施位置影响的初始值。

第六,邻避设施类型。根据相关学者对邻避设施的分类,按群众的抵制程度依次可以分为风险集聚类(核电站)、污染类(垃圾焚烧场)、污名化类(监狱、戒毒中心)和心理不悦类(殡仪馆),因此用 4、3、2、1 代表不同设施类型的影响。

第七,邻避设施规模。按照邻避设施的规模对邻避设施的初始值进行界定,由于本书研究的设施以垃圾焚烧场为主,根据我国生活垃圾焚烧场处理规模的分类,将设施规模分为特大类(2000 吨/天)、Ⅰ类(1200—2000 吨/天)、Ⅱ类(600—1200 吨/天)和Ⅲ类(150—600 吨/天),并按不同的规模分别赋予 4、3、2、1 分。

第八,人为操作属性=0.635×操作程序+0.365×员工专业水平。

第九,操作程序。根据操作正规程度进行赋值,分别赋予 3、2、1 分。

第十,员工专业水平。根据员工学历和经验进行赋值,初始值分别赋予 5、4、3、2、1 分。

第十一,健康损害水平=技术风险水平×0.55+环境污染水平×0.45。

第十二,环境污染水平=IF THEN ELSE(原生风险程度/20−0.6×技术风险水平<0,0,原生风险程度/20−0.6×技术风险水平)。

第十三,经济损失水平=技术风险水平×0.616+环境污染水平×0.384。

第十四,原生风险减少量=(企业规范运营×0.535+风险预案效力×0.232+企业资质×0.233)×[0.1+STEP(0.02,40)]。

第十五,企业规范运营=政府监管力度×0.7+风险预案效力×0.3+政府治理力度×0.18。

第十六,风险预案效力=初始值+(政府治理力度+群众参与度)×0.1。

第十七,营运企业资质。将营建企业的资质分为五级,按照非常好、比较好、一般、不太好和很不好,分别赋予 5、4、3、2、1 分,然后按照模拟案例的企业资质情况进行赋值模拟。

2.感知风险子系统

第一,感知风险程度=INTEG[(感知风险增加程度−感知风险减少程度)×0.2,初始值]。

第二,感知风险增加程度＝(原生风险程度×0.35＋专家不信任水平×0.25＋受教育程度×0.05＋收入水平×0.1＋谣言影响程度×0.15＋个体心理作用力×0.1＋邻避危机程度×0.05)×0.6。

第三,专家不信任水平＝技术风险水平×0.486＋专家技术水平×0.187＋专家意见分歧×0.327,按照专家打分法和层次分析法计算权重。

第四,受教育程度。按照专家打分法进行赋值。

第五,谣言影响程度＝初始值＋RAMP(0.1,5,30)－RAMP(0.15,31,50)。

第六,个体心理作用力＝被剥夺感×0.435＋环保意识×0.374＋场所依恋感×0.191。

第七,感知风险减少程度＝IF THEN ELSE{感知风险程度＋感知风险增加程度≥0,(政府信任度×0.409＋群众参与度×0.316＋营建企业信任度×0.275)×[0.8＋RAMP(0.032,35,49)],初始值}。

第八,政府信任度＝政府信息公开×0.129＋政府反应速度×0.106＋政府监管力度×0.256＋政府风险沟通能力×0.509＋群众参与度×0.15。

第九,群众参与度＝初始值＋政府治理力度×0.3。群众参与度按照低参与、一般参与和高度参与进行1—3分的赋值,初始值则按照2分(即一般参与度)赋值。

第十,营建企业信任度＝与居民沟通程度×0.163＋企业信息公开度×0.54＋企业宣传力度×0.297＋企业规范运营×0.15＋群众参与度×0.2。根据专家打分法和层次分析法计算得到各指标权重。

第十一,政府信息公开＝初始值＋群众关注度×0.15＋政府治理力度×0.2。将政府信息公开的初始值设置为2.5分,即普通水平,然后群众关注度和政府治理力度对其施加了一定程度的影响。

第十二,政府反应速度＝初始值＋政府治理力度×0.15。将政府的反应速度分为快、一般和慢三级,根据相应事件中的政府反映的迟滞水平进行3、2、1分的赋值。

第十三,政府监管力度＝初始值＋政府治理力度×0.5。

第十四,政府风险沟通能力＝初始值＋政府治理力度×0.3。

第十五,与居民沟通程度。企业与居民的有效沟通能够促进居民对设施的了解,根据事件中企业与居民的沟通水平可以分为基本没有沟通、一般沟通和高效沟通,分别用1、2、3表示。

第十六,企业信息公开度＝媒体报道数量×0.173＋政府监管力度×0.453＋群众关注度×0.374。根据专家打分法和层次分析法计算各指标的权重。

第十七,企业规范运营＝政府监管力度×0.7＋风险预案效力×0.3＋政府治理力度×0.18。

3.社会稳定风险子系统

第一,社会稳定风险程度＝ INTEG{IF THEN ELSE[Time<38,(风险增长量－风险减少量)×社会稳定风险程度×(80－社会稳定风险程度)/9000,(风险增长量－风险减少量)×(60－社会稳定风险程度)×社会稳定风险程度/6000],初始值}。

第二,社会稳定风险增长量＝群众抵抗程度×0.745＋媒体报道影响程度×0.255。

第三,群众抵抗程度＝媒体报道倾向×0.1＋政府治理力度×0.4＋政府监管力度×0.25＋群众关注度×0.1＋群众参与度×0.1＋群体心理作用力×0.05＋上级政府介入×0.25＋个体心理作用力×0.25＋利益补偿水平×0.2。

第四,媒体报道倾向。媒体在对事件进行报道的时候,往往会在多种因素的影响下选择负面、中立和正面的报道。对事件演化为群众抵制事件时(2016年6月25—26日)百度相关媒体的报道进行统计,正面报道数量超过负面报道数量的记为3,差距不大的记为2,负面数量远多于正面数量的记为1。

第五,政府治理力度＝政府关注度×0.87。

第六,政府关注度＝DELAY1(0.1×邻避危机程度,0.5)×0.7＋上级政府介入×0.2＋媒体报道影响程度×0.1＋谣言影响程度×0.15。

第七,政府监管力度＝初始值＋政府治理力度×0.5。

第八,群众关注度＝感知风险程度×0.75＋媒体报道影响程度×0.25－利益补偿水平×0.15＋邻避危机程度×0.25。

第九,群众参与度＝初始值＋政府治理力度×0.3。

第十,群体心理作用力＝从众心理×0.370＋群体压力×0.315＋0.315×群体极化,根据专家打分法得出。

第十一,上级政府介入＝邻避危机程度×0.95。

第十二,个体心理作用力＝被剥夺感×0.435＋环保意识×0.374＋场所依恋感×0.191。

第十三,社会稳定风险减少量＝政府治理力度×0.548＋媒体报道倾向×0.285＋风险预案效力×0.167。

4.邻避冲突子系统

第一,邻避危机程度＝INTEG〔(冲突程度增加率－冲突程度减少率),初始值〕。

第二,冲突程度增加率＝(暴力抗争水平×0.645＋非暴力抗争水平×0.355)×0.3。

第三,暴力抗争水平＝邻避抵制程度×0.845＋群体心理作用力×0.15＋非暴力抗争水平×0.25。

第四,非暴力抗争水平＝邻避抵制程度×0.85＋DELAY1(群体心理作用力×0.15,1)。

第五,冲突程度减少率＝(政府监管力度×0.435＋政府治理力度×

0.565＋利益补偿不足×0.25)×[0.2＋RAMP(0.5,30,40)]×0.1。

第六,政府监管力度＝初始值＋政府治理力度×0.5。

第七,政府治理力度＝政府关注度×0.87。

第八,邻避抵制程度＝实体风险程度×0.333＋感知风险程度×0.333＋社会稳定风险程度×0.333。

第七章　环境邻避风险再生产机制模型的仿真分析

第一节　仿真案例概况

通过相关文献资料的整理和网络搜索,对近几年发生的环境邻避事件进行比对与筛选,根据事件发生时间的远近以及事件中风险再生产的完整性来选择仿真案例。湖北仙桃垃圾焚烧发电项目从2013年4月到2017年5月恢复建设历时四年之久,从居民发现政府偷偷进行项目建设的实体风险和感知风险开始酝酿与发酵,演变为大规模的群众抵制并且引发较大的邻避冲突事件致使项目暂停,在政府采取各类积极有效的措施之后,公众的抵制情绪逐渐平息,使邻避风险逐渐降低至较低水平并顺利地实现了设施的再次开工。基于此,本书认为湖北仙桃垃圾焚烧发电项目契合了完整的邻避风险再生产过程,且引发了较大的社会影响,从邻避事件发展的角度来看,该项目具有较好的典型性,因此比较符合本书邻避风险再生产模型仿真的需要。

随着经济的强劲发展,仙桃市的人口持续增长,仙桃市人民政府决定兴建垃圾焚烧处置设施。该项目在2013年4月得到湖北省生态环境厅的批复后,于2014年6月正式开始动工,项目自开工以后便引发了周边居民的担忧,但是居民的意见并未引起政府的重视,项目建设工作持续推进，于是在 2016 年 6 月项目即将完工之际爆发了严重的公众抗议行为，公众上街游行，甚至发生暴力事件，项目不得不停工。之后在政府和各方的不懈努力下，项目于 2017 年 5 月恢复建设，并于 2018 年 4 月正式投产运行。该事件的主要发展历程如表 7-1 所示。

表 7-1　湖北省仙桃市垃圾焚烧厂事件主要发展历程

时间	事件
2013 年 4 月	项目正式得到湖北省环境保护厅（现名生态环境厅）批复，并在官网进行公示
2014 年 6 月	项目正式开工建设
2016 年 2 月	政府相关部门负责人赴一线查看项目建设情况，并要求项目加快推进
2016 年 6 月 25 日	市民爆发游行，要求停止项目建设
2016 年 6 月 26 日	市民游行持续扩大，并演化为暴力事件，市长宣布项目停建
2016 年 11 月	政府组织群众共 2100 余人次前往国内先进示范场区进行参观考察，并组织 87 个工作组进行覆盖式的宣传
2016 年 12 月	仙桃市推进建设循环经济产业园，成立产业园建设指挥部，并邀请相关专家召开生活垃圾焚烧发电技术专题讲座
2017 年 2 月	政府持续推进循环经济产业园建设，加快形成"一园五厂三基地"
2017 年 4 月	仙桃市展开循环经济产业园建设全城宣教活动
2017 年 5 月 3 日	设施旧址恢复建设，并向社会公开招募 200 名监督员，对项目建设进行全程监督
2017 年 7 月 18 日	主体厂房建设封顶完成
2018 年 1 月	专家对项目进行评估检查
2018 年 4 月	项目一期投产并试运行

第二节　系统动力学模型的相关检验

一、系统边界检验

系统动力学模型边界的大小对模型的结构和动态行为之间关系的拟合有重要的影响。根据研究的目的、要求,依据邻避风险的演化趋势构建水平变量:原生风险程度、感知风险程度、社会稳定风险程度和邻避危机程度。以水平变量为核心,扩充系统边界,在模型设置过程中应尽量将系统行为之外的影响因素排除在外,依据环境邻避风险再生产理论框架设置相应的速率变量和辅助变量,保证变量的有效性,使辅助变量的设置符合系统变化的需要,确保系统界限设置真实有效。

二、心智模型检验

本模型属于虚值模型,缺乏真实数据,故采用趋势吻合检验,具体过程如下:运用系统动力学对湖北省仙桃市垃圾焚烧厂事件进行仿真,对于具有多个二级影响因素共同影响的因素的权重,已经在前文通过层次分析法计算得出,而对于其他系统中的常量,则根据仙桃市垃圾焚烧厂事件的实际情况和专家打分法赋予相关的初始值。通过构建环境邻避风险再生产系统模型,对湖北省仙桃市垃圾焚烧厂事件中的邻避风险演化路径进行系统仿真研究,仙桃市垃圾焚烧场邻避事件起于 2013 年 4 月仙桃市人民政府取得湖北省环境保护厅(现名生态环境厅)对于在郑仁口村选址兴建垃圾焚烧厂的批复,之后历经了"起、聚、变、消"的完整邻避风险链式再生产过程。前文已经对仙桃市垃圾焚烧厂事件的时间线进行了完整的梳理,因此本书将模型的仿真时间定为从项目批复(2013 年 4 月)到项目复工(2017

年 5 月,项目复工说明项目已经得到了群众的认可,也可以说明邻避风险水平已经低于风险阈值)之间的 49 个月,数字程度仅代表风险的影响程度,并不具备真正的量化单位,据此得到如图 7-1 所示的结果。

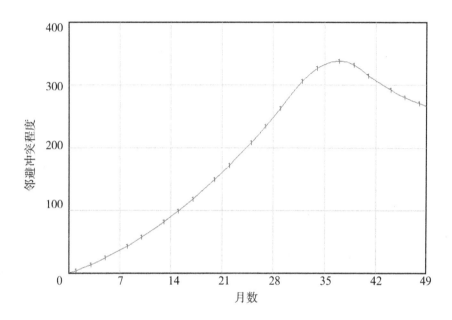

图 7-1　模型邻避冲突仿真结果有效性检验

从图 7-1 的仿真结果来看,仙桃市垃圾焚烧厂项目的邻避事件冲突程度呈现出先缓慢发展再飞速上升最后逐渐消散的趋势,基本符合事态的实际演化情况。根据邻避危机程度的演化趋势,可以大致分为三个阶段:潜伏与缓慢集聚阶段(前 14 个月)、加速发展与爆发阶段(第 15—38 个月)、冲突消退阶段(第 39 个月之后)。结合仙桃市垃圾焚烧厂项目的实际发展情况来看,模型的整体演化基本符合事件实际的时间线。根据前面的案例解析,项目基本开始于 2013年,在政府得到上级部门批复之后立马在官网对项目进行公示,事实上此时已经处于风险的酝酿和积聚阶段,政府有意对建设信息进行隐瞒等行为导致风险扩散。而在加速发展阶段,由于公众得不到政府和相关主体的反馈,在不满情绪的加持下,风险会迅速膨胀并发展为更严重的社会风险,最终引发暴力性冲突事件。在第 39 个月政府出面承诺设施停止建设之后,邻避风险得到一定程度的疏解,事件平息后,政府采取一系列有效的措施,最终将风险程度降到较低水平并使设施建设得以复工。

根据图 7-2 所显示的原生风险的仿真结果可以发现,原生风险基本呈现出缓慢上涨的趋势,并且由于原生风险自身的客观性,即使没有外界环境的干预也是存在的,只有在原生风险的实际影响暴露出来之后才会引起人们的注意(例如设施在建设期间造成的环境污染,以及周边居民的房产等固定资产价值下降),进而导致风险程度上升。所以从模型曲线的走势来看,也基本符合实际情况。

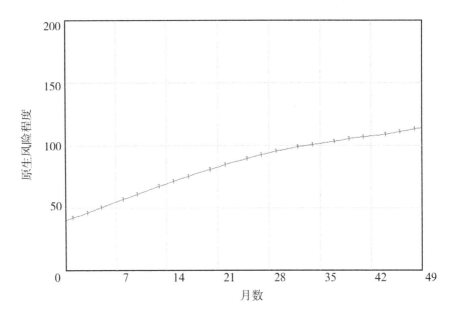

图 7-2　模型原生风险仿真结果有效性检验

由图 7-3 所显示的感知风险的仿真结果可知,感知风险与原生风险相比,在增速上是比较明显的,说明公众在接受环境邻避设施的原生风险之后,会很快对风险的程度做出主观的建构,并在多种因素作用下对风险进行放大,由于得不到政府及时的解释和处置,公众对政府和设施的不信任程度急剧上升,从而促使感知风险快速增长,同样地,在第 38 个月左右政府停建邻避设施并推出多种治理措施之后,公众对邻避设施有了深入的了解并且得到了相应的反馈,感知风险逐渐下降。

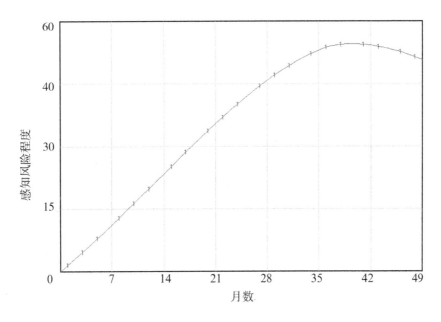

图 7-3　模型感知风险仿真结果有效性检验

从图 7-4 社会稳定风险曲线的分布情况来看,21 个月之内基本没有增长,在第 21—28 个月加速增长,而第 28 个月之后呈现出迅速增长的趋势,并在第 38 个月达到峰值,说明仙桃市项目的社会稳定风险出现得较晚,一般是在原生风险和感知风险发酵之后,群众抵制情绪进一步积累,并迅速转化为抵制行动。通过寻求制度化解决途径,表现为申诉、上访和诉讼等活动规模与频次的急剧增长,同时部分公众在线上和线下组织抗议活动,引发社会动荡,造成风险在社会层面的外溢。从仿真结果整体来看,社会稳定风险的演化同样遵循环境邻避风险再生产的链式架构,在时序上遵循"原生风险—感知风险—社会稳定风险"的演化逻辑,即滞后于原生风险和感知风险的出现与爆发。

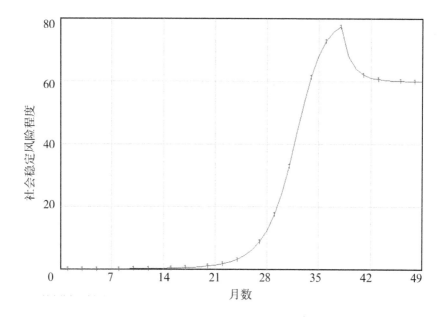

图 7-4 模型社会稳定风险仿真结果有效性检验

三、方程式极端条件检验

方程式极端情况检验主要是为了检测模型中的方程是否稳定可靠,以及是否在任何极端情况下都可以反映现实系统的变化状况。极端情况测试通常采用模型应对冲击的反应来判断。所谓冲击,是将模型中的某个变量或几个变量置于极端情况,包括取 0 或者无限大。极端情况检测方法包含两种:第一种是人工检测模型中的每一个方程是否考虑了各种可能出现的情况,第二种是通过将某些变量取极端值来看是否有违背现实的状况发生。

该模型采用第二种方程式极端情况检测方法,将危机程度减少量、原生风险减少量和感知风险减少量均设置为 0,即表示都没有采取别的方式来减少风险的发生。根据模拟的情况，可以从图 7-5、图 7-6 和图 7-7 中看到，在风险减少量变为 0 之后，原生风险程度、感知风险程度和邻避危机程度都呈现出快速上升的趋势，模拟现实中在各阶段的风险产生后，在政府、相关企业和社会群体不采取相应措施的情况下，各阶段的风险量都会无限上涨，群众的疑虑和诉求得不到回应，于是抵触情绪不断酝酿，并逐渐转化为抵抗行为，最后甚至演变为暴力破坏行动，由此可知，方程式极端情况与现实极端情况相吻合。

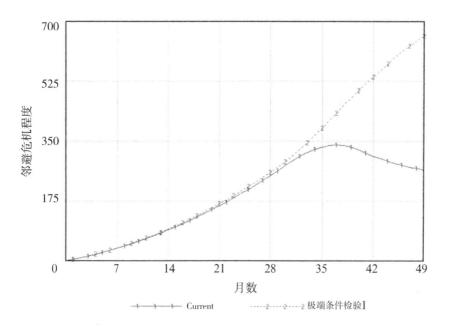

图 7-5　危机程度减少量为 0 时的邻避危机程度变化情况

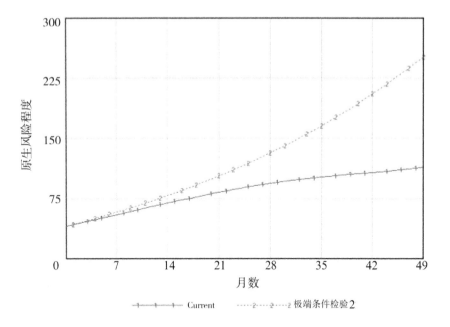

图 7-6 原生风险程度减少量为 0 时的原生风险程度变化情况

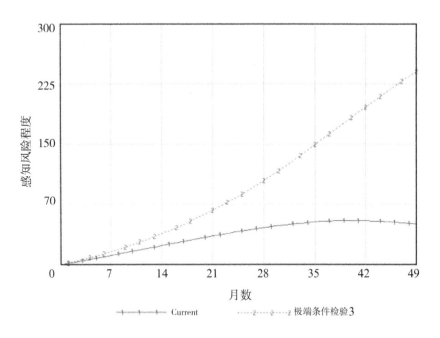

图 7-7 感知风险减少量为 0 时的感知风险程度变化情况

四、模型结构性检验

系统动力学认为,系统内部的结构决定系统的行为,即典型的结构形成典型的行为。通过对系统内的结构性变量的测量,观察其对事件演化的影响,本书选取群众抵抗程度和政府治理力度来进行模型的结构性检验。图 7-8 将群众抵抗程度提高 10％,可以观察到,邻避危机程度呈现出增大的趋势;图 7-9 将政府治理力度提高 10％,可以观察到,邻避危机程度呈现出降低的趋势,基本符合事件本身的逻辑。因此,可以认为本模型结构性检验通过。

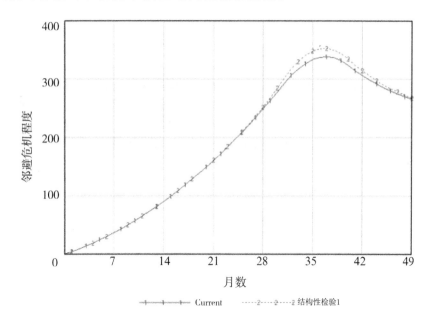

图 7-8　群众抵抗程度提升 10％后的邻避危机程度变化情况

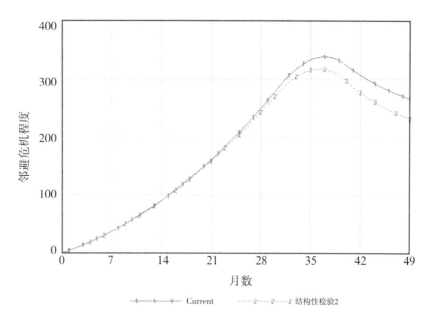

图 7-9　政府治理力度提升 10％后的邻避危机程度变化情况

第三节　模型仿真结果分析

一、原生风险仿真结果分析

　　根据前文对环境邻避风险再生产机制的分析,围绕再生产机制对环境邻避风险再生产的影响因素进行归纳,选择对部分关键辅助变量进行调整来仿真环境邻避风险再生产过程中原生风险的变化程度,包括促进原生风险的增长因素仿真和减少原生风险的因素仿真。根据表 7-2,通过筛选出较为重要的邻避设施的位置距离、邻避设施的规模、人为操作的正当性、风险预案的效力以及企业资质五个辅助变量进行仿真模拟。其中 Current 表示原始方案,在保持其他变量不变的情况下,通过单一地调整各个辅助变量的数值关系,以 1.5 倍的增幅对各辅助变量进行调整。

表 7-2　原生风险管控策略分析

变量名称	策略编号	调整方案
Current	原策略	保持各因子的原始值不变
邻避设施的位置距离	策略 1	初始值为 2,提升至 3,其他因子保持不变
邻避设施的规模	策略 2	初始值为 1,提升至 2,其他因子保持不变
人为操作的正当性	策略 3	初始值为 3,提升至 4,其他因子保持不变
风险预案的效力	策略 4	初始值为 2.5,提升至 3.75,其他因子保持不变
企业资质	策略 5	初始值为 3,提升至 4,其他因子保持不变

　　利用 Vensim 软件对各个辅助变量调整后的情况进行仿真,结果如图 7-10 所示。仿真的策略较多,因此很难从图上直观地区分各变量调整之后与初始风险值的对比关系。仿真运行后的数据分析如表 7-3 所示。

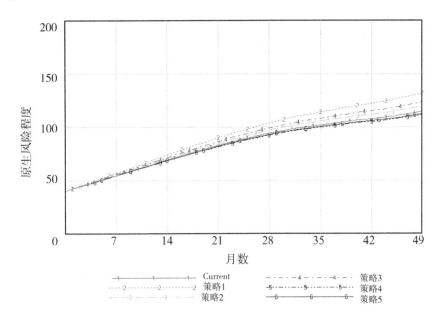

图 7-10　原生风险策略仿真结果

表 7-3　原生风险管控策略数据分析

月数	Current	策略 1	策略 2	策略 3	策略 4	策略 5
35	101.634	113.818	105.182	107.912	99.522	100.202
36	102.522	115.045	106.170	108.977	100.356	101.048
37	103.406	116.273	107.155	110.040	101.186	101.891
38	104.309	117.525	108.160	111.124	102.034	102.752
39	105.253	118.828	109.210	112.255	102.921	103.653
40	106.265	120.210	110.330	113.459	103.874	104.621
41	106.807	121.092	110.972	114.178	104.354	105.116
42	107.445	122.083	111.714	115.000	104.926	105.705
43	108.175	123.179	112.552	115.920	105.588	106.385
44	108.993	124.373	113.480	116.934	106.334	107.151
45	109.894	125.662	114.495	118.037	107.161	107.998
46	110.873	127.041	115.591	119.223	108.064	108.922
47	111.927	128.505	116.766	120.491	109.039	109.920
48	113.053	130.051	118.015	121.834	110.084	110.988
49	114.247	131.674	119.335	123.252	111.195	112.124

　　表 7-3 中的第二列表示在不改变任何变量的情况下第 35—49 个月系统仿真的结果,其余列为各策略仿真后第 35—49 个月的运行结果。从纵向(时间)对比来看,各辅助变量仿真后的结果都呈现出逐渐增大的趋势,基本符合原生风险总量不断增加的演化趋势,说明随着时间的推移,原生风险会越来越严重,相应地,其所造成的客观损失也就越大。

　　从横向(以第 49 个月为标准)对比来看,策略 1、策略 2 和策略 3 的结果都大于初始风险值,即邻避设施的距离、邻避设施的规模和人为操作属性都会造成原生风险的放大,并且从结果的数值差异来看,三者的关系为策略 1>策略 3>策略 2,说明原生风险对邻避设施距离的改变最为敏感,对人为操作是否正当的敏感性次之,对邻避设施的规模变化较不敏感。这就证明邻避设施距离的变化对原生风险增长的影响最大,并且这种影响呈现出负相关关系,即距离越近,风险程度就越大,反之,风险程度就越小。仿真结果说明,设施的技术规范性造成的风险较大,人为操作的失误更容易导致技术风险增大,并进一步增大其他的风险,最后导致原生风险增加。邻避设施的规模对原生风险有正向的影响,邻避设施的规模越大,设施造成的负外部性影响越大,产生的污染物就越多,对周边居民的健康、社会经济和环境造成的损失也就越大,自然也就导致了原生风险总量的增长。

策略 4 和策略 5 的仿真结果都小于初始风险值,说明提升风险预案的效力和企业的相关资质水平确实能有效地降低原生风险。将两者进行对比可以发现,原生风险的变化对风险预案效力更敏感,说明选择提升风险预案的效力比提升企业相关资质水平对降低原生风险更有效。

二、感知风险仿真结果分析

感知风险作为原生风险的再生产形式,其变化的程度不止受原生风险大小的影响,同样地,其他多种因素对感知风险的变化也会增加或减少感知风险。因此,根据前文的机制分析,以相对重要程度作为标准,选取专家意见分歧、谣言影响程度、政府信息公开、政府风险沟通能力、企业与居民的沟通程度和营建企业宣传力度作为调整的辅助变量(见表 7-4)。

表 7-4　感知风险管控策略分析

变量名称	策略编号	调整方案
Current	原策略	保持各因子的原始值不变
专家意见分歧	策略 6	初始值为 2.1,提升至 4.1,其他因子保持不变
谣言影响程度	策略 7	初始值为 2,提升至 4,其他因子保持不变
政府信息公开	策略 8	初始值为 2.5,提升至 5,其他因子保持不变

续　表

变量名称	策略编号	调整方案
政府风险沟通能力	策略 9	初始值为 1.7,提升至 3.4,其他因子保持不变
企业与居民的沟通程度	策略 10	初始值为 1.5,提升至 3,其他因子保持不变
营建企业宣传力度	策略 11	初始值为 2,提升至 4,其他因子保持不变

使用 Vensim 软件对各个辅助变量调整后的情况进行仿真,结果如图 7-11 所示。仿真的策略较多,因此很难从图上直观地区分各变量调整之后与初始风险的对比关系。仿真运行后的数据分析如表7-5 所示。

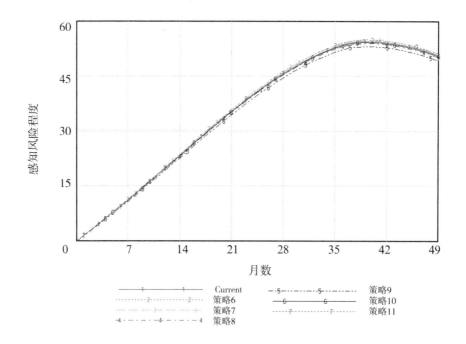

图 7-11　感知风险策略仿真结果

表 7-5　感知风险管控策略数据分析

月数	Current	策略 6	策略 7	策略 8	策略 9	策略 10	策略 11
35	52.942	53.413	53.351	52.435	51.581	52.683	52.314
36	53.647	54.121	54.057	53.137	52.278	53.387	53.015
37	54.123	54.599	54.534	53.611	52.748	53.862	53.489

月数	Current	策略 6	策略 7	策略 8	策略 9	策略 10	策略 11
38	54.398	54.873	54.808	53.883	53.016	54.135	53.760
39	54.503	54.978	54.912	53.985	53.115	54.239	53.862
40	54.482	54.956	54.890	53.962	53.088	54.217	53.839
41	54.368	54.840	54.774	53.845	52.966	54.101	53.721
42	54.167	54.636	54.572	53.642	52.758	53.899	53.517

表 7-5 中的第二列表示在不改变任何变量的情况下第 35—42 个月系统仿真的结果,其余列为各策略仿真后第 35—42 个月的运行结果。通过数据分析,对比各策略与初始感知风险值可以发现,策略 6、策略 7 都能促进感知风险程度的增加,而策略 8、策略 9、策略 10 和策略 11 则都能促进感知风险的减少。而对比策略 6、策略 7 可以发现,在促进感知风险放大方面,策略 6 的敏感性大于策略 7,说明与专家的不信任程度相比,谣言对公众感知风险放大的作用更明显。同样地,对策略 8、策略 9、策略 10 和策略 11 进行对比分析可以发现,四个策略都能降低公众的感知风险,四个策略的敏感度大小关系为策略 9＞策略 11＞策略 8＞策略 10,说明政府与居民的风险沟通程度对降低公众的感知风险作用效果最好,营建企业的宣传力度和政府信息公开程度的作用效果次之,而企业与公众之间的沟通程度对降低感知风险的作用效果相对最差。

此外,这六个辅助变量的变化又直接影响专家不信任水平、谣言影响程度、政府信任度和营建企业信任度四个变量,因此可以通过这些辅助变量的变化来间接说明专家不信任水平、谣言影响程度、政府信任度和营建企业信任度对感知风险的影响。从仿真结果来看,专家不信任水平以及谣言影响程度的提升都能有效地增加公众的风险感知水平,而提高政府和营建企业信任度能有效地降低感知风险,进而降低感知风险向社会稳定风险再生产的水平。

据此,政府在日后对感知风险再生产阶段进行治理时,需要格外注意专家不信任水平、谣言影响程度、政府信任度和营建企业信任度,通过提升公众对专家的信任水平、对社会谣言进行治理和管控、加强政府与公众的沟通程度和信息的公开程度等来提升政府的信任水平,以及通过强化对营建企业的管理、提升其信任水平来有效降低公众的风险感知水平,最终达到抑制或者阻止感知风险向社会稳定风险再生产的目的。

三、社会稳定风险仿真结果分析

社会稳定风险作为感知风险的再生产形式,感知风险程度是导致社会稳定风险形成最主要的因素。通过回路图可以发现,感知风险程度会提升群众的关注度,群众关注度提升又增加了群众的抵抗程度,群众抵抗程度的增加自然会导致社会稳定风险的壮大,这就构成了社会稳定风险生成和强化最主要的路径。此外,其他多种因素和条件的变化都会造成社会稳定风险不同程度的增加或减少。由前文的机制分析可知,通常公众内在的感知风险都会外化为抵抗程度,公众的抵抗程度又受各类因素交互作用的影响,再加上社会媒体的强大作用力,共同构成社会稳定风险的增长极。而政府在社会稳定风险出现后及时采取措施进行治理是降低社会稳定风险最关键的影响因素,再加上政府对相关媒体的管理以促进真实信息的传播,两者共同构成了社会稳定风险的减少极。因此,本书以相对重要程度作为标准,选取利益补偿不足、媒体报道影响程度、从众心理作用、群众参与度、政府监督力度和政府治理力度作为社会稳定风险子系统调整的辅助变量(见表7-6)。

表 7-6　社会稳定风险管控策略分析

变量名称	策略编号	调整方案
Current	原策略	保持各因子的原始值不变
利益补偿不足	策略 12	初始值为 2.5,提升至 5,其他因子保持不变
媒体报道影响程度	策略 13	初始值为 3.5,提升至 7,其他因子保持不变
从众心理作用	策略 14	初始值为 3.5,提升至 7,其他因子保持不变
群众参与度	策略 15	初始值为 2,提升至 4,其他因子保持不变
政府监管力度	策略 16	初始值为 2.5,提升至 5,其他因子保持不变
政府治理力度	策略 17	初始值为 0.87,提升至 0.9,其他因子保持不变

　　使用 Vensim 软件对社会稳定风险相关的各个辅助变量调整后的情况进行仿真,结果如图 7-12 所示。仿真的策略较多,因此很难从图上直观地区分各变量调整之后与初始风险的对比关系。仿真运行后的数据分析如表 7-7 所示。

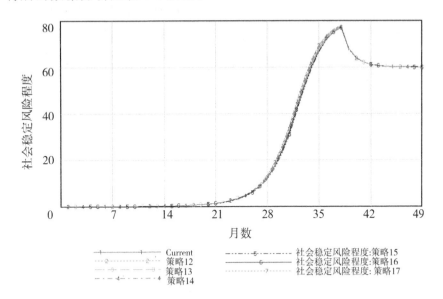

图 7-12　社会稳定风险策略仿真结果

表 7-7　社会稳定风险管控策略数据分析

月数	Current	策略 12	策略 13	策略 14	策略 15	策略 16	策略 17
31	32.907	35.011	34.847	33.984	31.193	32.166	30.800
32	42.710	44.951	44.729	43.877	40.715	41.680	40.258
33	52.615	54.715	54.466	53.728	50.573	51.408	50.091
34	61.349	63.076	62.840	62.280	59.521	60.147	59.065
35	68.107	69.371	69.178	68.798	66.657	67.063	66.267
36	72.785	73.633	73.490	73.254	71.743	71.975	71.434
37	75.766	76.300	76.202	76.064	75.066	75.183	74.836
38	77.559	77.883	77.820	77.742	77.110	77.162	76.945
39	67.981	68.062	68.067	68.022	67.929	68.031	67.970
40	63.964	63.984	63.998	63.971	63.997	64.087	64.074

　　表 7-7 中的第二列表示在不改变任何变量的情况下社会稳定风险第 31—40 个月系统仿真的结果,其余列为各策略仿真后第 31—40 个月的运行结果。从仿真结果来看,原策略初始结果在第 38 个月达到最大值之后逐渐下降,其余策略的变化趋势也基本和初始结果保持一致。因此,以第 35 个月作为标准来比对各个变量变化对初始情况的影响会更加直观。从表 7-7 中可以直观地看到,策略 12、策略 13 和策略 14 都能促进社会稳定风险的增长,而策略 15、策略 16 和策略 17 则都能促进社会稳定风险的减少。在此基础上通过对变量的敏感度分析来分析哪些变量对社会稳定风险的增长和减少起着关键性的作用。

　　从社会稳定风险的增长极来看,三个策略的敏感度大小关系为策略 12>策略 13>策略 14。这说明利益补偿不足对社会稳定风险增长的影响作用最明显,而从众心理对社会稳定风险的增长作用最不明显。由此可以看出,在影响社会风险的重要因素中,利益仍然是公众最关注的部分,这里的利益不只局限于单纯的经济利益,还囊括了政治诉求、公平参与等精神层面的利益。从社会燃烧理论的角度来看,由不平衡主导的社会矛盾(包括利益不均衡、参与不足)是引发社会稳定风险的"燃烧物质",外部的因素(包括媒体的作用和群体心理的作用等)只是作为引发社会稳定风险的"催化剂"和"助燃剂",而当公众的抵触程度达到临界值时意味着事件达到了爆发的"燃点"。在"燃烧物质"和"助燃剂"都具备的前提下,只需要达到"燃点"就会促使社会稳定风险生成,并且社会稳定风险和原生风险、感知风险的交织复合会构成更为严重的邻避冲突事件,轻则形成游行示威、堵塞高速公路等影响交通的事件,重则演化为冲击党政机关,发生暴力冲突事件,严重威胁社会治安。

从社会稳定风险的消解极来看,策略 15、策略 16 和策略 17 的敏感度大小关系为策略 17＞策略 15＞策略 16。因此,提升政府治理力度对降低社会稳定风险的程度最为有效,提升群众的参与度对降低风险程度的效果次之,而加强政府监管的作用相对来说是效果最弱的。

四、研究小结与政策建议

(一)研究小结

本书以环境邻避风险再生产机制作为研究主题,通过梳理国内外相关文献,从系统论的视角出发,构建多维度的环境邻避风险再生产机制分析框架,包括多主体维度、多条件维度、多阶段(时间)维度和多因素维度。在此框架下,从各个子框架中提取与环境邻避风险再生产相关的因素,并对这些因素进行整合和筛选,以"原生风险—感知风险—社会稳定风险—邻避冲突事件"的环境邻避风险再生产路径作为子系统构建的依据,将所有的因素按照相互之间的因果关系和等级关系进行梳理来构建各个子系统的因果图,最后将这些子系统进行整合,在此基础上补充所有因素之间的因果关系,形成最终的系统动力学模型。本书的主要研究结论总论如下。

第一,环境邻避冲突事件的爆发是因为环境邻避风险能量在内部不确定因素的影响下被释放,依附于邻避参与主体之间的复杂社会关系、技术手段等传导载体,沿着环境邻避设施的规划选址向项目的建设和运营方向进行传导,其间又受到来自外部复杂社会条件和因素的干扰与催化,最终使邻避风险的性质不断发生改变,从而形成更大的影响力和破坏力,在此期间呈现出一种进阶式的演化特征,也就是环境邻避风险的再生产。从系统论的视角出发,创新构建以多主体歧义互生、多条件复合共生、多阶段循环再生和多因素交互共生的邻避风险再生产分析机制。一是从公众、政府、营建企业、其他企业、专家和意见领袖六大主体的角度出发,分析其自身理性和相互之间的复杂社会网络与环境邻避风险的再生产之间的关系;二是围绕风险预案、风险补偿能力、社会资本和媒体能力构建环境邻避风险再生产的外界条件干预框架;三是以邻避设施的规划、建设和运营三个阶段作为宏观维度,并以风险建构、危机处理和结果管理作为微观维度,形成一个多阶段循环分析架构,分析环境邻避风险在多个阶段中的复杂的再生产关系;四是从社会心理和社会环境两个角度罗列存在的不同个体(群体)心理以及经济、法律和文化等因素对风险形成和再生产的催化与放大作用。

第二,在理论层面对环境邻避风险再生产机制的分析基础之上,通过系统动力学分析方法验证再生产理论机制的合理性。一是从理论机制中提取相关影响因素构建环境邻避风险的再生产系统模型;二是选择湖北省仙桃市的垃圾焚烧设施作为仿真对象,所得到的仿真结果基本符合案例本身的演化情况,说明模型具有较好的科学性和合理性,能够用于邻避事件中的风险再生产分析;三是按照原生风险、实在风险和社会稳定风险三个子系统划分环境邻避风险再生产的三个阶段,分别列举多个重要辅助变量作为仿真策略的选择,通过调整这些辅助变量证明其对各个阶段的环境邻避风险具有增加或弱化风险的作用。在原生风险阶段，邻避设施的距离作为直接影响因素，最容易导致原生风险程度增加，而通过提升风险预案的效力来加强对企业运行的管理能够间接促进原生风险的降低；在感知风险阶段，除了原生风险的影响，谣言影响程度对感知风险的增加作用最明显，公众更容易因为谣言放大自身的感知风险，而通过提升政府的风险沟通能力能够更为有效地降低感知风险的程度；在社会稳定风险阶段，除了感知风险的影响，利益补偿不足也容易导致社会稳定风险的增加，而提升政府的治理力度则能够有效地降低社会稳定风险程度。

(二)治理策略

1.完善科学的设施规划与选址

由仿真结果分析可知，邻避设施与居民之间的距离对原生风险的增长有着重要的正向影响，因此需要在邻避设施的规划和选址阶段进行科学的分析和研究。基于最小化风险冲突的原则，在环境邻避设施的选址过程中，通过综合运用专业规划知识研究、大数据分析和全面有效的现场调查，对设施的选址进行科学分析，保证其与居住区之间留有适当的距离，也可通过建设绿化带、生态公园等设施在居民区和设施之间形成屏障，这既美化了居民区周边的环境，同时也能减弱居民的不适感和风险感。此外，在规划时需要充分发挥环境稳定评价的作用，邀请第三方组织和专家对环境的承载力与调节能力进行评估，对设施建设是否宜建进行研判，综合分析地形、气候等自然条件以及人为因素的影响。

2.强化风险沟通机制

环境邻避风险的再生产在很大程度上都是因为邻避设施本身的负外部性形成的原生风险给居民的财产、身体健康等带来潜在的风险。当居民在寻求政府及营建企业的回应与处置无果时,居民往往会采取一些不理智的行为。仿真结果也证实了政府风险沟通能力的提升能够有效地弱化公众的感知风险,在一定程度上也抑制了感知风险转化为社会稳定风险的再生产过程。基于此,对于如何促进公众形成对设施的正确认识,以及如何通过有效的风险沟通机制来提升公众信任度并消除公众自身放大的风险,可以考虑以下两个方面:一是重构社会信任共同体,通过听证会、座谈会、圆桌会议等方式来搭建多主体沟通平台,让公众和社会群体广泛参与到项目中来,借由面对面的交流来消除信息壁垒,通过不断的讨论,调整各个阶段面临的问题与工作,吸收公众的合理意见,以此赢得公众的好感,进而增加彼此之间的信任;二是重视非正式沟通网络的作用,当前,公众对官方的信息公开和听证会仍持怀疑态度,而对于社区德高望重且具有良好群众基础的人员则较为信任,例如退休教师、干部等,由他们负责和居民进行沟通、协商,能够更加有效地消除公众的顾虑。

3. 构建风险舆论的防控体系

在环境邻避风险再生产过程中,舆论的作用不容忽视,舆论方向能够影响邻避风险的走势,正确的舆论能够迅速消除公众的误解和愤怒,而错误的舆论则会催化公众的愤怒情绪,使公众失去理智,采取极端行为,进而诱发更为严重的社会危机。过去,政府对于网络舆论往往采取围堵、掩盖的做法,对于与事件相关的文章信息一律采取和谐屏蔽的做法,这种"一刀切"的做法反而不利于舆论的管控,因此可以从以下三个方面改进:一是注重对个体谣言制造者的社交行为的追踪和监控,推进网络平台实名制的落实,加大对谣言制造者和传播者的惩罚,以尽可能控制和纠正个人非理性认知的传播,消除这类人员的消息交互动机,从虚假舆论产生的源头抑制风险的传播与再生产;二是在政府引导舆论回到正常水平时,需要重视对舆情的及时、客观真实的回应,尊重公民的知情权并引导公民增进科学认知,尽可能快速消除负面影响;三是政府需要加快规范网络媒体的新闻传播行为,加快出台相关新闻标题编写规范和媒体管理规范,严禁媒体使用具有诱导性的标题来博取公众的关注,误导舆论的走向,建立媒体信用黑名单制度,记录媒体蓄意报道负面信息的行为,对于有多次记录者,注销其运营资质。

4. 构建复合型利益补偿机制

利益补偿不足是引发公众不满以及增加抵抗情绪的重要因素,为社会稳定风险的产生及风险进一步演化为邻避冲突事件埋下了伏笔。而当前我国政府在利用利益补偿政策来消弭环境邻避风险时,往往暴露出补偿方式单一、补偿标准不合理、补偿信任缺失等问题,致使利益补偿的合法性受到质疑。政府的补偿行为甚至被认为是以牺牲环境为代价的权宜之计,这也加剧了公众对政府的不信任,促进了感知风险和抵触情绪的增长。复合型的利益补偿就是指政府在不同情境下要灵活运用各种补偿方式,在货币补偿失效时,要结合实际情况,采用公用设施补偿、医疗和教育资源补偿、发展和就业补偿以及生态和环境补偿等多种形式。倡导形成由补偿方主动给设施附近居民修建公共服务设施,为周边居民提供就业服务的补偿方式,这种方式在体现企业社会责任感的同时能够有效提升企业形象,促进附近居民对设施安全的了解,以此获得附近居民对设施的信任,化解公众对设施的担忧与误解,进而有效地防控风险的再生产。同时,政府需要构建合理的补偿政策设计,通过精准把握补偿的对象、标准以及补偿的时机和期限,提高补偿行为的针对性和合理性,提升公众对利益补偿的满意度。此外,利益补偿同样不是政府单一主体就可以决定的,在利益补偿方式和尺度等方面创新协商补偿的模式,搭建"补偿方—政府—受偿方"的沟通机制,促进双方互相能够接受的补偿水平的形成,这才是打破邻避利益补偿困境的核心之道。

5.提升政府的风险治理能力

政府治理能力直接决定了邻避风险能否在形成一定的社会影响之后得到迅速、有效的解决,从现实情况来看,当前我国政府治理能力不足主要表现为理论治理能力不足和民主治理能力不足两个方面。理论治理能力不足主要体现在邻避风险引发的问题越来越多、越来越复杂,基层政府部门很难及时认清问题的本质,再加上层级管理体制的影响,地方政府习惯于执行指示,而不注重解决问题。因此需要基层政府创新风险治理方案,培养试错能力,不要担心运用新的治理方式是否会造成更严重的后果,而应该大胆进行理论创新,不断地提升学习能力,同样地,上级政府也需要给予地方政府更多的权力,并予以高度的鼓励与认可。民主治理能力不足主要表现为民主自治组织功能的缺失,从国外的经验来看,社区自治组织作为政府和公众之间的缓冲带,可以缓解政府和公众之间的矛盾冲突,但是我国社区自治组织在邻避风险出现后并没有发挥协商调解的作用,最后造成政府和公众的"双输"。因此需要提升自治组织的民主治理能力,通过广泛的社区会议征求居民对于设施建设选址的意见,以及协商利益补偿方案,将协商选址、监督运营等权力赋予社区,保证更多的公众,尤其是利益相关者参与到项目中来,从而真正地消解邻避风险,避免邻避危机的产生。

(三)研究不足与展望

本书围绕环境邻避风险的再生产展开研究,从系统论的视角深入探讨了环境邻避风险的再生产机制,对政府部门在防治因环境邻避风险再生产造成的经济和社会损失方面具有重要的借鉴意义。但是由于研究时间、研究资源和研究能力等方面的限制,本书还存在较多不足,希望能够在之后的研究中加以完善,具体可以归纳为以下三点。

第一,在定性分析环境邻避风险再生产机制时,本书主要从多主体、多条件、多阶段和多因素四个层面构建了邻避风险再生产的机制框架,虽然每一层面都包含了较多的方面,但是从环境邻避风险的再生产来看,还存在其他主体、条件的影响,因此在之后的研究中,需要继续对机制框架和内容进行丰富与完善,从而深入对邻避风险再生产机制的研究。

第二,在构建系统动力学模型时,需要基于环境邻避风险的再生产机制提炼相关影响因素并将其纳入系统动力学模型,但是出于提高系统准确性的目的,剔除了一些很难界定的指标,而这些指标同样对邻避风险的再生产有较大的影响,因此在后续的研究中,需要进一步对这些指标进行整理归纳,从而完善整个环境邻避风险再生产演化模型。

第三,在定量分析环境邻避风险的再生产机制时,本书利用系统动力学方法进行仿真模拟,但是选取的指标大部分是专家不信任水平、利益补偿不足、群体心理、企业规范运营等软指标,而在对软指标进行赋值时采用的较多的是专家打分法和问卷调查法等,虽然利用层次分析法能在一定程度上保证客观性,但是在系统动力学方程中,各因素的权重占比计算方面仍具有较大的主观性。因此,在后续的研究中,除了通过增加问卷调查人数等方法来提升软指标的客观性,还需要引入具体的数据来强化某些指标(包括谣言影响程度、媒体报道数量)的真实性和客观性。

第八章　环境邻避风险治理范式转向

第一节　邻避风险:从脆弱性修复到韧性治理

环境邻避风险作为一种现代新兴风险,需要在治理范式上进行转型,一是治理方式从传统管制转型为现代治理,二是在治理逻辑上基于脆弱性管理提升韧性能力,培育城市韧性,实行韧性治理。

一、脆弱性修复:风险治理的起点

(一)邻避风险脆弱性何以修复

脆弱性和风险是事物的一体两面。脆弱性是风险受体的固有属性(暴露性、敏感性、适应能力),具有绝对性;而风险是指特定时空下受体损害的可能性及预计损害程度,具有时空相对性。联合国减灾办公室在年度报告[①]中提出了一个风险评估模型:Risk＝Hazard×Vulnerability/Capacity,即 $R＝H×V/C$,揭示了风险和脆弱性的函数关系。又因邻避风险具有时空约束性,即城市性特征,故城市风险评估公式可以改写为:风险损失＝灾害强度×脆弱性×集中度/灾害

---

① Office of the United Nations Disaster Relief Coordinator. Natural Disasters and Vulnerability Analysis : Report of Expert Group Meeting, 9-12 July 1979[R]. Geneva: Expert Group Meeting on Vulnerability Analysis (1979 : Geneva) (DHLAUTH)119353,1980.

响应能力。脆弱性既是风险受体的内核，又是风险实践的客体，受体的暴露性、敏感性、适应能力共同作用，导致风险后果。以脆弱性为原点，构建"风险受体脆弱性—风险实践—压力适应性—韧性治理"的分析范式。风险侧重于"标"，而脆弱性则侧重于"本"。基于社会脆弱性的"病理诊断"，查找环境邻避效应诱发多重风险进而导致社会稳定风险的"病原体"和"传染体"，探讨发展型介入方案。

解决邻避冲突首先要修复人与人之间的联系。中国快速推进的城市化进程导致了城市人口的高流动性，城市居民之间的联系被割裂，逐渐转变成"个体性社会"，换句话说，即使是居住在同一社区内的居民，他们互不认识的情况也普遍存在，因此参与感普遍不高，就更不用说个人与政府之间的联系和交流了。邻避设施选址通常会优先考虑相对偏远的位置，这些地方的社区在城市化过程中也常常被边缘化，基层社会单元与城市主流社会缺乏连接，在项目规划前，地方政府、公众以及邻避设施监管运营主体三者之间缺乏一定的行为规范和信任。社区作为城市的基本组成单元，同时也是环境邻避风险的核心利益相关者，很有必要构建邻避区域社区与政府等相关主体的社会连接，让社区成为群众与政府沟通的窗口，并且要随着项目的推进不断修复被外部因素磨蚀的连接，降低对抗和敌意，消解人为造成的感知风险，并充分利用社区深入群众的优势缓和社会矛盾，在时间、空间上分散邻避风险，控制邻避设施建设及运营带来的损失，进而有效地促进环境邻避风险治理中的社会协同，在社会组织、社会连接、社会认知等方面赋能于邻避风险区域。

相较于单纯地解决邻避事件，社会脆弱性的修复，尤其是社会韧性的增强，更体现为一种科学的社会研究，有利于建构和谐社会。社会韧性能力的提升不仅仅依赖公众，也需要政府增强应对风险的预见能力、高效决策能力，还需要多样化的社会组织以及多层次的社会成员参与网络。近年来，除了政府、企业、个人会被卷入邻避事件，媒体、环保组织对邻避事件的影响也越来越明显，并成为社会信任系统建设中的一环。媒体对邻避事件的作用是一把"双刃剑"。一方面，新媒体的出现使得谣言的传播更加便利，也使越来越多的人卷入冲突之中；另一方面，新媒体还使得信息更加公开透明，传播范围更广。充分发挥媒体的传播优势，及时有效地安抚群众是建设社会韧性的一环。目前，各地政府、企业都有自己的微博、公众号，不仅能够充分发挥信息的正面作用，在促进宣传的同时，也能更好地发挥群众的监督作用。环保组织一般是以社会监督的角色存在于邻避冲突事件中的。相较于一般群众，环保组织更具理性，看待邻避事件的角度也更客观。媒体与环保组织的加入使得社会信任系统更加公正和稳定。风险社会的高度复杂性和高度不确定性对风险决策的时间效率提出了更高的要求，建立更加完善和多样化的参与网络能够大大提高调动相关社会资源的能力，而自发组织的环保团体则通过其共同行动来增强社会系统对于邻避风险的反应、协调以及适应能力，使社会系统能够继续维持平衡状态，从而增强社会韧性。

社会要发展，人们的需求要得到满足，邻避设施就不得不建。深究邻避冲突产生以及发展的特征可以看到，邻避冲突的产生不应单单归咎于建设，还要归咎于建设过程中的风险因子。在这个意义上，邻避设施所引发的社会冲突更多来源于社会的脆弱性，修复社会脆弱性并提升社会韧性将大大增强社会面对危机的能力。脆弱性理论源于自然科学研究，而现有文献中的量化研究较多，质性研究不足。社会脆弱性更关涉到集体行动与社会团结。社会问题的研究离不开质性研究，特别是群体应对外部冲击时的社会行动、邻避效应中的集体行为等，对社会脆弱性的研究需要更多地关注质性方法（周利敏，2015）。

制度信任、社会治理、运营管理等方面存在的制度性脆弱特征是滋生环境邻避设施监管主体和运营主体制度性风险的主要原因，需要切断制度性风险与原生风险的演化链,防止产生复合性与衍生性效应。地方政府,特别是基层社区治理要按照制度韧性的要求,适应社区权力觉醒和环境正义的需求,破除知识、信息垄断,提升决策结构开放度,注重公众实质性参与决策,提升邻避项目治理的有效性。以管理韧性作为邻避项目治理的有效性目标,完善程序、细化流程,做好事前的预研、预警、预案,事中的快速响应和危机管控,事后的善后补偿和心理干预,通过精密实施和有效管理来增强韧性。

社会资本、社区安全、风险文化、综合防灾能力等方面存在的社会脆弱性既是邻避风险产生的社会条件,也是风险建构的因素,需要弱化这些社会因素对建构性风险的再生性与涟漪效应。以社会韧性作为社区建设文化导向和社会心理建设价值导向,按照社会韧性要求,塑造社会权威机制、风险本土化、资本支持及资源共享机制、强化理性社会认知、组织学习、社区营造,增强社会包容性和安全冗余性。

(二)如何管理邻避风险脆弱性

脆弱性管理的基本策略(McEntire,2005)包括以下四点。

第一,对物理环境和社会环境中的不利因素和能力进行有规律的评估。

第二,政府官员和市民都要接受防灾减灾知识培训,加强防灾备灾制度建设。

第三,对居民社区赋能,增强其减灾责任。

第四,公共部门、私人部门和非营利组织要加强合作与沟通协调。

脆弱性是一个系统性概念,涉及经济、社会、生态、人口等多个系统,且系统之间相互影响、相互联系。不同学科赋予脆弱性管理不同的内涵并有不同的研究视角,因此在如何管理脆弱性方面,也有各自的政策建议(见表 8-1)。

表 8-1   不同学科视角下的脆弱性及其管理建议

学科	研究视角	政策建议
地理学	脆弱性由灾害易发区域的利用情况决定	考虑减灾的土地利用规划
工程学	脆弱性源自建筑物结构和基础设施无法抵御灾害	做好建筑物和基础设施的设计和建造,使其具有防灾韧性
经济学	脆弱性与贫穷有关,会导致失去经济能力且灾后难以恢复	改善财富分配,为灾区人民购买保险,增强经济韧性
社会学	脆弱性是对灾害行为的模糊描述,与种族、性别、年龄、生存能力等因素有关	理解灾害中人的行为方式并关注特定人群的需求
心理学	脆弱性是指轻视风险且对压力无心理承受能力	帮助人们识别风险并提供危机咨询,增强韧性
环境科学	脆弱性是一种环境退化倾向,会导致天气模式的变化和灾害的长期化	节约自然资源,保护绿色空间,确保采用环境友好型方式进行废弃物处理
政治学	脆弱性是政治结构和错误的决策造成的	改造政治系统的结构,对政客和立法者进行灾害风险培训
公共管理	脆弱性是法律误导、施政失败和监管无能的结果	通过完善措施、提高政策执行效能、强化法规监管来增强响应和恢复能力
应急管理	脆弱性是指灾害前后防灾减灾功能的缺乏(比如疏散、寻找、搜救、公共信息等)	培养防灾公共意识,通过灾害和脆弱性分析、资源获取、计划、培训和实际操作等来提高防灾能力

资料来源:McEntire D A. Searching for a Holistic Paradigm and Policy Guide: A Proposal for the Future of Emergency Management[J]. International Journal of Emergency Management,2003(3):298-308.

二、韧性治理:反脆弱性的问题靶向与范式转向

邻避效应是城市化进程中的必然产物,如何破解邻避困境是城市治理的一大难题。邻避效应会导致居民的抗争并引发邻避运动,但是并不必然导致邻避冲突并进一步酿成邻避风险。邻避风险的持续演化源于社会脆弱性,发于系统性不利因素。如前所述,邻避风险的社会脆弱性涵盖了社会资本、制度信任和治理能力的脆弱,系统性

不利因素包括自然、社会、管理、技术等方面的缺陷,反映了城市治理,特别是基层社会治理存在的种种弊端,主要表现为治理能力羸弱、监管职能缺位、企业责任旁落、制度信任不足、公共理性缺失、社会纽带断裂、信息分布失衡、空间权利扭曲。因此,如何管理脆弱性以及改进系统性不利因素是治理邻避风险的重要课题,也是问题靶向。

"暴露性—敏感性—适应能力"的研究框架能够同时为韧性城市规划提升防御能力、恢复和适应能力、转换和自学习能力提供有力依据:暴露性指人类社群与压力和扰动接近的程度;敏感性指暴露单位因受压力和扰动影响而改变的容易程度;适应能力指暴露单位处理不利影响并从中恢复的能力(Adger,2006)。三者既同时包含了弹性规划需要应对的压力和扰动要素,也包含了弹性城市规划目标塑造的防御能力、恢复和适应能力、转换和自学习能力等方面(李彤玥,2017)。

伴随着社会转型的快速推进,我国社会呈现出很多不同于西方社会的风险特性,如风险的累积、叠加以及风险传递和转移机制等,特别是生态环境风险带有明显的复合性特征,与环境安全紧密相关的垃圾焚烧厂事件、PX事件和化工厂污染等各类公共事件在各地频繁发生,这使得"中国式邻避"风险进一步凸显。一方面,邻避风险已表现出复杂的特殊状态,急需新的治理方式来解决;另一方面,"中国式"环境邻避风险的独特之处在于我国特有的行政体制以及治理结构。因此,环境邻避风险的治理对城市韧性建设提出了更迫切的要求。城市韧性与社会脆弱性高度相关,有学者认为它们之间是相互包含的关系,或许可以将社会脆弱性纳入城市韧性的整体框架之中。两者的区别表现在:社会脆弱性强调的是外界风险发生的可能性,更多的是一种结果的表达;而城市韧性更关注城市系统以及子系统受到外界因素的负面影响之后的恢复能力,是一种过程的表达。这种恢复能力越强,城市韧性就越强,而社会脆弱性则越小。邻避冲突的发生既是社会脆弱性的结果反应,也是城市韧性的过程表征,城市系统的脆弱性越大,社会韧性越缺乏,这也意味着邻避事件所面临的风险越大。

脆弱性、适应能力与韧性有着密切的联系:脆弱性因风险而凸显,韧性因风险治理而备受关注,脆弱性是事物的固有属性,韧性则是能动性的表现,两者通过主体能动而相互联系。脆弱性包含应对能力,韧性是适应能力的重要特征,但是应对能力和适应能力并非完全相同,有时候适应能力是应对能力的一部分(Gallopin,2006)。

从社会脆弱性到社会生态韧性的转变:脆弱性理论着重探讨灾害形成的脆弱性因子,是一种被动反应,其实是一种"无能"的表现,而韧性则不同,是一种积极应对、消解灾害和自我恢复的能力(Bogard,1989)。韧性和脆弱性是事物的一体两面,增强相关主体韧性与减少脆弱性是同一个问题的两个不同的侧面(杨慧,2015)。

脆弱性并不必然是韧性的反义词,脆弱性涉及系统的结构性变化,主要是指系统的稳定性外观的变化,而韧性是指系统的内在属性,并不包含扰动因素的暴露性。韧性与脆弱性的某些成分有关,比如应对能力、适应能力、处置能力等。

随着社会科学对应急管理领域的深度介入,突发事件社会动力学、公众风险意识提高和抗逆力培育正在成为应急管理研究的热点问题,脆弱性管理开始进入政府和学术界的视野(刘铁民,2010)。由于脆弱性存在于应急管理的各个层面和突发事件的全生命周期中,因而具有绝对性,所以说,风险治理离不开脆弱性管理。而韧性作为风险治理的新范式,具有逻辑必然性。针对基层治理存在的治理体制碎片化、治理工具同质化、治理议程扭曲化、治理资源稀缺化以及治理环境内卷化等治理脆弱性问题,韧性治理强调对风险与脆弱性的共同消解,也因此成为基层社区应对叠加型、复合型以及系统型风险的理论和现实选择(盖宏伟和牛朝文,2021)。

第二节　环境邻避风险韧性治理范式的理论内涵

一、韧性治理是风险治理现代化的必然要求

韧性科学逐渐从生态理论进入城市科学,并通过生态—社会韧性、社会脆弱性等概念渗透到城市治理和社会治理领域。韧性城市、韧性社区逐渐成为风险治理理论研究的新范式(杨雪冬,2019),韧性的衡量就是系统对于扰动的抵抗能力以及从故障状态恢复到正常状态的速度与程度(赵方杜和石阳阳,2018)。脆弱性和韧性是风险的一体两面,环境邻避风险与社会韧性的理论契合,两者可以建立逻辑勾连:风险治理视角聚焦于风险客体,侧重于风险之"危险";韧性视角关注社会主体建设,特别是社会能力建设,侧重于风险之"机会"。分析社会韧性的内在逻辑与经典风险社会理论的制度论和文化论的内在契合性及并置融合趋势(刘佳燕和沈毓颖,2017)。

韧性也被称为弹性,最早来源于拉丁语"resilio",本义是"恢复到原始状态"。1973年,加拿大著名生态学家Holling(1973)首次将韧性这一概念应用到系统生态学领域中。之后,关于韧性思想的研究逐渐向人类生态学、城市学、经济学、社会学等其他领域延伸。总体来看,韧性理论的发展经历了从工程韧性、生态韧性到引入人的社会—生态韧性(演进韧性),再到以人类社会为主的城市韧性四种思想观念的转变。

Alberti等(2003)将城市韧性定义为城市系统结构在重组之前仍然能够保持原有的主要特征、结构和关键功能的程度。Bruneau等(2004)强调,城市韧性在吸收和化解外界变化之后可以实现动态平衡的能力,这种平衡状态相比城市系统的初始状态可能会有差异,

但其整体效能是有所提升的。Jha 等(2013)认为,韧性城市是由基础设施韧性、经济韧性、制度韧性和社会韧性四个部分组成的。基础设施韧性主要涉及城市管理能力和社区应急反应能力等;经济韧性包括灾后恢复能力以及交易量等;制度韧性主要指的是地方政府和一些非政府组织管理社区的能力;而社会韧性是社会人口和社会资本的要素集成。总的来说,城市韧性可以被看作是城市系统在面临外界风险以及不确定扰动时恢复平衡状态的能力(韩翀等,2017),主要包含反省性、灵活性、坚固性、冗余性、整合性、适应性和包容性七个特质(向铭铭等,2016)。

韧性治理的两大目标:第一,防止系统在面临外部压力和扰动时向意外的系统配置偏离;第二,培育和储备系统在发生巨大变化后具有能够自我更新和重组能力的要素(Walker et al.,2002)。本书提出了社会生态系统韧性治理的分析框架:第一,系统描述(关键过程、生态系统、结构和行动者);第二,韧性导向的愿景和情景(考察外部冲击、检视合理的政策、考察各种愿景);第三,韧性分析,整合更好的理论;第四,韧性治理对利益相关者进行过程和结果评价。

在现代风险社会,城市成为名副其实的"风险集合体",风险防控的逻辑也需要从刚性管制向韧性治理转变(王鹭和肖文涛,2021)。城市治理现代化对城市治理体系和治理能力提出新的要求,面对结构日益复杂、功能更加多元化、城市能级不断提升、城市巨系统愈加庞大、各类风险交错叠加的新场景,韧性治理是必然选择,且具有深刻的现实背景和强烈的理论需求。

二、社会韧性特征与环境邻避风险韧性治理要求

社会韧性作为城市韧性的组成要素之一,为复合型环境邻避风险治理提供新思路。根据上述韧性的定义,社会韧性包含三种能力:一是抵御能力,是指可以防御、抵抗外界风险或不确定扰动,降低其

带来的损失和危害的能力;二是恢复能力,是指恢复系统相关受损部分,能够继续维持社会系统的正常运转,并逐渐达到平衡状态的能力;三是调适能力,是指通过系统的学习,优化组织结构,使其获得更好的状态,以更好地应对未来风险的不确定性的能力。就社会韧性三种能力的关系而言,抵御能力和恢复能力是社会系统及要素调适能力的前提和基础;而社会系统及要素的调适能力会进一步提升抵御能力与恢复能力;社会系统一直处于不断进行风险抵御、自我修复与调整适应的动态过程中。相应地,社会韧性具有以下四种特性:一是稳定性,即在遭受不确定性风险时,社会系统依然可以维持原有的正常功能;二是冗余性,是指系统各部分的可替代程度,即使功能出现退化,也可以满足系统所需的能力,不会造成功能缺失;三是应变性,即系统在面临外界风险时能够及时发现问题并调集所需资源;四是及时性,即控制损失,避免未来风险,并且系统可以迅速恢复和发展。

基于社会韧性的特性以及能力要求,环境邻避风险治理的韧性范式具有如下基本要求。

第一,治理价值从经济增长型转向公共服务型或民本福祉型。传统邻避项目的管理主要表现为在邻避设施正常运营、维持经济收益的前提下,为降低环境风险造成的个体健康损害以及周边环境污染等负面影响,通常会给予利益相关者一定的经济补偿,但是公众的利益诉求往往得不到平衡。而公共服务型治理是将邻避项目作为公共服务设施,这不仅可以消除邻避项目带来的影响,还能满足利益相关者的利益诉求。例如,日本新江东垃圾焚烧厂运营商联合政府在周边建造大面积公园、热带植物园和游泳池,形成公共设施地块,周边居民可以免费享受公园与设施。

第二,治理手段从命令控制型转向协商协调型。环境邻避风险治理主体从单一政府向多方协调形式转变,可以弥补地方政府在邻避项目管理中的不足,提升政府公信力,更能调动社会组织、社会公众等多元主体的参与积极性,保证邻避项目的正常建设和运营。在结构性关系上,从传统治理的一种支配性和依附性关系转变为一种现代治理的民主共治的协商关系(周庆智,2019)。

第三,治理方式从维稳型转向适应型。维稳型治理方式更多的是针对传统一元化、孤立的邻避风险。事实上,我国邻避事件已然是多种风险因素长期累积、相互叠加、相互作用的产物,社会系统要恢复到平衡状态,其所对应的治理方式应该有多种,包括复合性风险复合治理、动态性风险权变性治理以及不确定性风险适应性治理。

第四,治理流程上从应急管理转向韧性治理。应急管理强调的是基于邻避事件突发的原因、过程以及后续影响的分析,尽可能有效地进行控制、管理,强调管理的及时性、有效性,但是它对于使社会系统免遭风险并恢复到平衡状态则成效甚微,而这一点恰恰是韧性治理所强调的。韧性治理不仅重视环境邻避风险的降低,还进一步强调了邻避事件发生后应当维持多样化、非线性的动态平衡状态。韧性不仅可以使系统恢复到原始的平衡状态,还可以使之从一种平衡状态向另一种平衡状态转化。在风险治理流程上系统设计、柔性管理,事前做好预防预警,事中做好危机管控,事后做好修复调适,整个过程注重适应力、学习力的培养。

三、环境邻避风险治理的韧性逻辑

环境邻避风险是源于邻避设施的环境风险并经由人为建构和信息扭曲而衍生出的社会风险,具有典型的系统性社会脆弱性特征、社会生态系统多因素综合性特征,以及时空、人、信息、社会、环境多维交互演化的动态性特征。环境邻避风险并非某一种类型的风险,而是动态变化、复合叠加的风险谱系,理论上需要寻求新的治理逻辑,策略上需要实现治理范式的转换。

(一)环境邻避风险的"病理"分析

1. 环境邻避风险的"病原体":系统性社会脆弱性

环境邻避风险并非纯天然的自然灾害,更不是人为故意制造的破坏性事件,而是源于邻避设施且内生于社会、文化、管理、制度等社会结构的合力作用的结果。《系统之美》一书的作者德内拉·梅多斯(2012)曾说过:"流感病毒不会攻击你,事实上,是你自己的身体状况正好适合流感病毒的生长。"任何风险的产生都与人的行为和利益有关。脆弱性是系统思维下对事物特征的客观认知。脆弱性理论认为:特定系统或个体存在内在不稳定性;该系统、个体对来自外界自然的或人为的干扰和变化等比较敏感;在外来干扰、外部环境变化的影响下,该系统或个体容易遭受某种程度的损失或损害并且难以复原(Adge et al.,1999)。社会脆弱性遵循系统脆弱性的一般规律,经由系统内的自然、社会、管理、技术等因素与外部环境和扰动因素的综合作用而形成,具有鲜明的系统性、综合性、动态性特征,因而社会脆弱性是韧性理论的重要学术问题来源。现代社会的风险具有多维交错、历时共时、循环再生等特点,环境邻避风险在一定时空范围内均会表现出这些特征。现代社会风险有实在风险、建构风险两种存在状态,按其形态可分为技术风险、制度风险、信任风险、感知风险等。上述四类风险之间的相互作用会生成新的风险,风险再生产过程中呈现出多主体歧义互生、多条件复合共生、多阶段循环再生等机制(杨雪锋和谢凌,2020)。脆弱性的三大要素均关涉风险和韧性,暴露性构成风险的主要方面,敏感性直接关系到风险后果,适应能力则与韧性密切相关。脆弱性着眼于风险受体内部,确定性对象为解决问题的出发点,在风险社会中,这种思维存在三个缺陷(Ahern,2011):一是无法应对可变和不确定系统安全的稳定性和平衡性;二是人类社会长期复杂的活动形成的社会化差异难以通过控制来实施管理;三是忽视了城市或社会生态系统具有自组织功能和适应性。这种风险治理逻辑不足以确保社会生态系统的有效运行,需要在此基础上秉持韧性治理的思维。

2.环境邻避风险的"传染体":信息系统与风险传播

风险是一定不利条件下破坏性因素造成损害的可能性。这种可能性既源于风险受体自身的脆弱性,起于孕灾环境的不利因素,又变于信息传播和社会反应,从而推动风险的社会建构,进入风险再生产过程。如前所述,信息系统是风险的社会放大站,也是风险的转换站,这个系统包括多个风险参与主体:周边居民和社会公众对风险信息进行接收与判断,并形成自己的风险感知;社会理性与专家理性在风险认知上的差异会扩大公众和专家的风险感知分歧;社会资本、风险文化等制度性环境会塑造公众对风险的敏感性;政府的回应和风险沟通效果也会参与风险的社会建构;媒体的传播和舆情的引导,以及意见领袖的"中间站""二传手"作用,在风险建构的强度上不可忽视。整个信息系统在负向作用方面就是风险的"传染体",不仅具有扩散效应,还会导致风险的"变异"。由于复杂系统中存在反馈延迟,在经过一段时间之后,问题会变得更加严重,而且更加难以解决。环境邻避风险是复杂的社会现象,具有复杂系统的特征。在原生风险发生之后,如果不能够及时化解,就会衍生出次生风险;实在风险横向叠加,经过社会建构,纵向产生涟漪效应,建构形成新兴风险。

3.环境邻避风险的社会"免疫力":城市韧性

传统的风险理论关注外部因素,脆弱性更关注主体或系统的自身问题。人类面临的自然灾害并不是由自然因素导致的,而是人类社会自身具有的不利社会经济条件导致的脆弱性使得人类在自然事件面前具有易受伤害的特征(Okeefee et al.,1976)。城市脆弱性是由处于特定地点、特定时代的社会政治、经济和制度所决定的多层次、多维度的社会空间集合(Hans et al.,1994),表现为城市作为一个过度复杂系统的内在缺陷。脆弱性理论推动了风险理论的发展，风险社会理论开始关注人类自身的问题。城市化的快速发展所蕴含的城市系统脆弱性和各种风险乃至危机日益显现，以"耐灾"为核心思想的韧性城市被认为是当今风险社会背景下城市安全发展的战略导向和崭新范式（肖文涛等，1994），也为环境邻避风险治理提供了新范式。

与脆弱性理论发展趋势相似，城市韧性的内涵也逐渐从自然韧性转向社会韧性，为应对社会风险的级联效应和系统关联性，城市韧性培育应更多地关注物理韧性与治理韧性的有效融合，拓展早期单一维度的自然韧性思维，寻求以多维度韧性共同强化机制为目标的复合韧性思维（杜力，2022）。韧性理论关注风险过程，风险理论关注风险结果，因此韧性理论能为风险的分析评估和管控治理提供科学的理论支持。

韧性范式的本质是系统思维。环境邻避风险韧性治理是以社会韧性为主导的多维韧性整合治理。这种整合不是机械式的组合，而是有机合成、生态式的演化整合，既有逻辑路径的整合，也有韧性能力的综合，还有韧性类型的协同。社会—生态韧性抛弃了对系统平衡状态的追求，转而关注其非平衡状态的发展与演化，因此也被称为演进韧性（赵方杜和石阳阳，2018）。社会韧性是指社会的结构性、各部分之间的连接性，是维系社会结构和发展的力量与特征，是社会系统面对外界不确定性或扰动时恢复平衡状态的能力。制度主义风险理论认为，社会风险是制度不完善导致的，需要确立以"政治—制度"为中心的治理模式，通过制度创新和结构性改革来治理风险，强调国家和政府的权威机制；文化主义风险理论则把风险看作是心理认知和价值判断的结果，需要建立以社团为中心的治理模式，通过文化建构、心理沟通、价值认同来缓释风险。社会韧性的内在逻辑与经典风险理论中的制度主义、文化主义两种风险治理路径具有一定的内在契合性,这三种理论均强调在社会组织、社会连接、社会认知、社会融合等层面增强风险治理能力(赵方杜和石阳阳,2018)。通过理念融通、逻辑勾连、机制整合,韧性范式实现了风险治理由原有单向度的线性思维向复杂系统演化思维的转化。在现实层面,韧性思维与韧性治理范式为破解中国式风险社会在风险累积与叠加、风险转移与分配等方面存在的"中国式邻避"困境提供了新的思路。在治理方法和路径上,复合治理、系统治理、适应性治理成为重要选项。有学者甚至提出了可控的韧性治理模式(唐皇凤和王豪,2019)。基于脆弱性的控制性管理模式体现的是工程学思维,反映了风险管理者主动应对风险的意识;面对复杂多变的邻避风险,还要坚持韧性范式主导的生态学思维,采取权变性管理模式(高恩新,2016)。

(二)脆弱性修复的韧性要求

为抑制风险,需要对脆弱性进行修复,对照韧性要求,通过对应的韧性建设来增强风险应对能力。按照韧性范式分析的系统性、整体性、结构性要求,分别从工程韧性、管理韧性、社会韧性等层面构建多维风险整合治理框架,解析韧性治理的运行机制。

第一,生态环境、基础设施、技术支持系统等方面的结构性脆弱特征是诱发实在风险的物理环境和物质载体。重点防范的是邻避设施实在风险作为原生风险的诱致性与扩散性效应,以强化邻避设施的实体功能为主,查漏补缺,系统治理。按照工程韧性要求,改善生态环境,完善项目科学规划设计、设施安全规范运营、污染物无害处置达标排放;按照基础设施韧性要求,设计合理的空间体系和完善的基础设施,强化关联设施的系统性,同时增强基础设施应急能力和安全运行保障,优化技术支持系统,构建高效的风险管控和恢复系统,提高基础设施的抗逆性和恢复力。

第二,制度信任、社会治理、运营管理等方面存在制度性脆弱特征,是滋生环境邻避设施监管主体和运营主体制度性风险的主要原因,需要切断制度性风险与原生风险的演化链,防止产生复合性与衍生性效应。地方政府,特别是基层社区治理要按照制度韧性的要求,适应社区权力觉醒和环境正义的需求,破除知识、信息垄断,提高决策结构开放度,注重公众实质性参与决策,提升邻避项目治理的有效性。以管理韧性作为邻避项目治理有效性目标,完善程序、细化流程,做好事前的预研、预警、预案,事中的快速响应和危机管控,事后善后的补偿和心理干预,通过精密实施和有效管理来增强韧性。

第三,社会资本、社区安全、风险文化、综合防灾能力等方面存在社会脆弱性,这既是邻避风险产生的社会条件,也是风险建构的因素,需要弱化这些社会因素对建构性风险的再生性与涟漪效应。以社会韧性作为社区建设文化导向和社会心理建设价值导向,按照社会韧性的要求,塑造社会权威机制、风险本土化、资本支持及资源共享机制,强化理性社会认知、组织学习、社区营造,增强社会包容性和安全冗余性。

第三节　环境邻避风险韧性治理路向

邻避冲突的发生既是社会脆弱性的结果反映,也是城市社会韧性的过程表征。按照社会韧性的特性和能力要求,在社会包容、社会组织、社会连接、社会认知等方面赋能于邻避区域社会系统。社会韧性属于社会机制范畴,强调在面对外界不确定性与扰动因素时,社会系统自身所具有的调节、恢复和适应能力,能够维持社会结构的总体均衡。社会韧性的建构注重社会包容性、社会连接性、社会能动力、社区成长力的建设,从而逐渐完善风险治理的社会机制,由此提出环境邻避风险治理韧性导向(杨雪锋和谢凌,2020)。

一、增强社会包容性

我国传统的环境邻避设施决策多是单一主体（即政府）参与，因此全体成员的利益，特别是弱势群体的利益不能兼顾，利益补偿机制的缺失会造成少数群体成员需要承担邻避设施带来的全部负面影响，即邻避项目运营和决策的包容性不足。面对我国复杂的环境邻避风险现状，邻避项目的实施需要加强包容性治理。包容性治理是具有政治合法性的微观生产机制，有必要成为邻避风险治理转型的路向选择，形成政府、群众、企业、社会组织等多元主体平等协商、共同参与的善治之道（邓集文，2019）。社会包容性的增强主要强调参与和平等共享两个方面，它体现出了邻避治理的空间正义价值取向。第一，确保邻避设施各方利益相关者都能积极参与并影响邻避项目决策过程，做到信息公开、充分沟通、民主协商，实现邻避风险从单一主体治理转变为多元主体协同治理，吸收与整合社会多方主体（如专家学者、社会企业、社会组织）的宝贵建议，提高利益相关者对邻避设施的认可程度，保证邻避项目的正常建设和运营。第二，需要完善邻避设施利益补偿机制，把利益受损群体的利益放在重要位置，在邻避风险治理过程中，通过经济补偿和其他补偿手段弥补邻避区域的损失，消除弱势群体在邻避冲突治理成果共享中所遭遇的不公平情况。第三，增强邻避设施的空间兼容性，比如：增强邻避设施本身的空间融入性，减少感观不适；进行必要的直接空间隔离，屏蔽视觉污染；鼓励利益相关者对邻避设施的空间介入，降低因信息不对称而产生的不安全感。

二、修复社会连接性

中国快速推进的城市化进程导致了城市人口的高流动性，城市居民之间的联系被割裂，逐渐转变成"个体性社会"，换句话说，即使是居住在同一社区内的居民,他们互不认识的情况也普遍存在,因此参与感普遍不高。从微观层面来看,公众作为生活共同体,原有的社会性和连接性不断遭到侵蚀、破坏。邻避设施选址通常会优先考虑位置相对偏远的地方,这些地方的社区在城市化过程中也常常被边缘化,基层社会单元与城市主流社会缺乏连接,在项目规划前,地方政府、公众以及邻避设施监管运营主体三者之间缺乏一定的行为规范和信任。社区作为城市的基本组成单元,同时也是环境邻避风险的核心利益相关者,很有必要构建邻避区域社区与政府等相关主体的社会连接,并随着项目的推进不断修复被外部因素磨蚀的连接,增加社会关系冗余度,增进各主体之间的共识,保持理性,降低对抗和敌意,消解人为造成的感知风险,在时间、空间上分散邻避风险,控制邻避设施建设及运营带来的损失,进而有效地促进环境邻避风险治理中的社会协同。

三、习得社会适应力

社会生态系统既是由多要素决定的,也是互动的、整合的,理解互动的核心概念包括恢复力、适应力以及转型力,它们构成了一个社会—生态系统长期可持续发展的能力,其中适应力是指系统中的行动者管理恢复力的能力。适应力是系统自组织功能的体现,是一种动态演化的能力,通过应激—反应—纠错—学习—调适的过程而习得。这种适应力不仅包括社会系统内部各层次之间的适应,还包括社会系统与生态系统之间的适应。环境邻避运动既是社会系统内部某个群体与社会系统的相互不适应,也是社会系统与生态环境系统的不适应。针对此类风险事件,需要提高社会动员能力和基层群众思想沟通能力,拉近政府与周边居民的社会关系,构建邻避项目运营企业所在地的社会资本网络,通过组织学习、心理调适、风险文化塑造、综合减灾演练等增强社会—生态系统的适应力。

四、增强社会能动力

社会韧性能力的提升不仅仅依赖具有连接性和团结性特征的公众,也需要政府增强应对风险的预见能力、高效决策能力,还需要多样化的社会组织以及多层次的社会成员参与网络。风险社会的高度复杂性和高度不确定性对风险决策的时间效率提出了更高的要求,民主协商作为一种治理手段更多地体现在规划阶段,一旦项目启动建设和运营,政府在应对各种风险的能动力上发挥主导作用,需要对时间资源稀缺化的现实做出响应。在保障风险可控的前提下,这些社会组织和成员网络在邻避风险治理的过程中可以充当地方政府,特别是基层社区和居民之间的交流媒介与利益诉求沟通渠道,缓和双方的对立情绪,有效减少邻避冲突的行为。建立与完善多样化的参与网络能大大提高调动相关社会资源的能力,通过共同行动来增强社会系统对邻避风险的反应、协调以及适应能力,使社会系统能够继续维持平衡状态。社会能动力的增强和公众心态密不可分。当前,复合型的环境邻避风险让公众的社会心理愈发敏感,在价值认同上愈发呈现出多元化的趋势,甚至可能会有失范状态的产生。面对上述情况,地方政府(特别是基层社区)需要引导公众保持积极、理性的心理状态,加强社会心理服务体系的建设,注重社区文化建设,增加邻里交往的机会,为邻避风险的韧性治理奠定良好的心理基础。

五、培育社区成长力

何为韧性社区?韧性社区就是以社区共同行动为基础,能连接内外资源、有效抵御灾害与风险,并能从有害影响中恢复,实现可持续发展的能动社区(吴晓林,2020)。这种能动性表现为社区在一定的区域内处理压力源并能通过相互合作来有效恢复日常生活节奏的集体能力(Aldrich,2012),还表现为社区能够利用现有的资源及自组织能力应对灾害影响的能力,具有鲁棒性、谋略性、及时性和冗余性(李德智等,2018)。因此,社区韧性是一个包含稳定能力、恢复能力和适应能力等的集合,具有自适应性、自主性、成长性、趋向性特点,体现出内生安全能力(孙琳,2019),它既是一种成长过程,同时也是社区的发展目标(韩翀等,2017)。

　　培育社区成长力需要识别和整合可供运用的人类因素、物理因素、社会因素,将内生能力培育置于重要位置,着力于韧性社区的三重指向:物理层面的抗逆力、社会生态层面的恢复力和社区成员的自治力,推动社区内部自我增强、社区外部资源整合的双向构建(吴晓林和谢伊云,2018)。社区的韧性建设更多以社区主体建设为中心,将韧性构建与社区长期的可持续发展联系在一起,使其学会与风险共处,从过于注重风险的危害性转向关注风险中的机会,既要着力补齐脆弱性的短板,又要夯实社区的韧性基础,在不确定中寻找确定性,把限制性因素转化为在不确定的环境中变化的推动力(刘佳燕和沈毓颖,2017)。

第九章　环境邻避风险治理的社会韧性培育机制

第一节　基于社区利益协定的邻避风险韧性治理

环境邻避风险具有时空相对性,社区往往处在风险中心,社区居民及业主是邻避风险的承受者。消解邻避风险需要夯实社区抵御风险的基础,构建社区韧性结构优化机制。适应风险共处、治理重心下移的需求,以社区韧性结构建设为重点,从利益结构、生态—社会环境、社区关系等方面探究包容性视角下社区邻避设施共建、风险共担、利益共享的发展模式,变"邻避"为"邻利"的社区营造模式,从"邻避"到"迎臂"的社会融合机制。

一、引言

邻避设施给人带来不适、厌恶的情绪以及高风险等负面影响,导致居民的抗议,产生邻避效应。这种设施具有三个显著特征:高负外部性、局部的成本—收益不均衡、负效应随距离衰减。邻避设施负效应直接影响的空间尺度较小,原生性风险空间范围可控。但是,如果缺乏有效的治理,原生风险可能会在一定的条件下诱发新的风险或导致次生风险,这种情况在环境邻避型设施中表现突出,比如监管缺位或者运营管理不当导致的污染超排风险、更大范围的健康风险,甚至可能出现因抗争而激化的社会冲突风险等。在这些风险波及的范围内,邻近的社区首当其冲。城市是生命体、有机体的集合。社区是这个生命有机体集合的基本单元,只有当社区韧性得以建构时,城市生命体的抗风险能力才会增强。

风险社会源于工业化和城市化时代人们对其相应的制度安排做出的反思。污名化的环境邻避设施选址触及现代性的中枢神经(Michael,2004)。城市社区作为城市公共危机管理的基层单位,是整个公共危机管理体系末梢的执行主体。同时,社区作为各种危机的直接面对者和承受者,具有贴近基层群众以及应对危机迅速、灵活等特点。就我国的现状而言,多数环境邻避事件的发生通常都具有社区化特征。在风险社会的影响下,传统城市社区的组织结构和行动机制均已发生显著变化。因此,必须突破传统思维模式,建立韧性社区治理新体系,以此来有效治理邻避风险。

风险社会理论具有反映历史进程的宏观属性,而社区风险则是归于社会基座的微观层次,两者之间的学术衔接是基本前提。在此基础上,将风险社会理论植入社区并再造新的社区风险理论,然后深入分析社区面临的风险类型、风险来源、特征等,以此为理论支撑,寻求社区风险的治理之道(徐芙蓉,2011)。风险社会对于各个社会主体的影响无处不在,尤其是在社区治理方面,其影响愈加明显。韧性社区理论不仅重视自然环境等引起的脆弱性风险的降低,还进一步强调风险发生后应当维持多样化、非线性的动态平衡状态,以创造性的方式从根本上增强社区韧性。国内外的学者虽然从不同的角度对韧性社区进行了研究,但在具体治理领域内的探索研究还比较滞后,在韧性社区治理研究上仍有待进一步完善。

二、环境邻避风险对社区建设的影响及其反应

强韧性的城市社区具有较好的适应性和可塑性,在遭受外部风险时能够减少损失,更符合未来城市发展需求。

(一)环境邻避事件的社区脆弱性表征及社会心理反应

社会脆弱性是暴露于自然因素或者人为因素扰动下的社会系统,因自身的敏感性特征或者缺乏对不利扰动的应对能力而使系统受到负面的影响或者损害的状态。为应对环境邻避事件的冲击,有效化解邻避冲突,需要分别从制度、社区、个体三个层面对自然资本、经济资本、社会资本和文化资本四类脆弱性因素进行识别与分析(杨慧,2015)。涂尔干曾说:"个人与社会之间联系的脆弱性是社会失范的根源所在。"社区脆弱性是城市社会脆弱性的微观反应。当环境邻避事件发生时,社区脆弱性暴露无遗。环境邻避运动源于重大环境设施潜伏的环境风险,在面对环境风险时,缺乏韧性的社区会在风险压力下暴露出多重脆弱性特征,具体表现为社会组织脆弱、社区安全脆弱、生态环境脆弱、基础设施脆弱、制度信任脆弱、治理能力脆弱。其中,制度信任脆弱、治理能力脆弱在第四章已有论述,这里仅对前四项脆弱性进行简要分析。本研究构建了社会脆弱性视角下邻避风险社会工作介入的逻辑。

社会组织是社区风险治理和应对公共危机的重要组成部分。所谓的社会组织脆弱就是指在风险条件下,由于安全救助、灾害应急、心理调适等方面的社会组织发育不足,能力、资源、社会资本等方面存在缺陷,无法为居民提供政府之外的物资救援、人员帮扶、心理辅导等。

社区安全具有综合安全的特点,是个系统性工程。由于社区处于安全监管系统的末梢,社区安全系统存在脆弱性,灾害预防、应急处置、保障机制、善后服务等方面存在短板,在邻避风险发生时,应对环境风险的知识技能和经济补偿、应对感知风险的信息传播和风险沟通、风险文化建设等系统性治理资源存量不足。

邻避设施的环境负外部性会恶化周边生态环境,其后果就是在面临外部生态环境或自然灾害冲击时,将更加暴露其生态环境脆弱性,且对环境扰动因素会更为敏感,降低其适应环境变化的能力。

　　环境邻避设施作为一种服务于整个城市或区域的公共基础设施,本身具有一定的脆弱性,对设施运营过程中的生产安全性、管理规范性具有高度敏感性,监管的缺位、管理的失范、操作的失误都会导致风险的发生。

　　风险社会最特别之处,还在于它并非外在于人,因为人本身就是风险社会的一部分。由于风险社会具有"奇异的循环",社会心态所具有的个体与宏观社会的关联性和互动性被淋漓尽致地彰显出来(杨宜音,2015)。环境邻避事件本身也许只是"茶壶里的风暴",但是这个风暴有可能掀翻茶壶并蔓延到其他领域。因此,需要分析邻避运动的参与者个体的不确定因素是如何汇聚为一种弥散在社会中的、带有情绪基调性质的、成为个体心理活动赖以进行的社会心理背景的过程和机制的(杨宜音,2015)。

　　邻避冲突发生有其特定的环境,包括物理环境、社会实在环境、社会建构环境。其中,社会建构环境是不断变化的,会随着参与者的加入及其行为意识的变化而不断地建构和重构。周边居民社区的社会关系、政府和社区的社会资本以及治理结构构成邻避事件的社会实在环境。实在风险需要借助媒体呈现和生活体验来让公众真实感知,群众的个人认知、主流媒体、各种信息传播渠道和社会舆论,以及相关主体的风险知识生产构成社会建构环境,非主流媒体的议题引导和互联网的虚拟交互则提高了邻避风险的传染性。在第四章关于社会脆弱性的分析中,McEntire(2000)的脆弱性模型提供了邻避区域社会生态系统脆弱性分析框架,该模型对邻避设施周边社区的分析具有较好的指导意义。

　　从客观上来看,部分环境风险更多依赖"在地经验",即当地居民可能先于专家感知到风险的存在(王媛和杨萍,2020),并拥有风险的本地知识,因此,对环境风险传播的任何阻隔都有可能加剧感知风险的传播和扩大。传统的、模式化的政府环境传播方式经常被部分公众作出对抗式解读,进而曲解为不作为。互联网民间舆论的快速传播和急切寻求结果在政府缺乏充分的互动和有效沟通的情况下,部分公众会将之理解为政府和专家对环境风险进行隐瞒式建构。高度不确定性的风险有赖于媒体的呈现,但受制于传播机制与风险语境的信息传播本身,也可能牵动风险(郭小平和秦志希,2006)。流量媒体为追求自身利益,往往在议题设置上抱着把事情闹大的心态诱导公众对信息进行猎奇式的追踪和解读。

社区公众自我建构感知风险,媒体放大舆情风险,基层政府失位导致决策风险,最终诱发社会稳定风险,邻避效应的复合性风险谱系凸显了社会心理的敏感性和风险心态的传染性。中国的环境邻避问题已经发展到一个新阶段,全国范围内发生的众多邻避事件表现形式也在不断变化。从以往的线下组织、显性的(或者说可视化的)恶性群体性事件,逐渐转向以半隐性形式迅速蔓延的网络舆情组织冲突。同时,伴随着公众权利意识的逐步提高,单纯的利益反馈补偿机制难以满足公众的价值诉求,各利益主体间的价值张力愈发显现,参与、权利、公平等价值诉求愈发成为邻避事件中的争议焦点(王佃利和王铮,2019)。

(二)当前社区建设的韧性缺失与城市韧性治理要求

当前,我国城市社区韧性水平不足以应对风险。一方面,韧性社区强调社区在应对外界扰动时,需要具备稳定、恢复以及适应的能力集合。目前城市社区所面临的风险呈现出复杂化和多元化的趋势,单一主体主导的社区管理模式已经无法满足社区长远安全发展的需要。在多数情况下,地方政府在社区管理中存在越位问题,其他主体参与程度大大降低,长此以往,社区居民甚至会产生依赖心理,无法有效整合多方资源以及平衡各方利益诉求。另一方面,社区居民的心理韧性水平不足。社区心理韧性是指社区居民基于地方知识、文化和传统,在应对突发公共事件时的表现与适应性。随着我国城市化的飞速发展,人口流动速度加快、市民间的联系逐渐割裂、社区异质性不断加大,城市社区已经演变为"陌生人社区",而与可以称为"熟人社区"的传统社区相比,当前社区居民对应急治理灵敏度较低,相应的知识储备存在欠缺,不能较好地适应和有效应对突发事件。

就城市而言,作为一个复杂巨系统,其具有自组织功能和自适应能力;而作为不断演进的"人类文明容器",其表现为一方面促使着其所容纳内容的改变,另一方面其自身也在缓慢地变化着;同时,城市也是一个富有文明弹性的有机体(芒福德,2004),在生存、创新、适应、应变等方面具有综合状态、综合能力,是公共性与私人性之间、多样性与共同性之间、稳定性与变迁性之间、柔性与刚性之间的动态和谐(陈忠,2017)。环境邻避设施本身就是城市基础设施和公共卫生项目,是城市环境系统为适应经济社会新变化而做出的必要建设,这种具有公益属性的设施因为其局部的负外部性和心理厌恶而需要关切邻近社区居民的感受,社区在面对这种环境影响时,也需要与政府和项目运营商做好互动,理性表达诉求,对邻避效应进行合作治理。

城市韧性指系统适应新环境、抵御外部影响以及恢复的能力,使系统能承受打击而不陷入混乱或受到永久性伤害,具有内在的坚固性、适应性与弹性(Walker et al.,2004)。社区作为城市的基本单元,邻避设施的落地导致所在社区成为环境邻避效应的直接感受者,邻避设施建设的必要性与社区居民的抗拒性之间存在一定的矛盾,这对在社区层面如何治理邻避效应提出了新要求。在环境邻避效应的化解上,国内外探索出诸多行之有效的途径,比如项目决策中广泛的公众参与、在设厂过程中引入市场机制、适当采取经济补偿措施等(陈佛保和郝前进,2013),以及充分的信息公开和风险沟通等。这反映出社区居民的诉求是多元化的,基于信任的社会资本、公平合理的利益结构、透明的信息传播和开放的协商决策机制是破解邻避困境的必备条件,也是城市韧性对社区治理的必然要求。

三、基于社区利益协议的韧性治理意蕴

(一)邻避风险治理的社区公共价值需求

环境邻避设施的突出特点是公共品的整体属性与负外部性的局部影响并存。这种局部影响的范围主要是邻近社区。社区是一定社会空间与城市地理空间的融合,社区具有相对稳定的共同意识、价值和情感,环境邻避设施的空间配置让邻近社区成为邻避效应的前沿阵地,使社区居民直接暴露于环境邻避风险。其中的关键因素在于满足公民参与的价值内涵,并能成功化解邻避设施规划选址程序中的争议焦点(鄢德奎和陈德敏,2018)。社区环境的相对封闭性和稳定性决定了利益协商的有效性、低成本和可持续(王孝勇,2016)。这对社区层面的风险治理提出了公共价值要求。公共价值是指客体的公共效用、主体的公共表达和规范的公益导向(汪辉勇,2008)。城市社区公共价值的主要内容包括社区服务价值、社区空间价值和社区治理关系价值。公共价值表达和聚合机制扭曲、利益囤积以及协作不畅通被视为当前社区公共价值创造的主要困境(定明捷和徐宛笑,2019)。我国城市社区治理模式的发展历程可划分为三个阶段(苏云等,2019):第一,政府管制阶段。以管制为主,政府通过行政途径实施社会控制和社会动员。第二,政府引导阶段。政府由管制转向引导并提供支持,社区负责组织和提供社区服务,协调社区关系,发展社会资本。第三,党政主导、多主体合作治理阶段。当前的城市社区治理由党建引领、政府主导,社会组织、社工、社区居民、企业等多元主体合作互补来实现冲突的调解和公共服务的供给,体现了公共价

值共同生产的治理思想。社区公共价值的创造和实现有赖于利益相关者对共同认可的制度化保障机制的支持与维系。由于无法科学预测邻避设施的环境风险,邻避效应的消解可以从邻避设施选址过程中保障利益相关者的利益入手。

社区是城市有机体的细胞组织,也是城市空间构成的基本单元。无论是社会交往还是地理接近,社区都是邻避设施的关联者。所谓山不转水转,既然邻居搬不走,那么就要处理好关系。考虑到邻避设施利益相关者的存在,现有的设施选址建设运作方式有回馈补偿、竞争性拍卖、志愿选址等(刘冰和苏宏宇,2013)。邻避危机管理的有效性取决于政府与社区之间的良好合作,但这种合作如果采用直接途径,那么往往会出现成本较高或效率较低的情况(陈红霞,2016)。借助社会组织或民间的力量发挥沟通桥梁作用,往往能够更好地化解危机。

社区利益协议是化解邻避冲突的一种有效方式。近些年,发达国家出现的社区利益协议模式充分发挥了社区参与治理的作用,超越了现行的回馈补偿机制,为利益相关方开启了对话渠道,为第三方参与提供了平台(鄢德奎和陈德敏,2018),对邻避效应的治理有一定的效果。2001年洛杉矶体育和休闲区开发项目协议是第一个引起美国广泛关注的社区利益协议。从作为未来开发者与社区代表之间商定的私人间的合同,逐渐拓展到包含地方政府谈判一方的情况(王凌光,2018)。该模式不仅有效地缓解了邻避冲突,而且使社区、开发商和地方政府都能从社区利益协议的协商过程中获得自己想要的利益。

(二)社区利益协议的社会韧性特征

社会韧性具有稳定性、冗余性、应变性和及时性等特征,强调在社会组织、社会连接、社会认知等层面增强风险治理能力,社会韧性的理念与思维有利于化解中国式风险社会在风险累积与叠加、风险转移与分配等方面的治理困境(赵方杜和石阳阳,2018)。该模式具有如下特征。

1. 回应社区多维价值诉求

社区是个生活共同体,一个长期稳定、成熟的社区同时也是利益共同体和精神共同体,其价值诉求是多元的,包括权利诉求、利益诉求、情感诉求。就内部成员的构成而言,社区成员职业、身份、阶层存在差异性,个体间的价值诉求也是千差万别。在整个社区的整体利益层面,承载了社区成员、社区建设项目、基层政府、社会组织等多元主体。社区利益协议运作过程体现出包容、民主及责任等价值内涵,社区利益协议运作机制将社区团体、建设单位和地方政府纳入协商过程,缓解了成员间的利益冲突,协定的内容也给各方带来实质性的利益。

2. 协调多方利益的制度安排

在该制度安排中,对参与程序、协商内容、利益分配、权利保障、公众监督等方面都作了详细的规定。社区利益协议大多由邻避设施运营代表与社区代表协商,在达成共识后签署一份契约,其中涵盖双方的权利、义务以及救济渠道等相关议题(Salkin & Lavine,2008)。一般而言,社区利益协议只涉及单一项目,主要包括一系列邻避建设项目对社区造成影响的处理措施,以便约束协议双方,充分体现了社区参与精神。即使以回馈补偿来交换环境权,社区居民也需要承担一定比例的环境风险,未必能满足他们的实际需要。在这一层面上,社区利益协议超越了现有的回馈补偿机制,涉及多元主体,包括社区、邻避设施运营商及基层政府,其中,社区参与是社区利益协议运行的核心要素。社区利益协议不仅为政府、邻避设施运营商和社区开启了对话渠道,也为多方参与提供了平台。社区利益协议提供了完整的运作机制,以保障利益相关者的参与机会(Marcello,2007)。

3.提供社区共利的可行途径

提供社区利益各方参与的形式、平台、程序，创造社区项目利害关系人参与集体行动、开展合作的条件。经过充分协商，编制邻避项目基本情况说明书，包括可公开的技术资料、财务信息、合规性情况、监管政策执行情况；拟定社区参与决策、协商的日程安排及具体方案；制定项目运营预期收益及预算，初步确定收益分配方案等。定期开展政府、社区、运营企业三方沟通会，及时跟进项目运行情况。

4.社区利益协定的原则

社区介入原则、程序公开原则与包容原则保证了利害关系人公平地参与建设项目的利益与风险分配（鄢德奎和陈德敏，2018）。当社区利益协议成为社区居民参与的实践工具时，需要保证社区利益协议的协商、执行过程符合以下三项公民参与价值原则。

第一，社区介入原则。在邻避设施项目建设中，社区居民需要介入邻避设施选址的决策程序，与地方政府、设施建设方共同促进韧性社区建设发展目标的实现。其中，协商过程中需要优先考虑社区居民的利益诉求与价值偏好。比如要求协商过程要有社区的"有意义的公众参与"，开发商应当制定社区居民参与的计划并举行非正式的听证会；《底特律社区利益条例》对社区参与的协商主体及协商程序有详细的规定（王凌光，2018）。

第二，程序公开原则。程序公开包括两方面内容：一是社区与邻避设施运营商双方代表进行协商，社区代表有义务向社区居民说明协商内容，这有助于社区居民凝聚力的提升（Nathan，2009）；二是社区利益协议中涉及政府补贴等事项的相关信息有必要向公众公开。

第三，包容性原则。一方面，为了避免社区部分代表只顾及个人的私利，社区居民共同关心的事务需要在协商过程中获得话语权和后续的妥善解决，确保社区居民的意见受到公平合理对待。即使有诸多不同的利益诉求，最后进行磋商的代表也要进行整合，以社区整体利益作为谈判依据,以期尽可能符合全体居民所达成的共识(Been,2010)。另一方面,为了确保社区利益协议的协商结果符合公众利益,协商的全部过程应当受到协商者以外的公众监督,这是一种面向公众的问题解决机制,也从侧面凸显出社区利益协议作为社区居民参与工具的实效性。

(三)指向邻避风险的社会韧性与社区利益协议耦合机制

完善邻避风险治理的社会机制(即社会韧性机制)可从社会包容性、社会连接性、社会能动力建设等方面着手(赵方杜和石阳阳,2018)。社区利益协议的运作机制与社会韧性建设高度契合,而区别主要在于前者更多体现在利益分歧的包容性、利益关系的连接性和价值共创的能动性上。

第一,利益分歧的包容性。利益主体存在分歧但是也存在聚合的可能。社区利益协定在运作过程中涉及的主体包括社区居民、建设单位及地方政府。其中,社区参与是社区利益协定运行的核心要素。利益主体权利意识觉醒,居民身份、职业差别大,社区资源稀缺等诸多因素造成在社区范围内不同利益主体之间的矛盾日益凸显,但是这种矛盾属于人民内部矛盾,并非不可调和,只要找到合适的途径便可以实现利益的聚合,而社区利益协议能够发挥这种作用。

第二,利益关系的连接性。社区作为生活共同体,其内部冲突具有非对抗性。社区环境的相对封闭性和稳定性决定了利益协商的有效性。长期稳定的居住环境、频繁交往的社会关系、共同生活的社区空间决定了利益协议达成的可能性(王孝勇,2016)。社区的社会资本是消解内部矛盾、协调外部关系的主要资源,包括对内部关系的聚合、对外部关系的连接和对政府资源的桥接。

第三,价值共创的能动性。社区利益协定的制度设计有助于达成一致的目标。社区利益协定是一整套保障利益相关者的参与机会

的制度安排,即以代表制为主要形式的共利机制:代表由社区联盟
(团体)推举产生,社区代表与相关利益主体(主要是政府和项目方)
进行平等协商,社区代表公开表达意见支持或反对建设项目。该制
度体现出包容、民主、责任、合作的政治价值,同时也有效避免了社区
成员为谋私利而单独与项目方串通,防止社区成员内部的不必要冲
突(Marcello,2007)。

(四)基于邻避项目社区利益协定的韧性社区治理路径

邻避冲突及其衍生的各类风险是邻避项目的负外部性、信息不
透明、企业的逐利性和公众对邻避项目认知的缺乏所导致的(吴勇和
扶婷,2021),这些"槽点"正好是社区利益协定制度创新所攻克的难
点,破解邻避困境契合社区利益协定的包容、协商、合作、共赢的价值
内涵。

第一,利益层面,以社区共利机制为载体,构建和谐共赢的社区
关系格局。通过深度参与、信息充分流动、利益联结,建构社区韧性,
兼顾程序公正和结果公正,协调个体利益、公共利益与空间正义,实
现社区利益扩大和关系和谐。社区利益协定的运作机制是社区共同
利益实现的主要途径,其基本构成包括利益主体、角色定位、功能作
用(见表 9-1)。

表 9-1　邻避设施社区利益协定运作机制

利益主体	角色定位	功能作用
社区成员(代表)	邻避项目决策的建议者、合作者	邻避设施选址程序中争取社区的参与权、表达权
邻避项目建设方	利益回馈提供者	将利益回馈转化为更具正当性的项目支持
地方政府	公共利益的维护者,协议过程的服务者和监督者	环境风险管理,促使土地合法合理利用,维持社会秩序稳定,促进协议的达成,监督协议的执行,缓解邻避情结,预防邻避冲突

续　表

利益主体	角色定位	功能作用
社会组织	邻避项目矛盾调解者、专业指导者	信息沟通、专业指导(技术、法律、评估等)

资料来源:鄢德奎,陈德敏.美国社区利益协议的实践经验与制度镜鉴[J].城市发展研究,2018(2):85-91.

第二,治理层面,构筑"同心圆",追求社区治理的"最大公约数"。"最大公约数"能彰显社区治理的公平正义价值,体现公共政策的公共利益目标。邻避设施具有很强的公共品属性,项目建设具体落地的社区虽然也是公共品的受益者,但是要承受邻避设施的全部风险。这种风险几乎覆盖了设施的全生命周期,并且风险的形态也在不断发生变化。邻避风险的治理不能仅仅停留于利益协调层面,还会涉及基层治理、社区韧性等方面,因此要做到:通过商议,让居民知晓;通过决议,让居民参与;通过协议,让居民做主;通过评议,让居民监督和满意,在对话中形成各方利益的"最大公约数"。

第三,精神层面,建立更加包容的社区心理。加强社会心理服务体系建设,培育自尊自信、理性平和、积极向上的社会心态,不仅是社区治理的重头戏,也是韧性社区建设的重要内容。风险社会需要建构风险文化,塑造在面临不确定性与社会扰动时相对稳定的辨识基础、认知能力与行为倾向。公众要理性面对风险,学会与风险共处,这也是城市韧性的重要体现。社区韧性文化构建,包括提升市民对风险的科学认识、风险应对能力和风险冲击下的心理调适能力。风险文化的建设还包括政府的主动参与,摈弃居高临下的、单向的邻避风险认知模式,调整知识生产方式,弥合相关方的风险认知差异,健全各方有关邻避设施风险知识建构、沟通、分享的模式和机制,从利益协调走向知识融合,最终实现邻避善治。

四、面对邻避风险的韧性社区构建策略

(一)发挥协同治理作用,培育社区韧性机制

建立健全协同治理机制,以便在最大程度上调动社区内部资源。首先,由基层政府牵头,结合专家学者的专业知识与研究成果,创建多功能的社区交流系统网络,发布相关邻避设施运营商等重要信息,灵活运用媒体和互联网将信息传递至各个层级,以实现从单个家庭到邻里再到社区的全覆盖,最大限度地减少信息不对称、风险理解偏差等问题,确保社区居民能够广泛参与到该过程中。同时,也应当构建更多非正式区域韧性网络,实现社区韧性网络的全覆盖。各参与主体要充分讨论,互通有无,并依据自身条件,明确各自的角色和作用,以规章制度的形式加以具体化。在条件允许的前提下,定期组织参观,发现和改进不足,提高共同协作能力。

(二)构建利益共享机制,采取多元化补偿方式

基于邻避设施成本效益分布不均衡的特征,需要围绕邻避设施的建设运营,尽可能采用多元化的补偿方式,构建邻避设施利益分享机制。从美国社区利益协议的成功实践可以看出,仅仅依靠经济补偿的方式难以直接推进邻避设施项目的建设,而提供公共物品的补偿,比如修建社区公共娱乐休闲设施、投资相关培训项目、房产置换等,可以显著提高邻避设施的群众支持率。在邻避设施选址及建设过程中,需考虑项目实际情况,并结合社区的长远发展规划,科学辨识不同补偿方式的激励效能及其局限性,构建一套邻避设施利益分享机制,以发挥不同补偿工具的互补优势,最大限度地消除邻避设施的负外部性,聚合地方政府、邻避设施建设单位与社区居民三方的利益诉求,实现邻避设施的利益共享。

(三)构建邻避设施运营监管的社区参与机制

在邻避设施运营监管过程中,需要引入社区参与机制。社区作为社会治理的基本单元,社区参与机制不仅能够反映社区的利益诉求,也能充分调动公众参与邻避设施运营监管的积极性,使社区居民拥有更多的参与机会,这在一定程度上可以提高群众对邻避设施项目的满意率。以社区利益协议为例,社区中的社会组织在参与设施运营监管的过程中,因其具有较强的组织动员能力和丰富资源而能够成为治理邻避风险、提高韧性水平的协作者。

(四)加强风险沟通,以共识促共治

邻避设施风险通常具有不确定性,在对邻避设施的风险认知上,其核心利益相关者之间往往存在较大偏差,而社区居民往往属于风险沟通的弱势方,因此需要多方主体进行平等的对话与交流。风险沟通的内容不仅指风险本身,还包括其他具有风险性质的信息,比如有关风险管理的有效性以及合法性等。有效的风险沟通应建立在沟通方平等互信的基础上,政府和设施建设方需要传达翔实、可靠的信息,作出客观、公正的风险解释,寻求差异弥合的知识结构,同时引导社区居民充分接收信息、参与讨论,在多元知识交流过程中构建邻避风险的共同知识。

(五)丰富邻避治理的风险文化

社区风险文化在韧性社区的建设阶段发挥着重要作用。社区风险文化作为社区韧性的培育基础,赋予社区治理能动性,并能塑造良好的社区环境。社区风险治理不只是要应对突发事件以及自然灾害,还应包括各类人为风险的治理,通过线上线下联动宣传、社区风险文化的构建和日常风险知识普及等多种渠道,提升社区居民风险文化水平,并鼓励居民挖掘社区风险文化特色,进一步提高居民对社区的认同感和归属感,这有助于增强社区居民的凝聚力,为韧性社区

的治理巩固根基。

社区作为城市风险治理的基本单元,正逐渐成为最核心的韧性城市建设阵地。在邻避风险治理的推进过程中,应从治理体系的基础——社区层面入手,借鉴国外社区利益协议的成功经验,结合我国城市社区的组织结构、行政背景等特殊国情,推进面向邻避风险治理的社区韧性治理机制建构,促进基层政府、邻避设施运营商和社区居民等多元主体的协同治理,形成长效的参与机制,来化解邻避风险。

第二节 环境邻避设施选址建设的 社会运营许可机制

一、引言

城市化水平的提高需要建设大量的公共基础设施,为居民提供更好的社会基础服务,满足社会整体的公共需求,建立公共基础设施是政府满足人民需求的必然选择。与此同时,居民的社区意识和产权权利意识在不断地增强,对于自身具有负外部性的邻避设施,其所带来的利益损失使得人们具有强烈的抵触情绪,项目规划信息不够透明,公众的知情权没有得到充分保障,特别是邻避设施周边的居民利益会受到直接影响等情况,也会使部分群体产生不满情绪。研究逐渐倾向于通过公众参与这一途径来解决邻避规划选址以及建设过程中的冲突问题。但是所谓的公众参与大多都没能很好地落实,政府虽对外强调群众参与,但大多流于形式,实际上是在排斥公民参与,这也导致公众随大流、不分青红皂白带头闹事等情形出现。究其原因,政府和公众似乎都将自身置于复杂的社会关系之外,只考虑自己的利益,而忽略其治理行为会给社会其他群体带来一定的影响,因此存在一种脱嵌于社会的现象,并且其会引起社会关系的混乱和冲突。在邻避设施规划选址的过程中,这些群体之间缺乏一项能够对其行为起到约束作用的机制。这种机制可以是非正式的、隐形的,能够使利益相关者之间达成一种无形的协议和约定。近年来,学界逐渐关注和重视一种新的社会运营治理思路——社会运营许可理论,这是一种通过政府和企业对公众有可持续性的作为来使政府和企业获得公众的社会运营许可。本书以杭州市中泰乡垃圾焚烧厂的规划选址和建设为例,旨在从具有共同治理取向的社会运营许可的角度来分析和探究邻避设施规划选址与建设后的社区治理途径。

邻避治理公民参与的解决途径为邻避事件的治理实践提供了指导,但是似乎并没有助推邻避设施从根本上跳出"不闹就上,一闹就停"的建设逻辑与治理旋涡。大多数的公民参与只是一种代表性的参与(王巍,2010)。实际上,公民没能真正地参与到项目选址和运作过程中也会导致公民的利益和政府的公信力双双受损。由此,本书引入了社会运营许可理论,在政府和公民之间建立一个无形的、动态的且相互约束的机制,能够持久性地适应人们的心理变化或者约束人们的态度变化,从而保障双方利益并且顺利推进项目落实。

社会运营许可是指一个项目获得当地社区和其他利益相关者持续的同意和接纳,从而使项目能够顺利推进。该理论认为,要获得社会运营许可,就要赢得项目地居民和利益相关者的接受、支持与心理认同,这三种心理状态依次形成。因此社会运营许可包括三个方面,分别是合法性、可信度、信任。合法性是指邻避设施的规划建设要有合法的手续和科学的过程,要通过相关政府职能部门的核准,具备开工建设的合法要件。这是公众接受项目最基础的条件,是项目获得社会运营许可的接受阶段。现实中许多的邻避设施建设项目都是通过了环评和可行性分析论证的,虽然多数项目取得了官方许可,具有合法性的基础,但是仍然遭到了公众的反对和抵制,这说明这种接受状态还不稳定。所以社会运营许可的第二个要点是可信度。可信度是指公众对项目能够给自身带来积极效应而非消极影响的信任程度，以及公众对项目风险的信心。一旦获得信任，则项目获得的社会运营许可将到达准许阶段，这一阶段也是较为稳定的阶段。

对于一个项目而言，社会运营许可根植于当地居民和利益相关者对该项目所持的信心、认知和意见，因此，社会运营许可是由社区发放的。因为人们的信心、认知和观点可能会发生变化，所以社会运营许可是动态的、非永久性的，这意味着项目实施者不仅在项目建设初期要获得社会运营许可，而且在后期项目的运作和维护中更要维持社会运营许可。社会运营许可的获得需要以顺畅的社区成员沟通机制、透明的信息披露机制、有效的冲突解决机制和适应本土文化的决策机制为保障，通过机制建设来实现邻避项目的社会运营许可从接受到准许再到心理认同的梯度推进（杨银娟和柳士顺，2017）。基于社会许可金字塔模型（Thomson & Boutilier，2011），以信息、信心、信任为逻辑主线，建立包含情感、理据、政策、法律四层改进的社会许可钻石模型，通过风险沟通、风险披露、冲突化解、风险本土化来实现反对—理解—接受—准许—心理认同的梯度推进。

二、案例描述

(一)前期冲突发生阶段

近年来，杭州市随着人口的不断增加，城市垃圾的数量也在不断增加，据计算，垃圾年增长率已经超过 10%。杭州市长期以来都是靠填埋的方式来处理垃圾，其中天子岭垃圾填埋场是杭州最大的垃圾填埋场，如今该填埋场空间已接近饱和。因此，杭州市人民政府认为急需解决垃圾过量且难以处理的问题。专家学者通过研究讨论，提出了垃圾焚烧这一思路。垃圾焚烧这一垃圾处理模式在西方许多国家已经实践过，事实证明这种方式是最合理和安全的垃圾处理方法。2014年4月初,杭州市人民政府计划在余杭区中泰乡建造一座垃圾焚烧发电厂。在该项目选址后,因附近及周围商业楼居民担心垃圾项目建成启动后会损害健康、环境以及房产价值,因此中泰乡以及附近区域居民开始筹划进行抗议。4月10日,中泰乡周边楼盘业主主导的QQ维权群建立,之后,围绕选址项目的维权行为不断升级,在业主的煽动下,中泰乡的本地居民开始抵制,随后的一个月内,群众的抵触情绪越发严重。5月10日,在某些带头群众的煽动下,中泰乡以及周边的居民大规模地集聚在省道和高速公路上,有意影响交通,造成了交通秩序紊乱,甚至出现了一些群众故意损坏车辆以及出手伤人的事件。更有甚者,连维持秩序的交警、辅警等都被牵连进去,他们也因此受到不同程度的损伤,此次邻避冲突事件造成了非常严重的影响,直至5月11日凌晨,现场秩序才恢复正常。

(二)后期疏导沟通阶段

事后,政府清楚地认识到,只有工作做到位了,才能够取得公众的信任。首先,杭州市人民政府通过召开新闻发布会对垃圾焚烧项目作出必要的解释。随后,在2014年下半年,余杭区和中泰街道组织干部群众外出考察,去现场看一看国内先进的垃圾焚烧发电厂的运行情况。这一工作由干部带头推动,鼓励群众积极参与。随后,他们参观了位于江苏省常州市、苏州市等地的垃圾焚烧发电厂,在两个月的时间里,接近80%的当地居民参与该项活动。随后,政府组织召开了中泰垃圾焚烧厂答辩会,对群众的疑惑一一进行解答,并对群众的要求和建议都给予了回应与落实。在补偿方面,杭州市通过给中泰乡拨1000亩土地的空间指标来保障当地的产业发展,余杭区也投入了资金用来打造城郊休闲村庄,为了改善中泰乡的生态、生产和生活环境,还投资了117项实事工程。中泰垃圾焚烧发电项目现在真正成了惠民工程,一批批项目争先恐后地在那里落户。政府这一系列做法不仅使群众的获得感得到了提升,还使群众对未来的发展前景充满期望。

(三)项目落地维护阶段

项目落地后,政府、企业和社区居民都积极地参与治理。政府部门为方便居民以及满足居民的要求,在中泰乡建立了垃圾运输通过专用匝道、大管网供水系统。2015年,杭州市还专门出台了关于垃圾分类的地方性法规,对项目的后期维护起到了很好的指导和约束作用。企业作为项目运行的主体,在运营上主动接受群众的监督,允许群众进入项目地查看,并将每天排放的垃圾量等数据向居民公示,以消除群众的担忧。居民的生活步入正轨,对社区的维护也更加主动、积极。

三、邻避设施规划选址的社会脱嵌分析

依据卡尔·波兰尼的嵌入和脱嵌理论,人类的经济行为往往都是嵌入社会活动关系之中的,社会活动的行为主体所处的社会环境对其行为选择会产生深远影响(Zukin & Dimaggio,1990)。如果脱嵌于社会,就会产生一种畸形的社会关系,也会因此带来一系列严重的社会后果(Polanyi,1944)。在邻避规划选址和建设的过程中,政府、企业常常试图脱离社会,其更多考虑的是政绩和利润因素,而较少考虑社会中所包括的民生、环境等其他因素。由于未能建立起与社会之间的紧密联系,不能深入社会微观层面推行其决策,相应地,也就难以嵌入社会并施加有效的影响(廖秋子,2016)。这种行为表现在:首先,政府在进行决策时倾向于采取封闭式的方法,信息公开不够,参与机制缺失;其次,项目推进过程中对于群众意见采取冷处理,风险沟通不够;最后,生态补偿缺失,事后被动补救。这种脱嵌式的方法正是引发一系列社会冲突问题的根源。

(一)信息公开不够

公众参与的前提就是政府要做到信息公开,让公众及时、准确地了解信息。政府在没有社会参与的情况下通过独自或者只与某些群体进行协商的方式来解决社会管理中遇到的问题或制定有关社会管理的政策,而不倾听公众的意见,不了解决策对象的具体情况和意愿,不掌握有关资料和数据,就无法进行科学、民主的决策。这种脱嵌式治理带来的结果可能是公众不接受,进而引发新的社会矛盾或群体性事件。就中泰乡事件来看,早在 2013 年,杭州市人民政府就初步将中泰乡作为建设垃圾焚烧厂的选址地,但并没有公之于众,而在有关消息传到中泰乡村民耳里,随后公众表达出为何建在我家后院的疑问时,政府并没有及时和正面回答这些问题(王俊,2015),而是采取漠视或者冷处理的方式,从而造成群众非理性情绪的蔓延并引起社会骚动。特别是基层的一些干部,在与群众密切接触的过程中,并没有关注群众的情绪,而是将其视为群众的小打小闹,置之不理。

(二)风险沟通不畅

中泰乡垃圾焚烧厂建设的目的主要在于处理城西居民产生的生活垃圾,属于民生项目,虽然出发点是好的,但是随着公众环保意识和健康意识的不断提高,这一类涉及环境的问题总是会引起项目选址地附近居民的不舒适和不公平感。因为垃圾焚烧厂的建设在技术上可能会存在未知风险,这一项工作主要是政府通过委托相关专家来进行评估,公众对邻避设施技术控制水平如何,以及对自身的健康是否有影响等问题一无所知,且政府并没有向公众进行解释和沟通。加上如今人们越来越关注网络信息传播,故很有可能造成信息失真、事实被扭曲。因此人们对风险的认知可能与专家给出的风险评估之间存在较大的差异,很容易造成群众心理上的不安和恐慌,从而产生抵触情绪,最终导致公众对专家和政府的信任危机。忽视与公众的有效沟通是难以获得大部分公众的建设许可的。

(三)参与机制缺失

阿斯廷的市民参与阶梯理论将公众的参与程度从低到高划分为三个层次。最低层次是非参与,即事前不告知公众,政府以及相关权力机构在进行决策后让公众直接接受方案。最高层次的参与是在保障公众的知情权的情况下,让公众全程参与,多主体共同决策。从此次中泰乡垃圾焚烧厂冲突事件发生的两个阶段来看,在前期冲突发生阶段,从一开始的公众没有参与决策的机会,到之后公众的疑问未得到回应,再到 QQ 维权群建立,最后到高速路段围堵闹事,公众采取了一系列自以为有效的抗议行为,试图参与并影响决策(侯璐璐和刘云刚,2014)。公众参与社会治理的欲望增强,但是遭到了镇压。这说明在中泰事件前期,垃圾焚烧厂的选址过程基本停留在无公众参与阶段。这也是市民参与阶梯理论的最低层次。在后期疏导沟通阶段,各级政府开始重新审视解决问题的途径,采取了一系列措施进行补救,保障了公众的知情权并提供公众发表意见的渠道。因此,虽后期实现了公众参与向更高层次的转变,但仍然是建立在损失巨大的基础上的。

(四)生态补偿缺位

首先,由于政府决策的封闭性的影响,公众的知情权和参与权没有得到尊重和保障。其次,在邻避设施运行过程中,项目带来的负外部性影响又直接造成了项目地居民及周边居民不同程度的利益受损,包括社会经济利益、健康利益等。从这一角度来看,公众属于利益受损主体,因此难免发展为拒绝项目许可的角色。在中泰乡垃圾焚烧厂的选址过程中,前期政府和企业过分强调邻避设施建成后会给公众带来的利益,并试图掩盖邻避设施对少数人的不利影响。但是随着人们维权意识的不断增强，特别是受房价和资产增值等因素的影响，邻避设施的周边居民在不知情且未经自己同意的前提下，突然被告知自己家附近要建邻避设施，这必然会引起居民的被剥夺感，这种感受不仅是不被尊重的轻视感，而且是对可能会实实在在地损害其利益的担忧。为维护自身的利益，当地居民会在运用体制内的途径解决不了时，转而寻求其他途径，最终演化为邻避冲突。在后期疏导沟通阶段，政府通过采取一系列补偿措施来补救，如改善居民生活环境、提供休闲娱乐设施等，获得了群众的心理认同。因此，从该项目可以看出，许多邻避设施的规划选址较少注重在项目前期的补偿工作，大都是在冲突发生后才采取补救措施。

四、合作治理取向的垃圾焚烧设施规划建设社会运营许可

我国社会正处于转型期，对社会治理能力和技术都提出了新的挑战。政府、企业、公民均从属于社会，故应当深深嵌入社会关系之中，积极参与社会治理过程，履行社会责任。我国邻避设施建设所处的环境发生了巨大变化，这些新的环境需要多元主体参与社会治理。十八届三中全会强调："坚持系统治理，加强党委领导，发挥政府主导作用，鼓励和支持各方面参与，实现政府治理与社会自我调节、居民自治良性互动。"党的十九大又提出打造共建共治共享的社会治理格局。在合作治理取向的垃圾焚烧设施规划选址获得社会运营许可的过程中，政府、企业和公众扮演着不同角色。首先，政府作为邻避设施建设的中间人，在企业和社区居民之间起到了调节的作用。政府在审批和督导邻避项目的建设与运作的过程中应当将社会运营许可作为一个重要考量因素纳入其中。在项目审批时要保证项目的合法性，同时要向群众传达项目规划选址的相关信息，搭建企业和社区居民之间的沟通桥梁，促进项目为群众所接受；同时，政府应当监督企业行为，平衡企业的利益，督促企业要坚决履行承诺。其次，作为项

目建设推动者的企业组织,其是唯一具有动力、资源、技术和能力来维持可持续发展的组织(Hart,1997)。企业除了盈利,还应当履行相应的社会责任。履行社会责任是企业参与社会治理的一个重要方式(李文祥,2015),企业通过参与社区治理,同社区居民形成利益互惠共同体,探索出一种利益互惠且可持续发展的治理模式,将有利于获得彼此间的长期信任,从而获得持续的运营许可。若政府和企业未能够有效地做好其工作或者未履行其社会责任,则很有可能出现社会运营许可被撤回的情况。在共同治理的模式下,垃圾焚烧设施的规划选址一步步取得公众的接受、信任,最后在心理认同的情况下达成共识,从而获得持久的社会运营许可。

(一)社会运营许可策略的邻避设施规划选址

社会运营许可为垃圾焚烧项目规划选址提供了良好的思路,邻避项目的推进必须获得社会运营许可。社会运营许可既可作为一项制度,又可作为一个要达到的目标,对项目推进者和项目地群众来说既是一种约束也是一种保障。在这个过程中,政府收敛强势权力,放软身段,尊重居民的表达权,社会组织为群众提供专业的咨询与援助,并搭建交流平台,畅通沟通渠道,引导群众理性表达诉求,维护合法权益,在公益和私益之间找到平衡点,各主体之间协商合作,推动事态向好发展,能够有效避免邻避冲突。社会运营许可理论是以信息、信心、信任为逻辑主线,通过风险沟通、风险披露、冲突化解和风险本土化,实现反对、理解、接受、心理认同的梯度推进,同时也实现了社区治理模式的转变。

(二)以信息传达和反馈获得接受

根据社会运营许可理论,获得社会运营许可的前提是群众能够理解和接受项目,政府公信力的缺失在于政府信息公开的缺失,因此需要改变政府的封闭式决策模式,邻避设施项目的选址和建设等信息应当做到公开、及时地传达给公众,在项目规划建设前期要致力于为居民提供充分的信息,尤其是邻避设施的选址、规划、景观、生产流程、废弃物的排放等重要信息,并且要通过各种传播方式和手段确保信息能够传达给当地的群众。同时需要重视信息的反馈,可通过各种方式,如调查问卷、领导下基层访谈等,了解当地群众的意见以及持续关注群众对于项目的情绪变化,了解不同群体可能会采取哪些策略撤回社会运营许可(Cullen-Knox et al.,2017)。通过建立信息传达和反馈机制来增强政府的公信力,从而获得公众的信任,并且能够将动态、持续地掌握公众的意见信息作为下一步项目开展的重要参考因素。

(三)以风险沟通和协商增强信心

即使邻避项目的合法性得到了肯定,群众开始接受项目,也不能完全排除这种接受对推行项目而言的不确定性,社区可能依然存在抱怨和怀疑,换言之,在这一阶段,项目面临的经济政治环境仍是不稳定的。因此,除了需要将一般的规划选址的消息告知公众,还要公开相关的风险信息,如邻避设施的环境风险评估报告、技术操作流程和规范、风险防范措施等(肖悦,2016)。对社区群众最担忧的问题进行解释和沟通,通过传授安全知识和安全技能,增强群众的安全意识,疏导群众的情绪。此外,邀请公众参与进来,赋权于公众,主动接受公众监督的同时也可以组织安排当地居民参观其他区域和城市的同类项目建设现状,通过情真意切的沟通、耐心的宣教以及亲身感受来感染群众,但是这一策略不应像此次中泰乡项目一样纳入补救措施中,而是应该安排在项目规划建设前期或者项目运行过程中,这样才能更好地使群众的情绪趋向理性化,使其对垃圾焚烧厂建设风险的担忧情绪得到缓和。

(四)以资本投入和补偿增强信任

公众一旦感受不到自身的利益保障,情感上的挫折就会引起信任不足。与杭州中泰乡垃圾焚烧厂案例类似,许多项目事前没有预见性,在邻避冲突事发前未考虑落实补偿事宜。邻避设施注入了社区与利益相关者共同的资本,为了增强群众的信任,在邻避项目规划时,政府就要把补偿措施纳入计划范围内,除了传统的经济补偿,政府可以采取多样化的补偿方式,特别是要注重各种无形的补偿,包括社会心理补偿、生态补偿等。在心理补偿上,要注意安抚和调整群众的情绪,拉近与群众的感情距离,从而获得信任;在生态补偿方面,可以在项目建设早期投入资本,建设图书馆、环保小剧院等具有文化色彩的环保型基础设施,改善当地居民的生活环境,提高生活质量,从而消除居民对邻避设施的排斥心理,树立群众对当地发展的信心。总而言之,为保证获得邻避项目建设许可以及顺利推进项目,需要与当地居民进行真诚的利益协商和谈判,相互信任,形成一套本土化的补偿机制,以充分满足和保障多方利益主体的利益。

(五)建立社区项目合作治理机制

由于人们的信心、认知和观点会随着环境的变化而变化,即使邻避设施已顺利落地,仍需要对项目进行定期的维护和监督,这样才能获得持续的社会运营许可。通过建立社区项目合作治理机制,一方面能够促进项目健康、稳定、可持续发展,另一方面能够实现各利益主体间的平等交流、责任共担、利益共享。邻避设施是多主体共同的资本,其后期的维护和监督需要多方主体共同承担。在政府方面,可以通过制定法律和政策,督促相关人员进行定期或者不定期的巡查,做到"谁破坏,谁负责,谁补偿"。通过搭建社区信息共享和协商平台,及时了解项目的现状以及群众的需求和意见,定时进行交流,增强社区居民的归属感和幸福感。在企业方面,企业应当将自己作为社会的一分子,将社区治理的责任嵌入企业的发展战略当中,用实际行动承担起环境治理责任(李德,2018)。只有形成合作式的社区治理模式,建构本土化的社区环保文化,才能推动邻避项目持久稳定地运行。

五、小结

在现实中,邻避设施的选址建设会遇到许许多多的困境,过去的项目建设很少考虑人的因素,政府和企业常常脱嵌于社会,因此近些年的群体性冲突事件越演越烈。为了保证邻避项目的顺利落地,需要获得公众,尤其是项目地的利益相关者的许可,因此可运用社会运营许可理论为解决邻避冲突提供思路。项目推进者通过建设信息传达和反馈机制使公众接受项目;通过风险沟通和协商来增强公众的信心,有效的风险沟通可以改变公众认知并弱化邻避心理,缓解公众的风险疑虑;通过投入资本和建立补偿机制来增强信任,力争使公众从接受到准许再到心理认同,从而保障项目的顺利进行。此外,还需要建立项目维护和监督的共同治理模式,以获得持久性的社会运营许可,使公众获得主体责任感,需要政府和企业以及其他社会主体深深嵌入社会关系中,各利益相关者形成利益共同体,相互依托、相互支撑,做到发展共谋、责任共担、成果共享。通过这一理论对杭州中泰乡垃圾焚烧厂规划选址和建设进行分析,为今后我国处理邻避冲突提供思路。

第三节 利益相关者视角下的环境邻避风险韧性疏解机制

一、引言

随着社会发展和城市化进程的加快,城市对大型公共基础设施的需求加大。"十四五"规划中明确指出,要打造系统完备、高效实用、智能绿色、安全可靠的现代化基础设施体系。在城市化进程中，大型公共基础设施的建设与运营必不可少，但由于这些设施所存在的风险因素，同时在人口增长和技术受限的情况下，建造的迫切性与风险性叠加，成为社会治理的一大难题。垃圾焚烧厂作为典型的环境服务型邻避设施，在建设和使用过程中具有某些威胁生态环境和人们日常生活的因素，废气、废水和固体废弃物会对周边群众产生相对不可控的影响，规划建设及运行过程中带来的风险极易演化为大型邻避冲突事件，对当地政府的风险治理能力提出了巨大的挑战。

面对运营和管理方面经验的不足，同时为响应"十四五"规划中"推进基础设施互联互通""拓展第三方市场合作"的要求，近年来，政府在垃圾焚烧厂项目建设中选择与相关企业进行合作。第三方企业的参与，在提高垃圾处理技术的同时，也使得运营与管理的效率和效益得到提升。在垃圾焚烧厂建设和运营的环节引入企业，使得企业成了邻避设施的主要运行者和维护者。一般来说，我国现阶段的垃圾焚烧厂多采用企业运行管理、政府监督的模式，这在一定程度上使得政府免于直接面对居民抗议的风险，同时采取协作治理模式，更有利于监督。但随着企业参与风险治理，矛盾主体由原来的政府与群众转变为企业、政府与群众，并且在公民权利意识崛起、网络舆情泛滥的情况下，邻避风险是否会降低还未可知。

邻避风险是典型的利益相关者利益冲突的表现，为利益相关者理论提供了极为丰富的实践素材。卢文刚和黎舒菡（2016）以广州市花都区垃圾焚烧项目为例，运用罗宾斯的五阶段冲突理论对该案例的每个阶段进行描述，分析各利益主体的利益诉求及冲突点，并运用托马斯和克尔曼的解决冲突二维模式（Thomas & Pondy, 1977）分析邻避冲突双方的应对策略。有人运用利益相关者理论分析邻避事件中相关各方的行为以及事件的形成逻辑，提出利益共赢的治理路径（马胜强和关海庭，2018）。面对在邻避设施建造过程中各个主体所呈现出来的利益受损的矛盾,引入利益相关者理论具体分析各个主体在邻避风险演进过程中所扮演的角色以及利益诉求,进一步分析矛盾产生的原因。利益相关者概念最初是物质资本所有者在公司中地位呈逐渐弱化趋势的背景下提出的,其最主要的思想是平衡各个利益相关者的利益要求,从而解决矛盾。分析邻避风险的行动者利益结构是理解冲突的关键,识别利益相关者的不同类型及其利益诉求是前提。学术界关于利益相关者的识别方法有:多维细分显著性分析模型(Mitchell et al.,1997)、矩阵法(高喜珍和侯春梅,2012)、知识图谱法(吕宛青等,2018)、社会网络分析法(李德智等,2016),王林鑫(2021)综合运用了社会网络分析、三维模型与深度访谈等方法,在米切尔方法的基础上识别出核心利益相关者,并对其行为特征进行分析。根据利益相关者理论,在邻避风险的不同时期,不同利益相关者的重要性可能不同,而且同一利益相关者在不同阶段的影响力也可能不尽相同(娄文龙等,2020)。本书以垃圾焚烧厂作为邻避风险的具体研究对象,从利益相关者角度解读垃圾焚烧厂这一邻避设施中的矛盾,界定各个利益主体所扮演的角色,以及在风险产生、风险演进过程中的作用与效果,以求进一步探究疏解机制。

二、邻避风险利益相关者的界定

垃圾焚烧厂的建设、运营是一个复杂的长期过程,涉及政府、设施建设运营企业、公众三方主体,包括选址决策、投资建设、运营监管等环节的协商参与和利益博弈,以及相关的政府信任、公众经济补偿等议题(邵青,2020)。同时,随着信息网络的发展,媒体、专家、网民等也会参与到风险产生的过程中,成为影响风险演进的因素。米切尔根据合法性、权力性和紧急性三个方面对不同的利益相关者进行评分,并将主要的利益相关者划分为权威利益相关者、关键利益相关者、危险利益相关者和从属利益相关者四个群体。在垃圾焚烧厂风险演进过程中,各个利益相关者扮演的角色不同,根据垃圾焚烧厂建设过程中各个利益相关者的重要性和影响力构建利益相关者重要性与影响力矩阵,如图 9-1 所示。

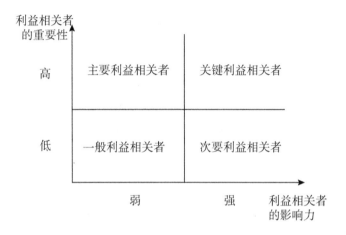

图 9-1　邻避风险中利益相关者分析框架

(一)主要矛盾——关键利益相关者

垃圾焚烧厂这一邻避设施建设过程中直接产生矛盾的双方在邻避风险产生过程中扮演着重要的角色,且其影响力较强,他们就是关键利益相关者。就垃圾焚烧厂现阶段的运营模式,将建造垃圾焚烧厂的企业和直接受垃圾焚烧厂影响的群众界定为关键利益相关者。现阶段,企业在垃圾焚烧厂建设过程中扮演着重要的角色。一方面,企业自主管理垃圾焚烧厂的运营,政府在这个过程中更多发挥监督的作用;另一方面,企业与当地群众的沟通将直接影响群众满意度,企业与当地群众的关系成为主要关系。同时,垃圾焚烧厂建造企业拥有多重身份——既是垃圾焚烧厂项目的建设者、设施设备的维护者,也是公民邻避抗争的对象、冲突治理的主要主体。在邻避设施建设的整个过程中,企业有非常大的责任。当地群众是风险最直接的承担者和最直接的受众,也是最主要的利益受损者。因此,企业与当地群众一起构成垃圾焚烧厂项目中的主要矛盾体,扮演关键利益相关者的角色。

(二)次要矛盾——主要利益相关者

在引入企业后,政府将一部分责任转移,使自身更多扮演监督和安抚者的角色。当然,就实际而言,决策政府与基层政府的作用有着一定程度的不同。决策政府是垃圾焚烧厂项目的支持者、设施选址的决策者,在垃圾焚烧厂运营过程中有责任和义务对其进行监督。企业在本质上是营利组织,获得利益是企业的目标,决策政府的监督是为了进一步规范企业行为。而基层政府更多的是面向基层群众,上传下达,发挥枢纽的作用。在这个意义上,不管是决策政府,还是基层政府,与当地群众的矛盾不是直接产生的,因此将其界定为次要矛盾,在邻避风险的利益相关者分析中将其划分为主要利益相关者。

(三)传播环境和舆论影响——一般、次要利益相关者

随着互联网信息技术的普及、信息传播途径的发达,由网络信息连接而成的事件的知情者、传播者也是垃圾焚烧厂邻避风险演进过程中不可忽视的一员。QQ、微信、微博将群众聚集为一个个小团体,并向外传播其价值观以影响更多人。在邻避风险演化过程中,信息传播环境和舆论在群众心理塑造过程中具有很强的作用。负面情绪的传播速度远比想象的快,同理心的裹挟会让人失去理智,网民的激情鼓吹是加剧邻避冲突事件的推手。本书根据传播主体的重要性和影响力,将其界定为一般利益相关者和次要利益相关者,他们不是矛盾产生的主体,但是就风险演进的过程来看,他们又确实影响了风险的发展。次要利益相关者指具有一定权威与影响力的官方媒体和专家意见,他们可以通过自身的影响力起到煽动或平息民愤的作用。而一般利益相关者则是指了解并根据自我意识理解、传播项目观点的群众。这两者并不直接参与设施的建设,而更多是以环境、舆论的

形式推动矛盾的产生、发展。

三、关键利益相关者对于疏解风险的主要贡献

因建造垃圾焚烧厂而发生的冲突事件不在少数,有的甚至造成了恶劣的社会影响,但是也不乏将利益受损转变为互利共赢的典型案例。基于对杭州市萧山区 J 垃圾焚烧厂的实地调查研究,以及对当地群众满意度的调查,本书认为垃圾焚烧厂的运营主体 J 企业作为关键利益相关者,为疏解邻避风险做出了巨大的贡献。

(一)减轻风险危害

建造垃圾焚烧厂所带来的生态环境破坏与群众实际感受到的危害有一定的差别。在垃圾焚烧厂运行过程中,通过一定的技术手段,能够达到降低风险危害的目的。

空气是群众最能直观感受到的环境。垃圾渗出液是空气异味的主要来源,而垃圾清运车在装卸垃圾时,或多或少会产生一定的异味,J 企业在不断提升垃圾清运车运输封闭性的同时,还会适当调整垃圾清运车的清运时间,以减少对群众生活的影响。同时,在垃圾焚烧厂周围加设隔离带,这能够很好地降低空气异味,也起到了一定的美化环境的作用,最终基本可以达到邻近村庄无异味的目标。另外,企业自主公开数据,将排放污染物的标准和实时排放数据对外公开,践行原环境保护部(2018 年改为生态环境部)在垃圾焚烧发电行业开展的"装、树、联"工作(杨萌,2017),做到数据上平台,使得群众能更直观地看到工作情况,也使政府能够有效监督。

近年来,J 企业也对垃圾焚烧技术做了进一步提升和改进,使焚烧效率提升,污染物排放进一步减少。同时积极向社会各界进行宣传,借助专家、网络将先进理念传播出去,也让当地群众感受到企业的强大实力,提高当地群众的信任度。

(二)致力基础设施建设

不管技术如何先进,邻避风险所蕴含的潜在风险依然存在。对于直接受这些危害影响的群众来说,如果只有风险,而没有受益,就会产生利益牺牲的情绪,进而演变为冲突事件。所以,除了技术提升以及信息公开,一定的风险补偿也是必需的。基础设施是与群众最直接相关的,同时也是最能安抚群众情绪的建设项目。通过对J企业的实地调查,发现其建造了许多利民设施,包括马路、绿植、老年健身设施等,使得群众能够享受到企业所带来的具体利益,从而获得群众支持。

另外,企业的入驻产生了大量的就业机会,而当地群众是最了解当地情况的。当地群众进入企业工作并获得稳定收入,也是获得群众支持的一个基础。"生于民,立于民,而又反哺于民"是实现互利共赢的一项明智举措。

(三)积极参与基层活动

双方的沟通在邻避设施建设过程中能够起到降低风险的作用,对于作为关键利益相关者的企业来说,与基层政府和当地群众的沟通更为重要。要将群众利益受损转变为互利共赢,需要企业、基层政府、群众形成友好互动的机制。企业通过参与基层举办的活动,并为活动提供相关人力、财力支持,能够与群众形成友好、和谐的互动关系。

邻避冲突的产生不仅会激发矛盾、引发冲突事件,还会破坏社会的和谐发展。营造友好、和谐的环境,缓和矛盾,树立一种"大家"的意识,要让基层政府和当地群众感受到,企业入驻是表示要成为当地的一分子,是为当地发展带来机遇的。只有牢固树立这样的意识,才能真正消除老百姓对邻避设施的恐惧,进而获得双赢的结果。

四、破解利益受损治理困境的基本思路

以利益相关者理论来分析相关利益主体在垃圾焚烧厂建设过程中的定位,矛盾冲突的产生来源于不同程度的利益受损。其中,以当地群众,即邻避风险直接作用的群体所受到的损害最为严重。一方面,作为直接的风险承担者,其环境权、健康权受到威胁;另一方面,邻避设施建造所产生的公平性问题也是群众不满情绪的来源。在公民意识崛起、公信力危机的情境下,利益相关的公众、地方政府、市场和广泛大众对有限的空间权,及其附着的经济权、环境权、政治权的争夺和碰撞是多主体困局的本质归因(侯光辉等,2017)。垃圾焚烧厂的建设运营所涉及的政府、设施建设运营企业和公众三方主体在垃圾焚烧厂建设过程中所扮演的角色不同,其利益诉求也不同。企业的加入使得政府、设施建设运营企业、公众三方的关系和矛盾进一步复杂化,主要矛盾、次要矛盾相互交错,再加上舆论渲染,多主体风险治理困境愈演愈烈。政府引入企业参与公共事业项目的建设,使其在整个过程中由具体执行者转变为掌舵者,一定意义上降低了自身的责任。但作为决策的制定者、群众不满情绪的发泄对象的政府,又无法完全置身事外。而相关建设企业的目标是利润,其中大部分来自政府补贴,同时,作为直接与群众接触的项目执行者,在建设过程中难免会和群众产生冲突。在这个过程中,相关利益者为维护自身利益,实现自我价值追求,会令矛盾不断激化。

邻避冲突的产生,关键在于利益相关者的利益受损。对当地群众来说,利益受损主要体现在邻避设施所带来的环境风险、健康风险上。对相关企业来说,利益受损体现在获得利润的降低上,面对群众的不满,企业需要花费更多的人力、财力去解决这个问题,以安抚群众。对政府来说,需要对邻避设施企业进行监督,分拨专人管理,另外还可能要处理群众对政府的不满情绪。通过对主要利益者的矛盾

分析,同时借鉴杭州 J 企业在处理邻避风险时的一系列措施,本书提出韧性治理体系。

社区既是生活共同体,也是利益共同体。社区生活本质是社区利益相关者之间的合作,利益相关者视角下韧性社区治理与邻避风险韧性治理之间具有逻辑契合和实践一致性,其实质是社区利益相关者合作治理社区公共事务的过程,社区治理的基本要素包括治理主体(平等参与者)、治理客体(社区公共事务)、治理规则(社区成员认同的社区规范)、治理过程(社区治理是实体活动,表现为成员之间的合作互动行为)。从价值理念来看,社区治理主体具有两个基本特征:一是治理主体的多元性,它包含各种利益相关者;二是治理主体的平等性,它强调各种利益相关者的平等参与,没有权威机制(陈伟东和李雪萍,2004)。

五、互利共赢韧性治理策略

韧性治理体系在于提高政府、企业及邻近区域对邻避风险的防范、应对和恢复能力。以韧性治理体系来解决邻避风险,力求实现多方利益相关者互利共赢的新模式。按照社会韧性的特性和能力要求,在社会组织、社会连接、社会认知等方面赋能于邻避区域社会系统。

(一)组织韧性化——明确关键利益相关者的主体责任

组织韧性化是指在邻避风险演进过程中参与的各个组织责任界定明确,主要是对关键利益相关者和主要利益相关者责任界定的明晰,即对政府和政府引入企业责任的界定。企业是项目建设、运营和管理的主体,是处理邻避冲突的第一责任人。企业管理能力的提升和技术水平的提高对于缓解邻避风险具有重要的作用。企业组织韧性化要求企业在建设过程中严格按照实施标准,与当地居民做好沟通，及时向政府反馈工程进度等方面的信息。企业在承担项目建设时，就要树立责任意识，对可能会对当地居民造成的影响进行预判，并积极解决。随着企业社会责任意识的提高，企业利益已经不再是运营者的唯一目标，环境的提升、健康有序环境的营造，以及精细化的管理越来越受到企业的重视，也让群众满意度得到进一步提高。

政府是项目建设的决策主体，在建设、管理过程中有着举足轻重的作用。一方面，项目建设的资金由政府提供；另一方面，在相关企业建设过程中，政府起着监督管理的作用。政府组织的韧性化主要通过政府对邻避设施建设前、建设中以及建设后全过程的监督管理而呈现。在建设邻避设施前，广泛征求民意，出具环评证明，对当地居民给予合理补偿，对相关建设企业资质进行筛选、考察等一系列措施将极大地疏解群众焦虑，并取得群众信任，从而保证项目顺利进行。在建设过程中，发挥监督和指导作用，在维护群众利益的前提下，督促企业提高运营效率。在建设后，积极发挥监督作用，助推企业效能进一步提升。

(二)连接韧性化——建立以党建为依托的沟通机制

在多主体参与的前提下，连接韧性化必不可少。相关利益者之间的利益冲突如果可以借助沟通解决，也将大大降低重大冲突事件发生的可能性。传统意义上的沟通只能做到双方的定向沟通，使信息传播变得狭隘。在以往的邻避冲突事件中，信息不公开、谣言泛滥等是加剧群众不满情绪的一大根源。连接韧性化表达的是希望构建一个三者相互之间都能双向沟通的机制。企业开放意见通道，了解民意，并就相关重要问题对群众进行解释，让群众了解项目建设的科学性、合理性；政府在建设过程中，要将对企业的监督情况向群众公开，让群众对企业相关业务有信心；政府和企业也可以联合举办相关的讲座、游戏，增进与当地居民的沟通。居民在这个过程中，不仅仅是项目建设的被动接受者,也是项目建设的监督人、成果的反馈者。当居民意见得到重视与反馈,风险就难以演进为冲突。

企业与基层政府的合作也让沟通变得愉快且舒适。借助基层政府举办的党建活动,以社区居民的身份参与到活动中,拉近企业与群众的距离,也增强了整个地区的凝聚力。党建活动的举办,在丰富当地群众生活的同时,也在潜移默化中对企业形象做了良好的宣传。同时,企业所提供的参观机会,即邀请中小学生进行参观,也获得了更多年轻人的认可。企业与群众之间的交流不应该只是停留于企业本身的服务范围,更应该跳出企业的舒适圈,进一步融入当地群众的生活,而党建活动就提供了这样一个平台,在轻松愉悦的氛围下增进交流。

(三)认知韧性化——发挥理性权威作用

在垃圾焚烧厂项目建设过程中,一般、次要利益相关者所营造的舆论环境也是推动风险进一步演化的动力。对于知识和专家意见的感知,对于开放性和诚实态度的感知,以及对于关切和谨慎的感知是决定信任的三大关键因素(孙壮珍,2020)。一般情况下,合理、专业的专家意见在一定程度上能够起到一定的平息民怨的作用,要充分发挥专家意见的权威性与合理性。政府在建设项目前就应该做好这方面的调查工作,听取相关专家的意见,使项目建设更加科学、合理,同时出具相关证明,让当地居民在认知上形成一种相对安全的倾向。在现代社会,尊重民意已成为公共政策制定的逻辑起点(罗依平,2012),需要牢牢把握舆论导向,利用官方渠道及时澄清相关事项,及时疏解反对情绪。另外,可通过公众号推送项目进程,让群众对项目进程有所了解,使群众在认知方面不再人云亦云,而是形成有自我的、更加官方的、公开的认知。

在公民意识进一步觉醒的现代社会,企业闷声干大事已经行不通了,要想获得当地群众的支持,只有借助理性权威的力量,向群众传递正确对待邻避设施的价值观。这个理性权威可以是专家学者,也可以是当地群众中有声望的人,借助他们的力量,稳定群众,疏导情绪,避免造成重大冲突,也不失为一个正确的选择。

六、小结

类似垃圾焚烧厂的邻避设施的建设在国家和城市发展中都有着非常重要的作用,是国家发展和人民生活的重要保障。各个利益相关主体在邻避风险中的重要性和影响力是分析邻避风险的关键,通过对关键利益相关者的把握,能够疏解风险。虽然不能完全消除邻避风险所带来的利益损失,但是通过企业、政府、群众的共同努力,能够实现一定的互利共赢。同时,通过建立韧性治理体系,总结邻避设施建设管理经验,从社会组织、社会连接、社会认知三个方面强化组织韧性以抗击风险,对于邻避设施的建设具有重大的意义。

第十章　韧性导向的环境邻避风险
整合治理模式

第一节　基于霍尔三维结构的环境邻避风险
整合治理思路

一、霍尔三维结构方法论

环境邻避风险是一种多系统集成、多结构并存、多主体互动的综合性、系统性问题。治理环境邻避风险需要运用霍尔三维结构作为环境邻避风险中的实体性风险治理方法论，对其治理要素进行分析。具体如图 10-1 所示。

二、环境邻避风险治理的韧性要求

系统科学方法论的丰富思想为本书研究提供了宽阔视野，特别是在对环境邻避风险的认识和治理上提供了多角度的理论工具，通过上述比较分析，在方法论上本研究构建起韧性范式分析框架，并提出了整合治理模式。按照韧性范式分析的系统性、整体性、结构性要求，针对各类风险，分别从韧性的多维层面分析风险的韧性要求，为整合治理提供对象和内容（见表 10-1）。

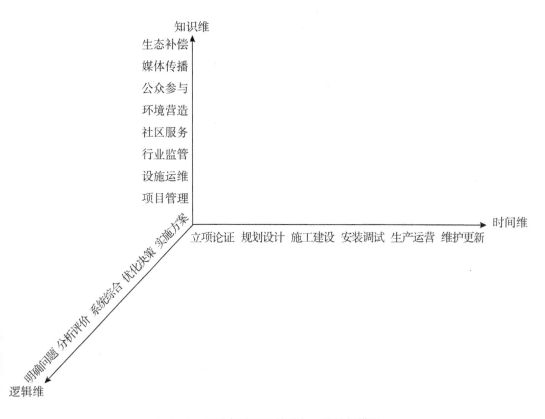

图 10-1　环境邻避风险的霍尔三维结构模型

表 10-1　环境邻避风险类型与韧性要求

风险样态	风险类型	韧性要求	韧性维度
实体性风险	工程技术风险	稳健性	工程韧性
	生态环境风险	恢复力	生态韧性
	基础设施风险	适应性	设施韧性
	管理运营风险	学习力	功能韧性
	安全生产风险	冗余性	功能韧性
制度性风险	政策执行风险	创新力	组织韧性
	监管失灵风险	协同性	组织韧性 技术韧性
	制度信任风险	网络连接性	社会资本韧性

续 表

风险样态	风险类型	韧性要求	韧性维度
建构性风险	感知风险	适应性、抗逆力	心理韧性
	舆情风险	多样性	社会韧性
	群体冲突风险	包容性	社会韧性

三、环境邻避风险整合治理思路

现代社会风险已经超越了传统风险的现实主义视域,也突破了囿于文化心理认知的建构主义思维,并在两者之间衍生出各类新型风险(马明旭等,2014),且社会属性愈加显著,在两类风险论从分离走向弥合的过程中,制度主义也在试图确立风险理论的学术空间,因此,对社会风险的研究需要整合现实主义、建构主义和制度主义的风险理论成果,用以指导风险治理实践。王冰和韩金成(2017)认为,行政价值失衡是导致邻避风险出现的重要原因,利益相关者之间存在横向和纵向交织的价值谱系,需要从凝聚邻避项目相关各方的价值共识和提高政府决策的支持性与合法性两个方面来建构公共价值创造模型,为化解邻避风险提供整合性理论框架。

国际风险治理委员会提出风险治理一体化的 IRGC(International Risk Governance Council,简称 IRGC)框架,其内涵包括:第一,治理主体复合多元。针对现代风险的多样性、不确定性、整体性、平等性、全球性等特点,风险治理要跨越国家和地区的界限、跨越部门间的界限、跨越群体的界限。第二,治理方式综合多样。根据风险状况综合施治,如将教育、告知、演练、引导、参与等手段综合运用。第三,风险沟通贯穿始终。通过沟通提高各群体的忍耐性和包容度,促进风险治理信任机制的建立。第四,风险研究学科交叉。对于风险类型的多样性和治理范式多维韧性的研究需要借助多学科视角,如经济学、心理学、社会学等不同学科的分析,以及技术分析和文化分析等(朱志萍,2019)。

国内学者运用韧性范式对城市风险整体性治理做了深入探讨。学术界分别提出:由目标的适应性主动循环机制、能力的全要素韧性耦合机制、过程的全过程动态响应机制构成的城市韧性发展价值体系、策略选择与行动路径(曾鹏,2022);三度空间下系统的系统城市建设和管理的韧性的理论框架(方东平等,2017);物理空间风险感知弱化—信息空间风险传播阻隔—心理空间风险衍变干预的治理框架(于峰和樊博,2021);构建政企社民多元互动的空间治理体系以及具有开放性和包容性的空间治理结构,通过制度化、有序的利益整合化解城市风险(陈进华,2017);韧性城市整体性风险治理的空间、时间和层级三维范式(肖文涛和王鹭,2020);包含物质空间和社会空间的多维韧性城市规划(姚迈新,2021);构建邻避抗争行为的三元空间模型,提出多空间维护和疏导的风险治理策略(杨银娟和柳士顺,2020)。

上述研究体现出的共同点是:把城市风险与空间生产联系起来。具体表现为如下几点:空间的多维性承载了风险的多形态,并会随时序而升级,空间的重构导致了风险的流变;风险的治理要有空间的视角,且离不开空间治理。城市韧性是城市场域中风险治理的空间属性。环境邻避问题升级为风险乃至公共危机,本质上就是源于物理空间的环境风险溢出,经由信息空间的传播、加工,扩散至心理空间和社会空间,再经过认知加工和社会建构,形成多形态社会风险。

综合上述方法论的比较分析以及学界关于风险整合治理相关研究,可以梳理出环境邻避风险整合治理的学理逻辑和实践进路,构建出整合治理理论框架(见表10-2)。

表 10-2　环境邻避风险整合治理理论架构

项目	内容	备注
认识论	整合现实主义、建构主义、制度主义风险论	环境邻避风险谱系是从实体到建构的连续统一体
本体论	风险历时性演化:横向耦合、纵向级联	空间内的风险链,跨空间的风险流
价值论	空间再生产与风险再生产共时,基于空间正义的公共价值创造	邻避风险是空间生产的产物,邻避风险在不同群体之间非均衡分配
方法论	系统工程方法+综合集成方法	硬系统、软系统、中华文化整体论
治理理念	整体性、系统性、适应性	风险治理与公共治理的融通、契合
治理场域	物理空间、信息(虚拟)空间、社会(心理)空间	多维空间跨域治理
治理范式	韧性治理	反脆弱性,增强韧性

第二节　环境邻避风险整合治理机制

一、治理理念

(一)整体性治理原则

整体性治理原则就是对当前政府的分散型管理体制和碎片化治理模式暴露出的弊端的改进。通过对政府组织的重新组合,实现政府部门由职能组合转向功能组合。目前,涉及邻避设施选址、建设的部门众多,而这些部门在整个邻避设施规划、建设乃至管理中都很难进行有效的协同管理,甚至在一些问题上相互推诿,导致邻避风险不断积聚,最终引发邻避危机。依据整体性治理的原则,将相似或重复的职能机构进行整合,从全局性和跨部门的角度出发,在不取消部门划分的前提下再造跨部门机构,将涉及相关管理职能的部门联合起来,以构建联合指挥部等形式形成以环境邻避风险治理为目标的功能性机构,打破不同部门之间的信息壁垒,实现信息共享,进而提升其相互之间的协同能力和合作能力,避免多头管理和无人管理问题的出现,并及时应对出现的问题,真正防止和解决环境邻避风险的再生产。

(二)系统性治理原则

从系统论的角度来看,环境邻避风险再生产系统正是由多种要素相互作用,组合而成的复杂巨系统。系统强调整体与部分、部分与部分、整体内部与外部环境之间的紧密关联,体现了整体性、动态性和目的性三大基本特征。这就要求政府在对邻避风险再生产进行干预和治理时,必须持有一种综合性的观点,摒弃以往局限于系统内部的微观治理、分散治理和局部治理模式。将系统外部影响条件、环境和因素都纳入风险治理的范畴,根据系统的构成形式将环境邻避风险再生产系统拆分为多个相互关联的子系统,并依托各个子系统中各要素的相互关系,谨慎地选择相应的治理方式,充分地利用要素之间的因果关系,尽量减少不合理的外部干预。

(三)韧性治理原则

韧性如今较多地被用来形容系统在受到外界不确定性影响或者干扰时迅速恢复到平衡状态的一系列能力。环境邻避风险表现出的高度复杂特性决定了用韧性理论来治理环境邻避风险具有高度的契合性。环境邻避风险广泛的参与主体、多变的形式、跨区域的扩散以及长效性的影响导致治理变得非常困难。从以下三个方面来分析风险的韧性治理路径:第一,从治理主体来看,政府单一主体的脆弱性使其很难应对灵活多变的风险形式,治理行为总是滞后于风险的产生与影响。在事件前期及早引入社会力量,增强社会组织的自我管理和可持续发展能力,使其能够第一时间识别风险,减少因政府治理的滞后性而带来的风险积聚和再生产。第二,从环境邻避风险发生的时效性来看,环境邻避风险逐渐长期化,因此要加快构建常态和应急相结合的风险治理体系,在风险的认识上将其常态化,提升风险应急管理的能力,并通过有针对性地加强日常管理与演练来加以应对,尽可能地降低该类事件发生的可能性。第三,需要不断地对相关事件的经验进行总结,提升韧性治理能力,通过细化风险应急预案以及构建协商参与机制等来强化政府的组织韧性和制度韧性,推动制度优势向风险治理效能的转化。

(四)跨域治理原则

第一,跨空间治理。邻避风险的演化表现为风险流在物理空间、信息空间、心理空间的渐次流动,不同空间中的风险类型流变特点和趋势不同,物理空间有实体性风险,信息空间和心理空间有建构性风险与制度性风险,为阻止风险跨空间流动,需要整体性的空间治理,在工程技术上消解实体性风险,通过智能融合的方式阻隔风险传播,通过风险沟通干预风险建构。

第二,跨领域治理。环境邻避风险是由邻避设施的环境问题引发的,与企业运营、政府监管、社区权益、公众卷入等多主体相关的促发性因素在一定条件下演变为多样态风险,涉及生态修复、邻避补偿、行业监管、基层治理、社区营造、媒体关系等领域,风险实践的参与者也是风险利益相关者,化解这种跨领域的集聚性风险,需要确定相关主体的政治"生态位"(庄晓惠和杨胜平,2015),构建相关主体参与风险治理的"生态系统",明确各自的利益诉求和责任,发挥各自的信息优势、资源禀赋,形成和谐、能动的参与式风险治理结构。

第三,跨部门、跨区域治理。环境邻避风险具有现代社会风险的一般特征,如责任边界模糊、风险后果不确定、脱域性等,在这种集群式风险中,实体性风险虽然容易明确责任,但也涉及多个部门、波及多个区域,需要跨部门协同和跨区域协调,比如作为市政设施主管部门的城管、住建、城投,作为环境监管部门的生态环境部门,作为项目投资审批的发展改革部门等。风险再生形成的舆情风险、冲突风险治理,需要网信、宣传、公安、信访等部门联动协作。

二、治理机制

(一)复合性风险包容性治理

包容性治理着眼于平等参与、平等对待和平等权利,为不同群体提供均等的公共服务机会(徐倩,2015)。风险包容性治理是指基于科学不确定性的理性重构,以多元主体参与审议为主要实践模式,旨在构建相互之间的信任,其实质是不同知识形态间的包容性审议,以及风险知识的合作生产(张海柱,2022)。邻避设施的成本和风险在地理上是集中的,但是收益是大范围且分散的,邻近的居民、社区、业主等是这种实体性风险直接承受者,此外,公众的环境价值观、对环境危害的担忧和恐惧、未知技术风险,以及争议设施相关的健康、环境风险等公开信息的传播、政府治理能力的下降、邻避设施业界对风险技术的公开程度等(Kraft et al.,1991)促发性因素都会增加邻避风险实践的参与者,其中既有风险承担者,也有风险制造者。如果单靠政府独自面对邻避风险,是难以取得良好的治理绩效的,并且还会导致治理失灵。

1.实行能者赋权

邻避风险的有效治理需要上述利益相关者共同参与(范华斌,2018),根据风险参与者的风险责任、风险承受能力来确定风险治理参与的权利,构建多元主体协商民主、有效参与、包容性治理结构(陈云,2016),建立风险治理参与机制,包括建立和完善邻避风险分配信息公开制度,畅通风险承受者合法权益和合理诉求表达渠道,建立利益相关者参与监督设施运营必要环节的常态化机制。

2.开放对话,寻求共识

针对风险歧义,需要重构风险知识的生产方式,强化基于风险个体的知识生产(颜昌武等,2019),倡导一种更加包容的"开放政治"并聚焦于"风险分配"的协商和反思,即互动的双方"生产"对于技术风险的"新事实(或共识)"(郭巍青和陈晓运,2011),构建知识生产平台和多元知识参与模式,在政府和专家的专业知识与社区公众的本地知识的碰撞中产生共同认知,促使公众从"我怕"走向"我不怕",通过整体知识来实现政治吸纳(刘耀东,2022),化对抗性冲突为合作性冲突,实现邻避风险的包容性治理目标。

3.构建风险治理的复杂社会网络

协同性和鲁棒性都是复杂系统的重要特征,复合性风险的复杂性和不确定性需要灵活与适应性强的治理能力,复杂网络治理意味着治理主体可以灵活、自适应地改变其内部连接,并以协同治理和稳健治理取代科层治理,以便实现对动态环境的有效监控。在面临环境邻避风险时,需要根据不同的治理需求、共享的资源和信息,以及互补性能力和优势,在多个参与者之间构建复杂的多级协同网络,实现人员、资源、信息、组织等方面的协同作用,有效应对复合性风险治理的要求(Fan,2018)。

(二)动态性风险权变性治理

环境邻避风险是动态变化的,是一种历时性风险流变。在风险演变过程中,居民的维权抗争行为呈现出多方式的权变特征,通过发掘跨场域资源实现"情、理、法"的策略组合(王军洋,2013)。邻避冲突是一种反应时间有限、会出现出乎决策意料情况的状态(Hermann,1972),在高不确定性、高信息量、高紧急性、高认知能力等危机情景下以非程序性决策为主,灵活采用恰当的权变策略才是有效的(刘霞等,2011)。

1.以空间正义弥合风险歧义

遵循生态正义和空间正义的治理价值,确立政府、企业、风险受众之间平等的沟通关系,以开放式对话、实质性协商为主要方式,不断改善邻避议题的问题情景,弥合政府的政策理性、专家的技术理性、公众的社会理性、企业的经济理性等多重理性的偏差,唯有通过政治理性、技术理性和社会理性之间的平等对话,把空间正义与程序正义和结果正义相结合,实现"情、理、法"的动态组合,方能为治理风险创造更为恰当和有效的路径(肖瑛,2015)。

2.通过风险沟通匹配治理策略

做好风险沟通,充分了解风险参与者的风险认知、利益得失和行动理性,承认其合理的风险关切和利益诉求(张乐,2021),根据利益相关者各自的认知取向和理性行为,匹配不同理性行为的治理策略。邻避风险肇始于成本收益的不均衡,需要解决具有经济理性的风险受众的利益诉求,采取生态补偿方法,包括个体的经济补偿和整体的公共品补偿。而对价值理性和空间正义主张者,则更多需要在信息公开、程序公正、平等赋权、有诉必应等方面给予支持。

3.韧性范式的风险治理采取权变模式

面对风险跨空间流动出现的不同行为理性和利益主体,在生态环境与社会心理、城市规划与长期发展、个体利益与整体利益之间寻求平衡,采取权变管理模式,因地制宜、开放决策、跟踪调整、动态优化是核心的行动逻辑(高恩新,2016)。

(三)不确定性风险适应性治理

适应性治理是指风险情景与治理模式的适配性,理论上有制度结构论、行动主体论(韩博天,2018)、行为方式论,该模式在继承传统治理模式的动态性、反应性特点的同时,也注入了灵活性、主动性等新元素,契合了新兴风险治理的需求(张乐,2021)。环境邻避风险的特点决定了其治理机制可以采取基于流程和特征的适应性风险治理(Ortwin & Andreas,2013)。

1. 确立风险适应、系统共生目标

邻避风险具有成因不清楚、责任无边界、结果不确定等特点,风险的演化具有自组织、自增强、自衍生的特征,对于风险的跨空间流动,风险治理结果永远不是一个对问题的最优解决,而是导致采取行动的一种学习,治理过程一般导致的不是问题已被解决,而是一种新的情景,风险治理需要采取一种学习模式(曹光明,1994),以适应和共生为目标,增强抗灾能力,学会与风险共处。

2. 增强风险治理的制度适应力

韧性思维注重风险的增量或突变、临界点、阈值和级联效应,风险治理要摈弃社会问题的静态、线性、确定性观念,把路径依赖及其再生、逆转和变化的动态机制等作为风险耦合分析的重要概念(Sjöstedt,2015)。适应性治理的关键特征是在不同规模上的合作、弹性和基于学习的议题管理(Folke et al.,2005)。把握邻避风险变化的特点和规律,保持开放性治理体制,提高组织学习力,在学习借鉴中调适治理机制,增强制度韧性,营造和谐的政府、市场、社会、市民之间的合作关系,厚植政府与基层的社会资本,增强组织韧性和社会韧性。

3. 遵循风险分配动态均衡原则

贝克认为,风险分配像财富一样依附在阶级之上,财富在上层集聚,与此相反的是,风险在下层集聚。风险社会中的风险分配逻辑取代财富和权力分配逻辑,风险总是向下(向弱势群体、社会底层)配置,环境邻避风险更是如此。坚持阻力最小而非效益最大的科学规划原则,根据群众可接受距离储备选址方案,在实践中不断调适,择机介入,并在不同群体和区际风险配置上保持平衡(唐庆鹏,2015)。

4.不断消除社会脆弱性,增强社区韧性

风险治理需要将重心下移,提升社会整体与风险共处的能力,按照问题导向提升社区脆弱性底线(社会脆弱性、结构脆弱性、环境脆弱性),按照资源导向增强社区韧性(提升社区五种资本,即社会资本、经济资本、人力资本、物理资本、自然资本)。对社区赋权赋能,培育社区意识、社区能力、伙伴关系网络(张良强和吴幼丽,2018)。

第三节　韧性导向的环境邻避风险
整合治理模式

一、整合治理模式的要义及基本要素

在公共管理的学术丛林中,基于不同的制度环境和价值取向,出现了不少理论模式,如整体治理、协同治理、合作治理、系统治理、网络治理等,其共同点就是注重多元治理主体、多种治理资源、多个治理功能之间的关系,以达到善治的目的。在这些理论模式林立的基础上,国内学者提出整合治理模式(杨宏山,2015;康晓光和许文文,2014;杨联和曹惠民,2021)。在风险治理越来越成为具有显著公共品特征的政府职能的背景下,整合治理在风险治理领域显示出强大的解释力和实践性。整合治理模式有三个关键特征:一是政府作为主导治理主体的权威性;二是治理资源的权属及时空分布的分散性;三是治理重心下移。这与风险社会的风险特征及其治理需求存在理论暗合,即风险治理,特别是事前预警、事中处置、事后恢复离不开政府对资源的权威性分配,风险无处不在的"风险共处情景"需要风险治理向风险一线倾斜,不管是风险受众还是风险主体,都是利益相关方,风险治理既需要借助利益相关方的资源和信息优势,也需要他们参与治理,弱化风险建构的潜在动力。张云昊(2011)把现实主义风险论、制度主义风险论、建构主义风险论视为一个理论演进的连续统，基于此，构建了整合技术中心主义模式、组织—制度模式、社团运动模式的风险治理框架，形成专家、政府、社团多元整合治理机制。杨联和曹惠民（2021）将风险治理主体、风险治理过程、风险治理平台、社会个体行为表达以及风险治理工具等视为风险治理的关键要素，将重塑治理过程、协同部门职能、集成风险信息以及整合治理工具、调适社会行为纳入风险治理的关键控制点。

企业管理领域关于风险的微观治理及相关成果。1992 年 COSO(Committee of Sponsoring Organizations of the Treadway Commission，简称 COSO)委员会制定的《企业风险管理整合框架》，基于企业主体在为每一个利益相关者创造价值的同时也面临不确定性的情况，提出一种全局的风险组合观来处理不确定性，构建一个包括内部环境、目标制定、事项识别、风险评估、风险应对、控制活动、信息与沟通和监控八个方面的风险要素整合管理框架，该模式基本遵循风险发生逻辑对微观主体的风险管理过程进行精细化治理。整合治理观点在公共管理领域和风险治理领域的会合为环境邻避风险治理提供了有益的理论启示，本研究在此基础上进一步将整合治理具体化，环境邻避风险的多样态风险谱系、多类型风险场域、分布式治理结构为整合治理提供了现实的理论应用空间。

环境邻避风险整合治理模式的要义在于政府主导的多元治理主体复合协同，通过学习调适通力合作，既有脆弱性管理托底，又有韧性能力培育提升。其总体架构就是治理路径上按照风险系统治理逻辑对主体、资源、功能、结构、机制全面整合，治理导向上关注脆弱性管理、跨域治理、整体治理和韧性培育，治理方式是耦合专家—技术模式、社团—文化模式、制度—组织模式，从而实现风险治理要素的综合集成。

环境邻避风险整合治理模式的基本要素包括治理方法论、治理导向、治理路径、治理方式。治理方法论就是以扩展的霍尔三维结构为基础的六维系统工程方法论、富有中华文化精髓的 WSR① 综合集成方法论以及韧性分析方法。治理导向就是对风险流的每一种状态和情景进行脆弱性分析，构建风险治理的基础和底线。针对风险的无边界特征，刻画其活动场域，对风险空间转换进行有效管理。考虑到风险流的连续性和弥散性，对不同空间的风险样态和风险类型进行整体治理。风险共处意味着在管理脆弱性的基础上要培育韧性，并结合不同的风险类型治理进行韧性赋能。在治理路径上，对风险治理主体复合协同、治理资源统筹集成、治理结构调整、治理功能协调、治理机制进行优化。在治理方式上，耦合专家—技术、制度—组织、社团—文化三种治理路线，形成整合治理方式（见图 10-2）。

二、邻避风险整合治理的主要政策工具

（一）根据风险类型确定相应的风险治理政策工具

IRGC 框架将风险分为简单风险、复杂风险、不确定风险和歧义风险，细分认知程度和风险参与者，提出相应的管理策略和应对方法（见表 10-3）。IRGC 框架界定了风险治理一体化的内涵，主要包括治理主体需要多元化、治理手段与方法需要综合性、风险治理各阶段都必须贯穿风险沟通、研究风险问题需要多视角等（朱志萍，2019）。在环境邻避事件中，设施风险、安全生产风险可视为简单风险，基于常识和常规管理流程即可应对，需要工程项目、设施运维相关人员加强安全生产意识，严格遵守安全生产管理规定和技术操作规程，做好消防应急演练，完善应急处置预案，健全应急物资储备和应急资源统筹调度。但是如果安全生产涉及化学品等危化风险源，以及危化品

---

① WSR 是"物理（Wuli）—事理（Shili）—人理（Renli）方法论"的简称，是中国著名系统科学专家顾基发教授和朱志昌博士于 1994 年在英国赫尔大学提出的。

邻避风险整合治理方法论：六维系统工程结构+WSR综合集成方法+韧性范式

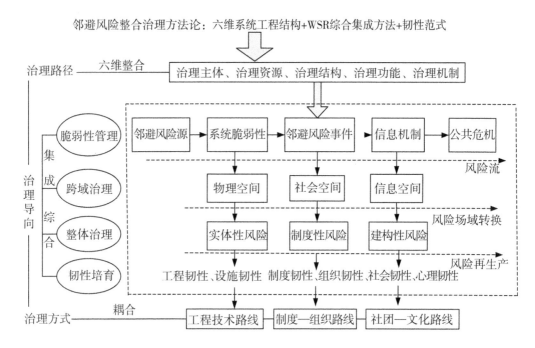

图 10-2　环境邻避风险整合治理模式总体框架

泄漏或爆炸产生生态环境风险,则需按照复杂风险来处置,由于环境
影响不可控,风险介质成分复杂,需要尽可能做到信息透明、决策公
开,减少公众的疑虑和恐慌,且需要专家参与,对风险致因及其演变
机制进行科学分析,提供多个优选方案,降低风险防控的不可知性,
尽可能最大限度地减少风险损失。政府信任风险、群体冲突风险和
其他制度性风险均可视为不确定风险,社会心理和群体行为容易失
控,社会结构和体制性致险因素模糊且不可分,需要政府提前介入,
充分了解风险受众的利益诉求和风险关切,培育政府与基层社区的
社会资本,建立风险治理的合作网络,感知风险、舆情风险等建构性
风险可视为歧义风险,需要政府加强风险沟通,开展以信息对称为目
的而非强行说服的双向交流,有效管控风险的跨空间流动,避免舆情
风险跨域溢出,防范网络空间的风险场域转移至社会空间,实现线上
线下快速连接。根据上述风险治理的韧性要求,不仅不确定风险需

要加强韧性建设,复杂风险和歧义风险更需要韧性治理。

表 10-3 IRGC 框架关于风险分类及治理方式

风险类别	认知程度	管理策略	应对方法	利益相关者参与
简单风险	基于常识、共识	常规	常规	人人参与、多方参与
复杂风险	基于专业知识	告知公众	提升稳健性	专家参与、多方参与
不确定风险	基于经验	预防为主	加强韧性建设	政府参与、多方参与
歧义风险	基于分歧、尚无共识	学习	沟通、反馈	社会参与、多方参与

资料来源:朱志萍.基于 IRGC 框架分析的城市安全风险一体化治理思路[J].中国人民公安大学学报(社会科学版),2019(5):142-148.

IRGC 框架关于风险的分类过于抽象和简化,在风险管理方法上就显得较为简单。Klinke 和 Renn(2012)认为,针对具有复杂性、科学不确定性和社会政治模糊性的风险,可采用整合治理模式,体现的是政府用于解决一定的制度情景中风险认知、评价和规范化问题以及风险冲突的综合能力。因此,需要扩大和完善 IRGC 风险治理框架,使其更具适应性和组织能力,以便在应对和管理风险时纳入更多行为者和知识阵营。环境邻避风险是一个复杂多样的风险谱系,本研究在第三章对环境邻避风险谱系做过详细的论述(见表 3-1)。风险治理政策工具需要根据每一种风险样态提出总体性治理政策,再针对每一种风险样态的具体风险类型制定相应的治理方法。

(二)根据不同时间阶段确定风险治理政策

吴云清(2017)构建了基于项目时间、行为主体、管理对策三个维度的邻避风险治理模式,在时间层面上可分为三个阶段:项目实施前加强沟通协调,确保程序公正;实施过程中加强施工监管,确保工程建设合规达标;实施后做好议价补偿,确保风险受众的损益大体平衡。主体层面,政府、企业、专家、公众各担其责,赋权于民,确保政府的安全监管责任、企业的社会责任、专家的专业指导作用落实落地,让公众的参与权利和合理诉求得到实质性保障。管理层面,建立利益协调机制,增强政府信任;建立信息公开和风险沟通机制,完善邻避补偿机制,健全邻避补偿的法律保障,完善司法救济;完善邻避设施规划,做好空间储备,保证邻避设施建设项目按照安全可靠、居民可接受的标准落地。

张云昊(2011)在对现实主义的工程技术治理模式、制度主义的制度组织治理模式和建构主义的社团运动治理模式的优劣势进行比较分析的基础上,构建了风险建构—危机处理—结果管理的逻辑化治理流程框架,指出要在风险演化的不同阶段确定风险治理的重心,从而制定相应的治理策略:在风险建构阶段,心理因素和文化氛围的影响比较大,需要发挥社团运动模式的优势;在危机处理阶段,预警预案、应急处置、状态恢复等都需要政府发挥主导作用,同时也离不开专家的专业指导和关联性社会化组织的有效参与,制度组织模式具有显著优势,专家模式可发挥辅助作用,社团模式发挥补充作用;在结果管理阶段,围绕责任分担、结果反馈、评估改进,完善体制机制和制度规范,优化治理结构,做好政策绩效评估,以上这些离不开政府组织实施和公众参与,需要制度组织模式主导、社团运动模式协作。

(三)根据风险特征和演化逻辑确定治理工具

环境邻避风险具有复合性、非线性、边界模糊、结果不确定等特征,以及风险流在不同场域接续发生空间转换和样态变化,形成风险再生产过程。风险治理的精髓在于把握风险演化的本质,即实体性风险是现实风险的客观生成,制度性风险是客观风险的客观建构,建构性风险是客观风险的主观建构。治理的关键在于对症下药,需要一种新的治理范式为环境邻避风险治理提供新"药方",即基于风险受体的脆弱性管理和基于风险系统的韧性治理。

肖文涛和王鹭(2019)认为,城市安全发展存在严重的韧性不足问题,包括工程韧性、技术韧性、环境韧性、社会韧性、组织韧性、制度韧性等方面。具体表现在环境邻避问题上尤为突出,需要补齐韧性不足的短板。对照工程韧性、基础设施韧性作为邻避设施的实体功能要求,采用先进的技术手段和工程设备、处理工艺控制邻避设施实在风险的诱致性与扩散性效应;对照制度韧性作为地方政府,特别是基层社区治理和邻避项目治理有效性目标,完善环境监管制度、明确主体责任、优化治理结构,消除环境邻避设施监管主体和运营主体制度性风险的复合性与衍生性效应;对照社会韧性作为社区建设文化导向和社会心理建设价值导向,培育社区社会资本,加强社区风险文化建设,做好风险沟通,弥合风险歧义,消减邻避效应建构性风险的再生性与传染性效应。

三、环境邻避风险整合治理路径

路径选择是主体、要素、条件与流程的整合,是整合治理模式的具体体现。以风险治理系统工程方法论为指导,按照韧性治理要求,提出邻避风险多维整合治理路径。

(一)六维整合路径

在主体维上,按照复合协同原理整合风险治理主体(角色定位、利益边界、权力、能力、资源等);在时间维上,按照适应性治理原理整合风险治理手段(工程—技术、组织—政策、社团—合作);在条件维上,按照社会嵌入原理整合风险治理网络(社会动员网络、社会关系网络、社会资本网络、组织学习网络等);在逻辑维上,按照治理流程与治理模式的匹配,结合项目实施的不同阶段和风险治理流程的不同环节,厘清复合主体、多重目标的风险治理路径,结合各类韧性要求,设计风险治理的目标、内容、途径。

(二)韧性培育路径

第一,按照工程技术韧性、设施韧性要求,完善项目科学规划设计,实现设施安全规范运营和污染物无害处置达标排放;按照基础设施韧性要求,设计合理的空间体系和完善的基础设施,强化关联设施的系统性,同时构建高效的风险管控和恢复系统,提高基础设施抗逆性和恢复力。综合邻避设施监管数据、网络舆情数据、社会人口动态数据,融合多领域智能技术,加强邻避冲突突发事件演化机理研究和监测分析,提升预测研判的精准度和时效性。实行环境邻避设施安全体检制度,实现安全隐患台账式管理、清单式交办、销号式整改的闭环管理。

第二,按照制度韧性、组织韧性要求,建立邻避风险协同治理机制:成立风险防范化解领导小组,建立联席会议制度,明确职责分工,实现职能部门信息共享联动横向协同,属地政府统筹协调整合资源纵向协同;适应社区权利意识觉醒和环境正义的需求,破除知识、信息垄断,扩大决策结构开放度,注重公众实质性参与决策,提升邻避项目治理的有效性。

第三,按照社会韧性、心理韧性要求,塑造社会权威机制、风险本土化、资本支持及资源共享机制、强化理性社会认知、组织学习、社区营造,增强社会包容性和安全冗余性;普及风险知识、环境保护知识、法律知识等,营造韧性的风险文化和社区文化,做好邻避效应的心理救济和心理健康辅导。

(三)韧性治理策略

环境邻避风险的再生产发生在一个极其复杂的社会系统中,其再生产并不是单一主体或者单一因素作用的结果,而是通过复杂的社会网络关系将不同的风险相关主体绑在一起并将其置于特定的社会现实环境中,并施加多类型的外部因素影响,使其在不同的时间阶段表现出不同的风险特征并带来不一样的风险影响的过程。而当前邻避风险的治理较多采用分散型、刚性的治理模式,这也会使其在治理中面临顾此失彼的窘境,致使部分旨在治理邻避风险的政策和措施反而成为引发后续风险的源头。基于上述风险再生产和风险治理的现状,本书提出整体性治理、系统性治理和韧性治理原则以及整合治理机制,并提出了有针对性的治理策略。基于第五、六、七章对环境邻避风险再生产机制的分析,从系统工程方法论六维的角度提出韧性导向的风险治理策略(见表10-4)。

表 10-4　环境邻避风险再生产的维度及其韧性治理策略

维　度	环境邻避风险再生产的内容	韧性导向的风险治理策略
主体维	政府、专家、运营企业、公众(居民、周边业主及经营户、媒体、环保组织)	复合协同、沟通协商、合作共赢
性质维	实体性风险、制度性风险、建构性风险	多维韧性
专业维	项目管理、设施运维、行业监管、社区服务、环境营造、公众参与、媒体传播、舆情引导	联动、耦合、学习
时间维	宏观层面:项目规划、项目实施、项目运营	适应性治理、反馈调节
	微观层面:风险建构、危机处理、结果管理	
条件维	风险预案、补偿能力、社会资本、媒体关系	社会嵌入、反馈、学习
逻辑维	信息收集、确定问题、风险识别、系统分析、风险预案、方案优选、决策执行、监督评价	流程优化、整合

参考文献

[1] 艾志强,沈元军.论科技风险相关社会主体间的认知差异、成因与规避[J].理论导刊,2014(4):95-97.

[2] 白红义.环境抗争报道的新闻范式研究——以三起邻避冲突事件为例[J].现代传播(中国传媒大学学报),2014(1):45-50.

[3] 鲍磊.实在抑或建构——社会风险的认识论辨析[J].学习与实践,2008(4):121-127.

[4] 卜玉梅.邻避风险沟通场域中的话语竞技及其对冲突化解的启示[J].中国地质大学学报(社会科学版),2018(5):104-112.

[5] 蔡萍.环境风险的社会建构论阐释[J].兰州学刊,2008(11):101-105.

[6] 曹辰,吴勇.环境正义视域下邻避运动的本质、成因与治理[J].中南林业科技大学学报(社会科学版),2021(2):14-19.

[7] 曹光明.硬系统思想与软系统方法论的比较——优化模式及学习模式[J].系统工程理论与实践,1994(1):22-25.

[8] 陈宝胜.从"政府强制"走向"多元协作":邻避冲突治理的模式转换与路径创新[J].公共管理与政策评论,2015(4):26-39.

[9] 陈宝胜.公共政策过程中的邻避冲突及其治理[J].学海,2012(5):110-115.

[10] 陈宝胜.邻避冲突基本理论的反思与重构[J].西南民族大学学报(人文社会科学版),2013(6):81-88.

［11］陈昌荣.邻避型集体行动的涌现机制研究［D］.上海:同济大学,2018.

［12］陈晨.基于博弈论的邻避设施选址决策模型研究［J］.上海城市规划,2016(5):109-115.

［13］陈佛保,郝前进.美国处理邻避冲突的做法［J］.城市问题,2013(6):81-84.

［14］陈红霞.英美城市邻避危机管理中社会组织的作用及对我国的启示［J］.中国行政管理,2016(2):141-145.

［15］陈辉,柳泽凡.邻避事件的风险演化机制研究——以M市P垃圾焚烧发电项目为例［J］.领导科学,2021(2):116-120.

［16］陈进华.中国城市风险化:空间与治理［J］.中国社会科学,2017(8):43-60,204-205.

［17］陈玲,李利利.政府决策与邻避运动:公共项目决策中的社会稳定风险触发机制及改进方向［J］.公共行政评论,2016(1):26-38,182-183.

［18］陈伟东,李雪萍.社区治理主体:利益相关者［J］.当代世界与社会主义,2004(2):71-73.

［19］陈云.城市化进程的邻避风险匹配［J］.重庆社会科学,2016(7):119-127.

［20］陈忠.城市社会:文明多样性与命运共同体［J］.中国社会科学,2017(1):46-62,205.

［21］陈倬,佘廉.城市安全发展的脆弱性研究——基于地下空间综合利用的视角［J］.华中科技大学学报(社会科学版),2009(1):109-112.

［22］成德宁.大城市安全风险的性质、特征及治理思路［J］.国家治理,2021(18):34-39.

［23］邓集文.中国城市环境邻避风险治理的转型［J］.湖南社会科

学,2019(3):60-68.

[24] 邓可祝.邻避设施选址立法问题研究——以邻避冲突的预防与解决为视角[J].法治研究,2014(7):39-48.

[25] 定明捷,徐宛笑.城市社区公共价值创造:内容、困境与出路[J].华中师范大学学报(人文社会科学版),2019(4):28-37.

[26] 董幼鸿."邻避冲突"理论及其对邻避型群体性事件治理的启示[J].上海行政学院学报,2013(2):21-30.

[27] 董幼鸿.新时代公共安全风险源头治理的路径选择与策略探讨——基于系统脆弱性理论框架分析[J].理论与改革,2018(3):49-61.

[28] 杜健勋.从权利到利益:一个环境法基本概念的法律框架[J].上海交通大学学报(哲学社会科学版),2012(4):39-47.

[29] 杜健勋.交流与协商:邻避风险治理的规范性选择[J].法学评论,2016(1):141-150.

[30] 杜健勋.邻避运动中的法权配置与风险治理研究[J].法制与社会发展,2014(4):107-120.

[31] 杜力.何谓城市韧性?——对韧性城市基本概念的分析[J].天津行政学院学报,2022(3):46-56.

[32] 段文杰,李亚璇,秦胜杰,等.风险感知的社会放大效应与治理[J].社会工作,2020(6):62-76.

[33] 范华斌.垃圾焚烧项目选址:困境、成因与破解——兼谈实质性公众参与[J].安庆师范大学学报(社会科学版),2018(2):68-72.

[34] 方东平,李在上,李楠,等.城市韧性——基于"三度空间下系统的系统"的思考[J].土木工程学报,2017(7):1-7.

[35] 伏珊,邹威华.戴维·哈维"时空压缩"理论研究[J].中外文化与文论,2016(3):194-205.

［36］盖宏伟,牛朝文.从"刚性"到"韧性"——社区风险治理的范式 嬗变及制度因应［J］.青海社会科学,2021(6):119-127.

［37］高恩新.防御性、脆弱性与韧性:城市安全管理的三重变奏［J］. 中国行政管理,2016(11):105-110.

［38］高山,李维民.环境风险到社会风险的转化机理［J］.中国行政 管理,2020(7):127-113.

［39］高喜珍,侯春梅.非经营性交通项目的社会影响评价研究—— 基于核心利益相关者视角［J］.交通运输系统工程与信息,2012 (1):12-16.

［40］葛怡,窦闻,辜智慧.环境风险场理论研究［J］.风险灾害危机研 究,2016(1):87-96.

［41］龚文娟.约制与建构:环境议题的呈现机制——基于 A 市市民 反建 L 垃圾焚烧厂的省思［J］.社会,2013(1):161-194.

［42］桂昆鹏.环境正义视角下的邻避设施布局和规划策略研究［D］. 南京:南京大学,2013.

［43］郭庆松."时空压缩"下的现代化发展模式［N］.文汇报,2008- 10-27(12).

［44］郭巍青,陈晓运.风险社会的环境异议——以广州市民反对垃 圾焚烧厂建设为例［J］.公共行政评论,2011(1):95-121, 181-182.

［45］郭小平,秦志希.风险传播的悖论——论"风险社会"视域下的 新闻报道［J］.江淮论坛,2006(2):129-133.

［46］郭叶波.特大城市安全风险防范问题研究［J］.中州学刊,2014 (6):70-76.

［47］韩博天.红天鹅:中国独特的治理和制度创新［M］.石磊,译.北 京:中信出版社,2018.

［48］韩翀,郭祖源,彭仲仁.国外社区韧性的理论与实践进展［J］.国

际城市规划,2017(4):60-66.

[49] 韩新,丛北华.超大城市公共安全风险防控的主要挑战——以上海市为例[J].上海城市管理,2019(4):4-10.

[50] 何可,张俊飚,张露,等.人际信任、制度信任与农民环境治理参与意愿——以农业废弃物资源化为例[J].管理世界,2015(5):75-88.

[51] 何艳玲,陈晓运.从"不怕"到"我怕":"一般人群"在邻避冲突中如何形成抗争动机[J].学术研究,2012(5):55-63,159.

[52] 何艳玲."邻避冲突"及其解决:基于一次城市集体抗争的分析[J].公共管理研究,2006(4):93-103.

[53] 何艳玲."中国式"邻避冲突:基于事件的分析[J].开放时代,2009(12):102-114.

[54] 何羿,赵智杰.环境影响评价在规避邻避效应中的作用与问题[J].北京大学学报(自然科学版),2013(6):1056-1064.

[55] 亨廷顿.变化社会中的政治秩序[M].王冠华,刘为,等译.上海:上海世纪出版集团,2008.

[56] 洪大用.复合型环境治理的中国道路[J].中共中央党校学报,2016(3):67-73.

[57] 侯光辉,陈通,王颖,等.公众参与悖论与空间权博弈——重视邻避冲突背后的权利逻辑[J].吉首大学学报(社会科学版),2017(1):117-123.

[58] 侯光辉,王元地."邻避风险链":邻避危机演化的一个风险解释框架[J].公共行政评论,2015(1):4-28.

[59] 侯光辉,王元地.邻避危机何以愈演愈烈——一个整合性归因模型[J].公共管理学报,2014(3):80-92,142.

[60] 侯璐璐,刘云刚.公共设施选址的邻避效应及其公众参与模式研究——以广州市番禺区垃圾焚烧厂选址事件为例[J].城市

规划学刊,2014(5):112-118.

[61] 胡象明,刘浩然.邻避概念的多重污名化与工程人文风险框架的构建[J].理论探讨,2020(1):155-160.

[62] 胡象明,王锋.一个新的社会稳定风险评估分析框架:风险感知的视角[J].中国行政管理,2014(4):102-108.

[63] 胡象明,王锋.中国式邻避事件及其防治原则[J].新视野,2013(5):55-59.

[64] 华启和.邻避冲突的环境正义考量[J].中州学刊,2014(10):93-97.

[65] 黄德春,张长征,Upmanu Lall,等.重大水利工程社会稳定风险研究[J].中国人口资源与环境,2013(4):89-95.

[66] 黄峥.金钱、公园还是养老保障:邻避设施的补偿效应研究[J].中国行政管理,2017(10):108-113.

[67] 吉登斯.社会的构成[M].李猛,译.北京:生活·读书·新知三联书店,1998.

[68] 贾鹤鹏,闫隽.科学争论的社会建构:对比三种研究路线[J].科学与社会,2015(1):91-103,90.

[69] 蒋俊杰.我国重大事项社会稳定风险评估机制:现状、难点与对策[J].上海行政学院学报,2014(2):90-96.

[70] 蒋忠波."群体极化"之考辨[J].新闻与传播研究,2019(3):7-27,127.

[71] 解然,范纹嘉,石峰.破解邻避效应的国际经验[J].世界环境,2016(5):70-73.

[72] 金自宁.风险决定的理性探求——PX事件的启示[J].当代法学,2014(6):11-21.

[73] 景天魁.中国社会发展的时空结构[J].社会学研究,1999(6):54-66.

[74] 康伟,杜蕾.邻避冲突中的利益相关者演化博弈分析——以污染类邻避设施为例[J].运筹与管理,2018(3):82-92.

[75] 康晓光,许文文.权威式整合——以杭州市政府公共管理创新实践为例[J].中国人民大学学报,2014(3):90-97.

[76] 孔祥涛.我国"邻避"风险的演化规律与制度化防范化解[J].环境与可持续发展,2020(1):44-48.

[77] 匡文波,周倜.论网络舆论风暴公式[J].国际新闻界,2019(12):131-153.

[78] 郎友兴,薛晓婧."私民社会":解释中国式"邻避"运动的新框架[J].探索与争鸣,2015(12):37-42.

[79] 李德.企业参与社会治理过程的嵌入性研究——基于对垃圾焚烧厂建设事件的思考[J].探索,2018(1):166-172.

[80] 李德营.邻避冲突与中国的环境矛盾——基于对环境矛盾产生根源及城乡差异的分析[J].南京农业大学学报(社会科学版),2015(1):89-98.

[81] 李德智,韩娱,陈艳超,等.基于SNA的公租房项目核心利益相关者识别[J].建筑经济,2016(2):70-72.

[82] 李德智,吴洁,崔鹏.城市社区复合生态系统适灾弹性的评价指标体系研究[J].建筑经济,2018(5):92-96.

[83] 李彤玥.基于"暴露—敏感—适应"的城市脆弱性空间研究——以兰州市为例[J].经济地理,2017(3):86-95.

[84] 李文祥.企业社会责任的社会治理功能研究[J].社会科学战线,2015(1):209-214.

[85] 李翔玉,孙剑,瞿启忠.建设工程绿色施工环境影响因素评价研究[J].环境工程,2015(3):118-121,140.

[86] 李小敏,胡象明.邻避现象原因新析:风险认知与公众信任的视角[J].中国行政管理,2015(3):131-135.

[87] 李雅红. "邻避冲突"网络舆论传播特征研究:以什邡、启东、镇海群体性事件为例[J]. 今传媒,2014(5):42-43.

[88] 李友梅. 城市发展周期与特大型城市风险的系统治理[J]. 探索与争鸣,2015(3):19-20.

[89] 李宇环,梁晓琼. 社会心态理论视阈下中国邻避冲突的发生机理与调适对策[J]. 中国行政管理,2018(12):102-107.

[90] 李云新,杨磊. 快速城镇化进程中的社会风险及其成因探析[J]. 华中农业大学学报,2014(3):6-11.

[91] 廖秋子. "邻避冲突"的成因及治理路径:"基础性权力"的视角[J]. 福建师范大学学报(哲学社会科学版),2016(5):35-42.

[92] 刘冰,苏宏宇. 邻避项目解决方案探索:西方国家危险设施选址的经验及启示[J]. 中国应急管理,2013(8):49-53.

[93] 刘芳. 桥接型社会资本与新移民社会融入——兼论社会组织与基层社区对新移民融入的推动作用[J]. 学习论坛,2015(11):67-72.

[94] 刘海龙. 邻避冲突的生成与化解:环境正义的视角[J]. 吉首大学学报(社会科学版),2018(2):57-63.

[95] 刘佳燕,沈毓颖. 面向风险治理的社区韧性研究[J]. 城市发展研究,2017(12):88-91.

[96] 刘建平,杨磊. 中国快速城镇化的风险与城市治理转型[J]. 中国行政管理,2014(4):45-50.

[97] 刘婧. 构筑现代风险的综合治理框架[J]. 理论学刊,2008(3):85-87.

[98] 刘能. 当代中国转型社会中的集体行动:对过去三十年间三次集体行动浪潮的一个回顾[J]. 学海,2009(4):146-152.

[99] 刘泉,荣莉莉,李若飞. 面向网络舆情的区域社会脆弱性评价模型及应用[J]. 情报杂志,2015(9):129-133,157.

[100] 刘铁民.脆弱性是突发事件发展的本质原因[J].中国应急管理,2010(10):32-35.

[101] 刘铁民.事故灾难成因再认识——脆弱性研究[J].中国安全生产科学技术,2010(10):5-10.

[102] 刘霞,吴应会,严晓.危机决策:一个基于"情景—权变"的分析框架[J].北京航空航天大学学报(社会科学版),2011(1):11-15.

[103] 刘小峰,吴孝灵.邻避项目的适应性环境影响评价模式研究[J].中国行政管理,2018(8):132-136.

[104] 刘晓亮,侯凯悦.志愿和竞争选址:邻避冲突解决机制的西方经验与中国选择[J].华东理工大学学报(社会科学版),2017(3):73-79,109.

[105] 刘岩.风险的社会建构:过程机制与放大效应[J].天津社会科学,2010(5):74-76.

[106] 刘耀东.知识生产视阈下邻避现象的包容性治理[J].中国人民大学学报,2022(2):158-166.

[107] 柳红霞,邓涛.反脆弱发展:社区发展的新路径[J].天津行政学院学报,2017(1):19-24.

[108] 娄胜华,姜姗姗."邻避运动"在澳门的兴起及其治理——以美沙酮服务站选址争议为个案[J].中国行政管理,2012(4):114-117,99.

[109] 娄文龙,梁铖卉,张娟.PPP模式下利益相关者与邻避风险研究[J].牡丹江师范学院学报(社会科学版),2020(4):1-9.

[110] 卢文刚,黎舒菡.基于利益相关者理论的邻避型群体性事件治理研究——以广州市花都区垃圾焚烧项目为例[J].新视野,2016(4):90-97.

[111] 罗斯坦.政府质量:执政能力与腐败、社会信任和不平等[M].

蒋小虎,译.北京:新华出版社,2012.

[112] 罗依平.地方政府公共政策制定中的民意表达问题研究[J].政治学研究,2012(3):89-96.

[113] 吕宛青,张冬,杜靖川.基于知识图谱的旅游利益相关者研究进展及创新分析[J].资源开发与市场,2018(4):582-586,560.

[114] 马奔,王昕程,卢慧梅.当代中国邻避冲突治理的策略选择——基于对几起典型邻避冲突案例的分析[J].山东大学学报(哲学社会科学版),2014(3):60-67.

[115] 马明旭,杨乐,王尚银.社会风险研究中现实主义与建构主义的整合[J].改革与开放,2014(3):52-54.

[116] 马胜强,关海庭.社会转型期我国邻避群体性事件的形成逻辑及治理路径——基于利益相关者理论的分析视角[J].天津行政学院学报,2018(2):11-18.

[117] 芒福德.城市发展史:起源、演变和前景[M].宋峻岭,倪文彦,译.北京:中国建筑工业出版社,2004.

[118] 梅多斯.系统之美[M].邱昭良,译.杭州:浙江人民出版社,2012.

[119] 倪明胜,纪宁.风险社会与风险治理[J].求知,2010(8):41-43.

[120] 帕特南.使民主运转起来[M].王列,赖海榕,译.南昌:江西人民出版社,2001.

[121] 帕特南,孙竞超.社会资本研究50年[J].探索与争鸣,2019(3):40-49,141.

[122] 裴新伟.协同治理视角下邻避冲突的破解路径[J].沈阳大学学报(社会科学版),2018(3):307-311.

[123] 裴新伟.制度信任视角下邻避冲突的生成机理探究[J].四川行政学院学报,2018(2):52-59.

[124] 彭小兵,邹晓韵.邻避效应向环境群体性事件演化的网络舆情

传播机制——基于宁波镇海反PX事件的研究[J].情报杂志，2017(4):150-155.

[125] 戚建刚.论群体性事件的行政法治理模式——从压制型到回应型的转变[J].当代法学,2013(2):24-32.

[126] 强青军.基于全寿命周期的政府投资项目投资控制与监管模式研究[D].西安:西安建筑科技大学,2011.

[127] 邱鸿峰,熊慧.环境风险社会放大的组织传播机制:回顾东山PX事件[J].新闻与传播研究,2015(5):46-57,127.

[128] 任丙强.邻避冲突原因、困境及其治理途径——基于个案的分析[J].信访与社会矛盾问题研究,2017(2):2-17.

[129] 桑斯坦.极端的人群——群体行为的心理学[M].尹宏毅,郭彬彬,译.北京:新华出版社,2010.

[130] 邵青.环境正义、风险感知与邻避冲突的协商治理路径分析——基于国内垃圾焚烧发电项目的案例思考[J].天津行政学院学报,2020(2):22-32.

[131] 沈一兵.从环境风险到社会危机的演化机理及其治理对策——以我国十起典型环境群体性事件为例[J].华东理工大学学报,2015(6):92-105.

[132] 苏云,张庆来,张泽.中国城市社区治理的模式演进:基于公共价值视角的研究[J].甘肃理论学刊,2019(2):121-128.

[133] 孙琳.自适应、自主、自成长——奇安信集团副总裁张聪谈"内生安全"[EB/OL].(2019-09-27)[2023-03-21].http://www.rmzxb.com.cn/c/2019-09-27/2434073.shtml.

[134] 孙壮珍.风险感知视角下邻避冲突中公众行为演化及化解策略——以浙江余杭垃圾焚烧项目为例[J].吉首大学学报(社会科学版),2020(4):55-64.

[135] 谭爽,胡象明.环境污染型邻避冲突管理中的政府职能缺失与

对策分析[J].北京社会科学,2014(5):37-42.

[136] 谭爽.邻避项目社会稳定风险的生成及防范——基于焦虑心理的视角[J].北京航空航天大学学报(社会科学版),2013(3):25-29.

[137] 汤汇浩.邻避效应:公益性项目的补偿机制与公民参与[J].中国行政管理,2011(7):111-114.

[138] 唐皇凤,王豪.可控的韧性治理:新时代基层治理现代化的模式选择[J].探索与争鸣,2019(12):53-62,158.

[139] 唐庆鹏.风险共处与治理下移:国外弹性社区研究及其对我国的启示[J].国外社会科学,2015(2):81-87.

[140] 陶鹏,童星.邻避型群体性事件及其治理[J].南京社会科学,2010(8):63-68.

[141] 田鹏,陈绍军.邻避风险的运作机制研究[J].河海大学学报(哲学社会科学版),2015(6):36-42,98.

[142] 童文莹.现代社会风险的建构与应对逻辑[J].电子科技大学学报(社会科学版),2012(1):29-35.

[143] 童小溪,战洋.脆弱性、有备程度和组织失效:灾害的社会科学研究[J].国外理论动态,2008(12):59-61.

[144] 童星,张海波.基于中国问题的灾害管理分析框架[J].中国社会科学,2010(1):132-146,223-224.

[145] 童星,张乐.重大邻避设施决策风险评价的关系谱系与价值演进[J].河海大学学报(哲学社会科学版),2016(3):65-71.

[146] 万幼清.政府信任危机的表现、成因及对策[J].延安职业技术学院学报,2014(4):18-20.

[147] 汪辉勇.公共价值含义[J].广东社会科学,2008(5):56-61.

[148] 王冰,韩金成.公共价值视阈下的中国邻避问题研究——一个整合性理论框架[J].中国行政管理,2017(12):74-78.

［149］王伯承,田雄.诱发变量与行动逻辑:邻避项目社会稳定风险的生成机理研究［J］.长白学刊,2017(4):49-57.

［150］王伯承,郑爱兵.双重悖论:邻避项目技术风险生产与社会稳定风险演化［J］.新疆大学学报(哲学·人文社会科学版),2017(6):21-29.

［151］王伯承.邻避项目社会稳定风险防控体系的三重建构［J］.地方治理研究,2018(3):52-69,80.

［152］王伯承.主体分歧的重构:邻避项目社会稳定风险的多元共治［J］.华东理工大学学报(社会科学版),2018(2):40-47.

［153］王彩波,张磊.试析邻避冲突对政府的挑战——以环境正义为视角的分析［J］.社会科学战线,2012(8):160-168.

［154］王佃利,王庆歌,韩婷."应得"正义观:分配正义视角下邻避风险的化解思路［J］.山东社会科学,2017(3):56-62.

［155］王佃利,王庆歌.风险社会邻避困境的化解:以共识会议实现公民有效参与［J］.理论探讨,2015(5):138-143.

［156］王佃利,王玉龙."空间生产"视角下邻避现象的包容性治理［J］.行政论坛,2018(4):85-91.

［157］王佃利,王铮.中国邻避治理的三重面向与逻辑转换:一种历时性的全景式分析［J］.学术研究,2019(10):63-70.

［158］王佃利,邢玉立.空间正义与邻避冲突的化解——基于空间生产理论的视角［J］.理论探讨,2016(5):138-143.

［159］王芳.合作与制衡:环境风险的复合型治理初论［J］.学习与实践,2016(5):86-94.

［160］王芳.转型加速期中国的环境风险及其社会应对［J］.河北学刊,2012(6):117-122.

［161］王刚,毕欢欢."政治机会结构"视域下环境邻避运动的发生逻辑及其治理——基于双案例的对比分析［J］.中国地质大学学

报(社会科学版),2017(2):97-106.

[162] 王刚.环境风险:思想嬗变、认知谱系与质性凝练[J].中国农业大学学报(社会科学版),2017(1):59-68.

[163] 王娟.影响技术风险认知的社会文化建构因素[J].自然辩证法研究,2013(8):92-98.

[164] 王军洋.超越"公民"抗议:从企业竞争的角度理解邻避事件[J].中国行政管理,2017(12):84-90.

[165] 王军洋.权变抗争:农民维权行动的一个解释框架:以生态危机为主要分析语境[J].社会科学,2013(11):16-27.

[166] 王俊.民生项目引发群体性事件预防及处置对策研究[D].长沙:国防科学技术大学,2015.

[167] 王奎明,钟杨."中国式"邻避运动核心议题探析——基于民意视角[J].上海交通大学学报(哲学社会科学版),2014(1):23-33.

[168] 王林鑫.基于SNA的污染型邻避设施核心利益相关者关系分析及治理研究[D].重庆:重庆交通大学,2021.

[169] 王凌光.论社区利益协议:美国解决邻避冲突的经验及启示[J].行政法学研究,2018(5):117-126.

[170] 王鹭,肖文涛.刚性管制—弹性管理—韧性治理:城市风险防控的逻辑转向及启示[J].福建论坛(人文社会科学版),2021(5):167-175.

[171] 王森峰.环境邻避风险的再生产机制研究——基于系统动力学方法[D].杭州:浙江财经大学,2021.

[172] 王娜娜.社会脆弱性研究增强社会韧性[N].中国社会科学报,2020-09-02(A05).

[173] 王巍.西方公共行政中的公民参与:经验审思与理论进展[J].公共行政评论,2010(2):163-191.

[174] 王孝勇.中国特色社区利益自我协商机制的形成[J].人民论坛,2016(8):138-140.

[175] 王岩,方创琳,张蔷.城市脆弱性研究评述与展望[J].地理科学进展,2013(5):755-768.

[176] 王媛,杨萍.论风险社会视阈下的互动式环境传播体系建构[J].东南传播,2020(1):7-9.

[177] 魏东,刘鸿渊,孙玉平.制度信任对农民参与环境治理决策意愿影响研究[J].软科学,2019(7):111-115.

[178] 魏玖长.风险耦合与级联——社会新兴风险演化态势的复杂性成因[J].学海,2019(1):125-134.

[179] 吴翠丽.邻避风险的治理困境与协商化解[J].城市问题,2014(2):94-100.

[180] 吴芳芳.基于空间正义的邻避设施规划选址的"N-SWOT-S"分析模型研究[J].上海城市规划,2018(A1):53-58.

[181] 吴群芳,史紫薇.社会转型期邻避抗争的生成机理与治理逻辑——基于PX项目的多案例实证研究[J].北京电子科技学院学报,2016(3):34-40.

[182] 吴涛.城市化进程中的邻避危机与治理研究[M].上海:格致出版社,2018.

[183] 吴晓林,谢伊云.基于城市公共安全的韧性社区研究[J].天津社会科学,2018(3):87-92.

[184] 吴晓林.建设"韧性社区"补齐社会治理短板[N].光明日报,2020-03-25(2).

[185] 吴勇,扶婷.社区利益协议视角下邻避项目信任危机与应对[J].湘潭大学学报(哲学社会科学版),2021(2):19-25.

[186] 吴云清.多维层面的城市邻避风险规避[J].城市,2017(11):54-59.

[187] 夏志强,陈佩娇.空间正义视角下的邻避现象:发生逻辑及治理路径[J].云南行政学院学报,2021(6):63-75.

[188] 向铭铭,顾林生,韩自强.韧性社区建设发展研究综述[J].美与时代(城市版),2016(7):117-118.

[189] 肖文涛,王鹭.韧性城市:现代城市安全发展的战略选择[J].东南学术,2019(2):89-99.

[190] 肖文涛,王鹭.韧性视角下现代城市整体性风险防控问题研究[J].中国行政管理,2020(2):123-128.

[191] 肖瑛.特大型城市风险的生成机理与运作逻辑[J].探索与争鸣,2015(3):16-18.

[192] 肖悦.浅析邻避设施的环境风险沟通困境[J].新西部(理论版),2016(1):63-65.

[193] 谢家智,姚领.社会资本变迁与农户贫困脆弱性——基于"乡土中国"向"城乡中国"转型的视角[J].人口与经济,2021(4):1-21.

[194] 谢耘耕,陈虹.新媒体与社会(第十辑)[M].北京:社会科学文献出版社,2014.

[195] 谢彰文,徐祖迎."中国式"邻避冲突及其治理[J].未来与发展,2014(8):15-20.

[196] 辛方坤.基于风险社会放大框架理论的邻避舆情传播[J].情报杂志,2018(3):116-121,181.

[197] 辛方坤.邻避风险社会放大过程中的政府信任:从流失到重构[J].中国行政管理,2018(8):126-131.

[198] 熊猛,叶一舵.相对剥夺感:概念、测量、影响因素及作用[J].心理科学进展,2016(3):438-453.

[199] 徐芙蓉.风险社会视野下的社区治理问题论析[J].理论界,2011(9):172-174.

[200] 徐倩.包容性治理:社会治理的新思路[J].江苏社会科学, 2015(4):17-25.

[201] 徐祖迎,朱玉芹.邻避冲突治理的困境、成因及破解思路[J]. 理论探索,2013(6):67-70.

[202] 薛晓源,刘国良.全球风险世界:现在与未来——德国著名社 会学家,风险社会理论创始人乌尔里希·贝克教授访谈录 [J].马克思主义与现实,2005(1):44-55.

[203] 鄢德奎,陈德敏.美国社区利益协议的实践经验与制度镜鉴 [J].城市发展研究,2018(2):85-91.

[204] 鄢德奎,李佳丽.中国邻避冲突的设施类型、时空分布与动员 结构——基于531起邻避个案的实证分析[J].城市问题, 2018(9):5-12.

[205] 颜昌武,许丹敏,张晓燕.风险建构、地方性知识与邻避冲突治 理[J].甘肃行政学院学报,2019(4):85-94,127.

[206] 杨飞,马超,方华军.脆弱性研究进展:从理论研究到综合实践 [J].生态学报,2019(2):1-13.

[207] 杨海.中国社会风险治理的新路径[N].学习时报,2015-09-10 (A6).

[208] 杨宏山.整合治理:中国地方治理的一种理论模型[J].新视 野,2015(3):28-35.

[209] 杨慧.社会脆弱性分析:灾难社会工作的重要面向[J].西南民 族大学学报(人文社会科学版),2015(5):8-12.

[210] 杨建国,李紫衍.空间正义视角下的邻避设施选址影响因素研 究——基于24个案例的多值集定性比较分析[J].江苏行政 学院学报,2021(1):111-118.

[211] 杨联,曹惠民.以系统整合提升公共安全风险治理绩效[J].理 论探索,2021(2):68-73.

[212] 杨萌.从"邻避""邻亲"到"邻利"——探访佛山市南海固废处理环保产业园[J].环境教育,2017(9):77-81.

[213] 杨伟宏.风险社会背景下我国社会主义和谐社会的构建[J].探索与争鸣,2008(8):47-49.

[214] 杨雪冬.风险社会中的复合治理与和谐社会[J].探索与争鸣,2007(2):24-26.

[215] 杨雪冬.构建共责共担的风险复合治理机制[N].北京日报,2019-01-28(11).

[216] 杨雪冬.全球风险社会呼唤复合治理[N].文汇报,2005-01-10(1).

[217] 杨雪冬.全球化、风险社会与复合治理[J].马克思主义与现实,2004(4):61-77.

[218] 杨雪锋,谢凌.论环境邻避风险韧性治理[J].广西师范大学学报(哲学社会科学版),2020(6):33-44.

[219] 杨雪锋,章天成.环境邻避风险:理论内涵、动力机制与治理路径[J].国外理论动态,2016(8):81-92.

[220] 杨雪锋.跨域性环境邻避风险:尺度政治与多层治理[J].探索,2020(5):26-40.

[221] 杨宜音.社会心态:风险社会中心理共享现实的建构[J].哈尔滨工业大学学报(社会科学版),2015(6):43-48.

[222] 杨宜音.社会心态形成的心理机制及效应[J].哈尔滨工业大学学报(社会科学版),2012(6):2-7,145.

[223] 杨银娟,柳士顺.三元空间场域中的邻避运动:以珠三角X镇的危废中心为例[J].国际新闻界,2020(9):43-61.

[224] 杨银娟,柳士顺.社会运营许可的获取机制及对我国邻避效应的启示[J].中共杭州市委党校学报,2017(6):42-49.

[225] 姚迈新.韧性城市建设的价值旨归与路径选择——基于广州

市的研究[J].党政干部学刊,2021(8):74-80.

[226] 于峰,樊博.重大公共事务决策级联风险的跨空间治理框架[J].中国行政管理,2021(7):119-125.

[227] 于建嵘.从刚性稳定到韧性稳定——关于中国社会秩序的一个分析框架[J].学习与探索,2009(5):113-118.

[228] 余国良.五四知识群体的革命论述[D].上海:复旦大学,2006.

[229] 余中元,李波,张新时.社会生态系统及脆弱性驱动机制分析[J].生态学报,2014(7):1870-1879.

[230] 俞可平.民主还是民粹——中国的民意政治[J].中国治理评论,2014(1):2-24.

[231] 原珂.城市社区冲突的扩散与升级过程探究[J].理论探索,2017(2):42-51.

[232] 曾繁旭,戴佳,王宇琦.技术风险 VS 感知风险:传播过程与风险社会放大[J].现代传播(中国传媒大学学报),2015(3):40-46.

[233] 曾繁旭.环境抗争的扩散效应:以邻避运动为例[J].西北师大学报(社会科学版),2015(3):110-115.

[234] 曾鹏.韧性城市与城市韧性发展机制[J].学术前沿,2022(Z1):35-45.

[235] 张广文,胡象明,周竞赛.基于社会资本视角的敏感性工程社会冲突成因及其治理路径[J].城市发展研究,2017(4):87-91.

[236] 张广文.社会资本视阈下邻避冲突治理路径研究[J].首都师范大学学报(社会科学版),2017(4):50-55.

[237] 张海波.中国应急预案体系:结构与功能[J].公共管理学报,2013(2):1-13,137.

[238] 张海柱.不确定风险的包容性治理——英国移动通讯健康风险监管改革及启示[J].中国行政管理,2022(4):139-145.

［239］张海柱.风险社会、第二现代与邻避冲突——一个宏观结构性分析［J］.浙江社会科学,2021(2):81-88,157-158.

［240］张洪忠,官璐,朱蕗鋆.社交媒体的社会资本研究模式分析［J］.现代传播(中国传媒大学学报),2015(11):42-46.

［241］张惠,景思梦.认识级联灾害:解释框架与弹性构建［J］.风险灾害危机研究,2019(2):26-56.

［242］张慧利,夏显力.风险感知、制度信任与农户宅基地退出行为［J］.西北农林科技大学学报(社会科学版)2021(1):145-154.

［243］张基奎.行政承诺的法理学分析［J］.中国矿业大学学报(社会科学版),2005(2):54-59.

［244］张乐,童星."邻避"冲突中的社会学习——基于7个PX项目的案例比较［J］.学术界,2016(8):38-54,325.

［245］张乐,童星."邻避"设施决策"环评"与"稳评"的关系辨析及政策衔接［J］.思想战线,2015(6):120-125.

［246］张乐,童星."邻避"行动的社会生产机制［J］.江苏行政学院学报,2013(1):64-70.

［247］张乐,童星.公众的"核邻避情结"及其影响因素分析［J］.社会科学研究,2014(1):105-111.

［248］张乐.新兴技术风险的挑战及其适应性治理［J］.上海行政学院学报,2021(1):13-27.

［249］张良强,吴幼丽.邻避冲突的生成逻辑及其治理——基于赋权视角［J］.行政与法,2018(1):65-69.

［250］张书维,王二平,周洁.相对剥夺与相对满意:群体性事件的动因分析［J］.公共管理学报,2010(3):95-102,127.

［251］张文宏.建构城市社会风险的复合治理模式［N］.中国社会科学报,2014-02-07(B02).

［252］张文龙,中国式邻避困局的解决之道:基于法律供给侧视角

[J].法律科学(西北政法大学学报),2017(2):20-33.

[253] 张向和,彭绪亚.基于邻避效应的垃圾处理场选址博弈研究[J].统计与决策,2010(20):45-49.

[254] 张晓君.级联灾害:一个理解系统风险和总体安全观的视角——兼论国外应急管理级联效应研究的新进展[J].国家治理与公共安全评论,2020(2):92-117.

[255] 张郁.公众风险感知、政府信任与环境类邻避设施冲突参与意向[J].行政论坛,2019(4):122-128.

[256] 张云昊.社会风险的整合治理机制与模型建构[J].南京农业大学学报(社会科学版),2011(4):128-132,138.

[257] 赵方杜,石阳阳.社会韧性与风险治理[J].华东理工大学学报(社会科学版),2018(2):17-24.

[258] 赵杰.压缩与叠加:1978年以来中国城市化与"生产政治"演化的独特路径[M].上海:复旦大学出版社,2014.

[259] 赵小燕.邻避冲突参与动机及其治理:基于三种人性假设的视角[J].武汉大学学报(哲学社会科学版),2014(2):36-41.

[260] 赵志勇,朱礼华.环境邻避的经济学分析[J].社会科学,2013(10):60-66.

[261] 钟开斌,张佳.论应急预案的编制与管理[J].甘肃社会科学,2006(3):240-243.

[262] 周利敏.从社会脆弱性到社会生态韧性:灾害社会科学研究的范式转型[J].思想战线,2015(6):50-57.

[263] 周利敏.从自然脆弱性到社会脆弱性:灾害研究的范式转型[J].思想战线,2012(2):11-15.

[264] 周利敏.社会脆弱性:灾害社会学研究的新范式[J].南京师大学报(社会科学版),2012(4):20-28.

[265] 周庆智.改革与转型:中国基层治理四十年[J].政治学研究,

2019(1):43-52,126.

[266] 朱正威,吴佳.空间挤压与认同重塑:邻避抗争的发生逻辑及治理改善[J].甘肃行政学院学报,2016(3):4-12,126.

[267] 朱志萍.基于 IRGC 框架分析的城市安全风险一体化治理思路[J].中国人民公安大学学报(社会科学版),2019(5):142-148.

[268] 庄晓惠,杨胜平.参与式治理的发生逻辑、功能价值与机制构建[J].吉首大学学报(社会科学版),2015(5):76-81.

[269] 诸大建."邻避"现象考验社会管理能力[N].文汇报,2011-11-08(5).

[270] Adger W N, Kelly P. Social Vulnerability to Climate Change and the Architecture of Entitlements[J]. Mitigation and Adaptation Strategies for Global Change,1999(3):253-266.

[271] Adger W N. Vulnerability[J]. Global Environmental Change,2006(3):268-281.

[272] Ahern J. From Fail-Safe to Safe-to-Fail: Sustainability and Resilience in the New Urban World[J]. Landscape and Urban Planning,2011(4):341-343.

[273] Alberti M, Marzluff J, Shulenberger E. Integrating Humans into Ecosystems: Opportunities and Challenges for Urban Ecology[J]. BioScience,2003(4):1169-1179.

[274] Aldrich D P. Building Resilience: Social Capital in Post-Disaster Recovery[M]. Chicago: University of Chicago Press,2012.

[275] Bacow L S, Milkey J R. Overcoming Local Opposition to Hazardous Waste Facilities: The Massachusetts Approach[J]. Harvard Environmental Law Review,1982(2):265-305.

[276] Been V. Community Benefits Agreements: A New Local Govern-

ment Tool or Another Variation on the Exactions Theme? [J].
University of Chicago Law Review,2010(2):5-35.

[277] Bogard W C. Bringing Social Theory to Hazards Research: Conditions and Consequences of the Mitigation of Environmental Hazards
[J]. Sociological Perspectives,1989(2):147-168.

[278] Bohle H G, Downing T E, Watts M J. Climate Change and Social
Vulnerability: Toward a Sociology and Geography of Food Insecurity[J]. Global Environmental Change,1994(1):37-48.

[279] Bourdieu P. The Forms of Capital. In Richardson J G(ed).
Handbook of Theory and Research for the Sociology of Education[M]. New York:Greenwood Press,1986.

[280] Bruneau M, Chang S E, Eguchi R T. A Framework to Quantitatively Assess and Enhance the Seismic Resilience of Communities
[J]. Earthquake Spectra,2003(4):733-752.

[281] Claro E. Value Pluralism, Norms of Exchange and the Environment: The Acceptability of Compensation in the Siting of Waste
Disposal Facilities[D]. Cambridge: University of Cambridge,2003.

[282] Colin F, Celia G, Michael B. Risky Shifts,Cautious Shifts,
and Group Polarization[J]. European Journal of Social Psychology,1971(1):7-30.

[283] Coreman J S. Foundations of Social Theory[M]. Cambridge:
Belknap,1990.

[284] Cullen-Knox C, Haward M, Jabour J, et al. The Social License to Operate and Its Role in Marine Governance: Insights
from Australia[J]. Marine Policy,2017(5):70-77.

[285] Cumming G S, Barnes G, Perz S, et al. An Exploratory Framework for the Empirical Measurement of Resilience[J]. Ecosystems,

2005(8):975-987.

[286] Cutter S L, Boruff B J, Shirley W L. Social Vulnerability to Environmental Hazards[J]. Social Science Quarterly,2003(2):242-261.

[287] Cutter S L, Finch C. Temporal and Spatial Changes in Social Vulnerability to Natural Hazards[J]. Proceedings of the National Academy of Sciences,2008(7):2301-2306.

[288] Daniels R J, Howard K, Donald K F. On Risk and Disaster: Lessons from Hurricane Katrina[M]. Philadelphia: University of Pennsylvania Press,2006.

[289] Dear M. Understanding and Overcoming the NIMBY Syndrome [J]. Journal of the American Planning Association, 1992 (3): 288-300.

[290] Devine-Wright P. Beyond NIMBYism: Towards an Integrated Framework for Understanding Public Perceptions of Wind Energy[J]. Wind Energy,2005(2):125-139.

[291] Devine-Wright P. Local Attachments and Identities: A Theoretical and Empirical Project across Disciplinary Boundaries [J]. Progress in Human Geography,2015(4):527-530.

[292] Devine-Wright P. Rethinking NIMBYism: The Role of Place Attachment and Place Identity in Explaining Place-Protective Action[J]. Journal of Community and Applied Social Psychology,2009(6):426-441.

[293] Devine-Wright P. Think Global, Act Local? The Relevance of Place Attachments and Place Identities in a Climate Changed World [J]. Global Environmental Change,2013(1):61-69.

[294] Devine-Wright P. Public Engagement with Large-Scale Renewable Energy Technologies: Breaking the Cycle of NIMBYism[J]. Wiley

Interdisciplinary Reviews: Climate Change,2011(1):19-26.

[295] Dietz T, Ostrom E, Stern P C. The Struggle to Govern the Commons[J]. Science,2003(5652):1907-1912.

[296] Dwyer A, Zoppou C, Nielsen O, et al. Quantifying Social Vulnerability:A Methodology for Identifying Those at Risk to Natural Hazards[M]. Canberra: Geoscience Australia,2004.

[297] Fan R G. "World Risk Society" Governance: The Paradigm of Complexity and Chinese Participation[J]. Social Sciences in China,2018 (2):77-93.

[298] Flynn J, Slovic P, Mertz C K. Decidedly Different: Expert and Public Views of Risks from a Radioactive Waste Repository[J]. Risk Analysis,1993(6):643-648.

[299] Folke C, Hahn T, Olsson P, et al. Adaptive Governance of Social-Ecological Systems[J]. Annual Review of Environment and Resources,2005(1):441-473.

[300] Frant H. High-Powered and Low-Powered Incentives in the Public Sector[J]. Journal of Public Administration Research and Theory, 1996(3):365-381.

[301] Friedmann J, Wolff G. World City Formation: An Agenda for Research and Action[J]. International Journal of Urban and Regional Research, 1982(3):309-344.

[302] Galaz V, Moberg F, Olsson E-K. Institutional and Political Leadership Dimensions of Cascading Ecological Crises[J]. Public Administration,2011(89):361-380.

[303] Gallopin G C. Linkages between Vulnerability, Resilience and Adaptive Capacity[J]. Global Environmental Change,2006 (3):293-303.

[304] Haggart C, Toke D. Crossing the Great Divide-Using Multi-Method Analysis to Understand Opposition to Wind Farms [J]. Public Administration,2006(1):103-120.

[305] Hart S L. Beyond Greening: Strategies for a Sustainable World[J]. Harvard Business Review,1997(1):66-77.

[306] Heiman M K. Science by the People: Grassroots Environmental Monitoring and the Debate Over Scientific Expertise[J]. Journal of Planning Education and Research,1997(4):291-299.

[307] Hermann C F. International Crisis:Insights from Behavioral Research[M]. New York: Free Press,1972.

[308] Holling C S. Resilience and Stability of Ecological Systems [J]. Annual Review of Ecology and Systematics,1973(1): 1-23.

[309] Horst D V D. NIMBY or Not? Exploring the Relevance of Location and the Politics of Voiced Opinions in Renewable Energy Siting Controversies[J]. Energy Policy,2007(5):2705-2714.

[310] Illsley B M. Good Neighbour Agreements: The First Step to Environmental Justice?[J]. Local Environment,2002(1):69-79.

[311] Jha A K, Miner T W, Stanton-Geddes Z. Building Urban Resilience: Principle, Tools and Practice[M]. Washington D C: World Bank Publications,2013.

[312] Kasperson R E, Golding D, Tuler S. Social Distrust as a Factor in Siting Hazardous Facilities and Communicating Risks[J]. Journal of Social Issues,1992(4):161-187.

[313] Kasperson R E. The Social Amplification of Risk and Low-Level Radiation[J]. Bulletin of the Atomic Scientists,2012(3):59-66.

[314] Klinke A, Renn O. Adaptive and Integrative Governance on Risk

and Uncertainty[J]. Journal of Risk Research,2012(3):273-292.

[315] Knack S. Social Capital and the Quality of Government: Evidence from the States, American Journal of Political Science,2002(4): 772-785.

[316] Kraft E M, Clary B B. Citizen Participation and the NIMBY Syndrome: Public Response to Radioactive Waste Disposal[J]. Political Research Quarterly,1991(2):299-328.

[317] Kuhn R G,Ballard K R. Canadian Innovations in Siting Hazardous Waste Management Facilities[J]. Environmental Management,1998 (4):533-545.

[318] Kurek J, Martyniuk-Pęczek J. Exploring DAD and ADD Methods for Dealing with Urban Heat Island Effect[J]. Sustainability,2021 (17):9547.

[319] Lang R, Fink M. Rural Social Entrepreneurship: The Role of Social Capital within and across Institutional Levels[J]. Journal of Rural Studies,2019(8):155-168.

[320] Lewis S, Henkels D. Good Neighbor Agreements: A Tool for Environmental and Social Justice[J]. Social Justice,1996(4):134-151.

[321] Lobber D J. Why Protest Public Behavioral and Attitudinal Response to Siting a Waste Disposal Facility[J]. Policy Studies Journal,1995(3):499-518.

[322] Lupton D. Risk[M]. London: Routledge,1999.

[323] Marcello D A. Community Benefit Agreement: New Vehicle for Investment in America's Neighborhoods[J]. The Urban Lawyer,2007 (3):657-669.

[324] Martin P S. NIMBY: A Case Study in Conflict Politics[J]. Public Administration Quarterly,1993(4):460-477.

[325] McEntire D A. From Sustainability to Invulnerable Development: Justifications for a Modified Disaster Reduction Concept and Policy Guide[D]. Denver: University of Denver,2000.

[326] McEntire D A. Sustainability or Invulnerable Development? Proposals for the Current Shift in Paradigms[J]. Australian Journal of Emergency Management,2000(1):58-61.

[327] McEntire D A. Why Vulnerability Matters: Exploring the Merit of an Inclusive Disaster Reduction Concept[J]. Disaster Prevention and Management,2005(2):206-222.

[328] McEntire D A. Searching for a Holistic Paradigm and Policy Guide: A Proposal for the Future of Emergency Management [J]. International Journal of Emergency Management, 2003 (3):298-308.

[329] McEntire D. Understanding and Reducing Vulnerability: From the Approach of Liabilities and Capabilities[J]. Disaste Prevention and Management,2011(3):294-313.

[330] McKay R. Consequential Utilitarianism: Addressing Ethical Deficiencies in the Municipal Landfill Sitting Process[J]. Journal of Business Ethics,2000(4):289-306.

[331] Michael R E. Sustainable Innovation and the Siting Dilemma: Thoughts on the Stigmatization of Projects and Proponents, Good and Bad[J]. Journal of Risk Research,2004(2):233-250.

[332] Mitchell R K, Agle B R, Wood D J. Toward a Theory of Stakeholder Identification and Salience: Defining the Principle of Who and What Really Counts[J]. The Academy of Management Review,1997(4):853-886.

[333] Moscovici S, Zavalloni M. The Group as a Polarizer of Atti-

tudes[J]. Journal of Personality and Social Psychology, 1969 (2):125-135.

[334] Moscovici S. The Discovery of Group Polarization[M]//Social Judgement and Intergroup Relations: Essays in Honor of Muzafer Sherif. New York: Springer,1992.

[335] Musso J A, Weare C. From Participatory Reform to Social Capital: Micro-Motives and the Macro-Structure of Civil Society Networks [J]. Public Administration Review,2015(1):150-164.

[336] Nathan M. Atlantic Yards Community Benefit Agreement: A Case Study of Organizing Community Support for Development[J]. Pace Environmental Law Review, 2009(27):377-392.

[337] Nelkin D. Science Controversies: The Dynamics of Public Disputes in the United States[J]. Handbook of Science and Technology Studies,1995(1):444-456.

[338] Ngoc P T B. Mechanism of Social Vulnerability to Industrial Pollution in Peri-Urban Danang City, Vietnam[J]. International Journal of Environmental Science and Development,2014(1):37-44.

[339] Noelle-Neumann E. The Spiral of Silence Monograph: Public Opinion-Our Social Skin[M]. Chicago: The University of Chicago Press,1984.

[340] Office of the United Nations Disaster Relief Coordinator. Natural Disasters and Vulnerability Analysis : Report of Expert Group Meeting, 9-12 July 1979[R]. Geneva: Expert Group Meeting on Vulnerability Analysis (1979: Geneva) (DHLAUTH)119353,1980.

[341] O'Hare M. Not on My Block You Don't: Facility Siting and the Strategic Importance of Compensation[J]. Public Policy,

1977(4):407-458.

[342] Okeefee P, Westgate K, Wisner B. Taking the Naturalness out of Natural Disaster [J]. Nature,1976(5552):566-567.

[343] Orencio P M, Fujii M. A Localized Disaster-Resilience Index to Assess Coastal Communities Bass in an Analytic Hierarchy (AHP)[J]. International Journal of Disaster Risk Reduction,2013(3):62-75.

[344] Ortwin R, Andreas K. Risk Governance: Concept and Application to Institutional Risk Management. Better Business Regulation in a Risk Society[M]. New York: Springer,2013.

[345] Ortwin R. White Paper on Risk Governance: Towards an Integrative Approach[R]. Geneva: International Risk Governance Council,2005.

[346] Ostrom E. A General Framework for Analyzing Sustainability of Social-Ecological Systems[J]. Science,2009(5939):419-422.

[347] Perrow C. Normal Accidents: Living with High-Risk Technologies[M]. Princeton: Princeton University Press,1999.

[348] Pescaroli G, Alexander D E. A Definition of Cascading Disasters and Cascading Effects: Going beyond the "Toppling Dominos" Metaphor[J]. GRF Davos Planet@ Risk,2015(1):58-67.

[349] Pescaroli G, Alexander D E. Understanding Compound, Interconnected,Interacting, and Cascading Risks: A Holistic Framework[J]. Risk Analysis,2018(11):2245-2257.

[350] Pescaroli G, Wicks R T, Giacomello G, et al. Increasing Resilience to Cascading Events: The M. OR. D. OR. Scenario [J]. Safety Science,2018(1):131-140.

[351] Pol E, Di Masso A, Castrechini A, et al. Psychological Parameters

to Understand and Manage the NIMBY Effect[J]. European Review of Applied Psychology,2006(1):43-51.

[352] Polanyi K. The Great Transformation[M]. Boston: Beacon Press,1944.

[353] Putnam R. Make Democracy Work:Civil Traditions in Modern Italy[M]. Princeton: Princeton University Press,1993.

[354] Rabe B G. Beyond NIMBY: Hazardous Waste Siting in Canada and the United States[M]. Washington D C: The Brookings Institution, 1994.

[355] Rushefsky M. The Political Economy of Public Administration: Institutional Choice in the Public Sector[J]. Journal of Politics,1997(1):262-264.

[356] Salkin P, Lavine A. Understanding Community Benefits Agreements[J]. Practical Real Estate Lawyer,2008(7):19-34.

[357] Schively C. Understanding the NIMBY and LULU Phenomena: Reassessing Our Knowledge Base and Informing Future Research [J]. Journal of Planning Literature, 2015 (3): 255-266.

[358] Sjöstedt M. Resilience Revisited: Taking Institutional Theory Seriously[J]. Ecology and Society,2015(4):23.

[359] Slovic P. Perceived Risk, Trust, and Democracy[J]. Risk Analysis,1993(6):675-682.

[360] Slovic P. Understanding Perceived Risk: 1978-2015[J]. Environment: Science and Policy for Sustainable Development, 2016(1):25-29.

[361] Stoner J A F. A Comparison of Individual and Group Decisions Involving Risk[D]. Cambridge: Massachusetts Institu-

te of Technology,1961.

[362] Szymanski B K, Lin X, Asztalos A, et al. Failure Dynamics of the Global Risk Network[J]. Scientific Reports,2015 (5):10998.

[363] Terjel A, Ortwin R. On Risk Defined as an Event Where the Outcome is Uncertain[J]. Journal of Risk Research,2009 (1):1-11.

[364] Thomas K W, Pondy L R. Toward an Intent Model of Conflict Management Among Principal Parties[J]. Human Relations,1977(12):1089.

[365] Thomas P F. Samuel Stouffer and Relative Deprivation[J]. Social Psychology Quarterly,2015(1):7-24.

[366] Tierney K J. From the Margins to the Mainstream? Disaster Research at the Crossroads[J]. Annual Review of Sociology, 2007(33):503-525.

[367] Walesh S G. DAD is Out, POP is In[J]. Journal of the American Water Resources Association,1999(3):535-544.

[368] Walker B, Carpenter S, Anderies J, et al. Resilience Management in Social-Ecological Systems: A Working Hypothesis for a Participatory Approach[J]. Conservation Ecology, 2002(1):14.

[369] Walker B, Holling C S, Carpenter S R. Resilience, Adaptability and Transformability in Social-Ecological Systems[J]. Ecology and Society,2004(2):3438-3447.

[370] Williams D R, Vaske J J. The Measurement of Place Attachment: Validity and Generalizability of a Psychometric Approach[J]. Forest Science,2003(6):830-840.

[371] Woolcock M. The Rise and Routinization of Social Capital，1988-2008[J]. Annual Review of Political Science，2010(1)：469-487.

[372] Zald M N. Macro Issues in the Theory of Social Movements：SMO Interaction，the Role of Counter-Movements and Cross-National Determinants of the Social Movement Sector[D]. Wikipedia：University of Michigan，1979.

[373] Zhou Q Q，Xu M，Liu Y，et al. Exploring the Effects of Spatial Distance on Public Perception of Waste-To-Energy Incineration Projects[J]. Waste Management，2022(15)：168-176.

[374] Zuccaro G，De Gregorio D，Leone M F. Theoretical Model for Cascading Effects Analyses[J]. International Journal of Disaster Risk Reduction，2018(Part B)：199-215.

[375] Zukin S，Dimaggio P. Structures of Capital：The Social Organization of the Economy[M]. Cambridge：Cambridge University Press，1990.

后　记

　　环境邻避风险是环境社会学的一个重要研究领域,本人长期从事该领域研究,也有了一定的学术积淀。本书是国家社会科学基金项目"韧性视角下环境邻避风险再生产机制与整合治理模式研究"(19BSH057)的最终成果,也是国家社会科学基金重大项目"协同推进绿色低碳消费的体制机制和政策创新研究"(23&ZD096)的阶段性研究成果,受到了浙江省新型重点专业智库——浙江财经大学中国政府监管与公共政策研究院和浙江省一流学科(A类)浙江财经大学公共管理一级学科的资助。感谢以上项目与单位提供的支持和帮助。环境邻避问题长期以来一直受到不同学科学者的关注,并形成了丰富的研究成果,本书在吸收学界已有成果的基础上,从韧性视角出发,拓展了理论边际,在此对所有文献著作人表示感谢。最后还要感谢浙江大学出版社吴伟伟老师的编辑团队为本书出版付出的辛勤汗水。

杨雪锋

2024 年 1 月于富春江畔